高等职业教育"十三五"系列教材

Qiche Fadongji Jixie Xitong Jianxiu
汽车发动机机械系统检修

（第 3 版）

林 平 主 编
陈贞健 陈成春 副主编

人民交通出版社股份有限公司
China Communications Press Co.,Ltd.

内 容 提 要

本书是高等职业教育"十三五"系列教材之一,主要内容包括:发动机总体构造、曲柄连杆机构的检修、汽缸盖与配气机构的检修、冷却系统与润滑系统的检修、汽油机燃油系统与点火系统的检修、柴油机燃油系统的检修、发动机机械总成的大修,共7个单元。

本书可作为高等职业院校汽车运用与维修技术、汽车检测与维修技术专业的教材,也可作为职业技能培训教材和相关专业技术人员的参考书。

图书在版编目(CIP)数据

汽车发动机机械系统检修/林平主编. —3版. —北京:人民交通出版社股份有限公司,2019.3
ISBN 978-7-114-15321-1

Ⅰ.①汽… Ⅱ.①林… Ⅲ.①汽车—发动机—机械系统—车辆检修—高等职业教育—教材 Ⅳ.①U472.43

中国版本图书馆 CIP 数据核字(2019)第 008021 号

书　名:	汽车发动机机械系统检修(第3版)
著 作 者:	林　平
责任编辑:	时　旭
责任校对:	张　贺
责任印制:	刘高彤
出版发行:	人民交通出版社股份有限公司
地　　址:	(100011)北京市朝阳区安定门外外馆斜街3号
网　　址:	http://www.ccpcl.com.cn
销售电话:	(010)59757973
总 经 销:	人民交通出版社股份有限公司发行部
经　　销:	各地新华书店
印　　刷:	北京虎彩文化传播有限公司
开　　本:	787×1092　1/16
印　　张:	15.25
字　　数:	324 千
版　　次:	2009 年 9 月　第 1 版 2011 年 4 月　第 2 版 2019 年 3 月　第 3 版
印　　次:	2024 年 2 月　第 3 版　第 2 次印刷　总第 6 次印刷
书　　号:	ISBN 978-7-114-15321-1
定　　价:	36.00 元

(有印刷、装订质量问题的图书,由本公司负责调换)

第3版前言

本教材是福建船政交通职业学院汽车专业教学团队参加国家示范性高职院校重点专业建设的教学改革成果。教学团队认真贯彻《教育部关于全面提高高等职业教育教学质量的若干意见》(教高〔2006〕16 号)文件精神,以服务发展为宗旨,以深化改革为动力,先后与丰田 T-TEP 学校、东风雪铁龙、东风标致、长安福特、中德职业教育(汽车机电)、奥迪汽车、福建建发集团、福建汇京集团、中航国际和部分新能源车企等多个企业深度合作,实施"行动导向、校企合作、多元订单"的人才培养模式,实现校企深度融合、全程共育人才的职业教育模式。本教材根据汽车检测与维修技术专业的人才培养方案,按照"专业人才定位→职业能力要求→工作过程分析→专业技能应用→专业课程开发"的理念进行知识重构并付之出版应用。转瞬间,本教材第 2 版已出版发行近 8 年,在此期间,汽车技术市场快速发展,本教学团队也无时无刻不在触摸新时代教学改革的脉搏,寻找发展和创新机遇,应广大读者的要求,本次结合信息化教学的运用予以再次修订,践行教育部《教育信息化十年发展规划(2011—2020 年)》,提升课程的信息化应用能力,创新教学模式与信息化衔接。

本次再版主要针对汽车发动机技术的最新发展及汽车相关法规标准的变更,对相关内容进行了修订;新增了缸内直喷式燃油系统和进气增压系统的内容;删除了化油器、触点式点火系统、柴油机调速器、柴油机分配泵等陈旧技术的内容;更换了部分效果不好或车型较老的图片。

本教材由福建船政交通职业技术学院林平担任主编,陈贞健、陈成春担任副主编。其中,单元一和单元二由陈成春编写,单元三、单元四、单元五由林平编写,单元六由陈贞健、许炳照编写，单元七由许绍炎编写。本次修订得到了我校汽车专业教师林可春、苏庆列、朱剑宝老师的支持和参与，单元五的点火系统部分由林可春编写，单元五的缸内直喷式燃油系统由苏庆列编写，单元五的进气增压系统由朱剑宝编写。周林福担任本教材主审。

  由于编者学识和水平有限，恳请使用本书的教师和学生对书中的不妥和误漏之处予以批评指正。

编　者

2018 年 9 月

目录

单元一　发动机总体构造 ··· 1
生产任务　发动机机械总成的拆装及零部件的认识 ············· 1
相关知识 ·· 2
   1.1　发动机的基本结构 ·· 2
   1.2　发动机的常用基本术语 ······································ 6
   1.3　发动机的分类 ·· 8
   1.4　四冲程汽油发动机的基本工作原理 ······················ 9
课堂讨论 ·· 10
相关技能 ·· 10
   1.5　发动机的拆卸、分解和组装 ································ 10
小组工作 ·· 12
拓展知识 ·· 12
   1.6　四冲程柴油发动机的工作原理 ··························· 12
   1.7　二冲程发动机的工作原理 ·································· 13
   1.8　发动机的主要性能指标 ···································· 15
思考题 ·· 23

单元二　曲柄连杆机构的检修 ······································· 24
生产任务　发动机机体及曲柄连杆机构的检修 ··················· 24
相关知识 ·· 25
   2.1　曲柄连杆机构概述 ·· 25
   2.2　机体组 ··· 25
   2.3　活塞连杆组 ·· 32

2.4　曲轴飞轮组 ··· 45
　课堂讨论 ··· 52
　相关技能 ··· 53
　　2.5　机体组的检修 ··· 53
　　2.6　活塞连杆组的检修 ··· 56
　　2.7　曲轴飞轮组的检修 ··· 61
　小组工作 ··· 63
　拓展知识 ··· 64
　　2.8　发动机的平衡轴机构 ·· 64
　　2.9　曲柄连杆机构的其他检修项目 ·· 65
　思考题 ··· 68

单元三　汽缸盖与配气机构的检修 ··· 69
　生产任务　发动机汽缸盖与配气机构的检修 ··· 69
　相关知识 ··· 70
　　3.1　配气机构概述 ··· 70
　　3.2　气门组 ··· 72
　　3.3　气门传动组 ·· 78
　课堂讨论 ··· 89
　相关技能 ··· 90
　　3.4　气门组的检修 ··· 90
　　3.5　气门传动组的检修 ··· 96
　　3.6　气门间隙的检查与调整 ··· 101
　小组工作 ·· 103
　拓展知识 ·· 103
　　3.7　配气机构中的特殊结构 ··· 103
　　3.8　可变气门机构 ·· 105
　思考题 ·· 112

单元四　冷却系统与润滑系统的检修 ·· 113
　生产任务　发动机冷却液温度过高故障的检修 ·· 113
　相关知识 ·· 114
　　4.1　冷却系统概述 ·· 114
　　4.2　冷却系统主要部件的构造 ·· 117
　　4.3　润滑系统概述 ·· 124
　　4.4　润滑系统主要部件的构造 ·· 126
　课堂讨论 ·· 131
　相关技能 ·· 131

4.5 冷却系统主要部件的检修	131
4.6 润滑系统主要部件的检修	134
小组工作	136
拓展知识	137
4.7 强制式曲轴箱通风装置	137
思考题	137

单元五 汽油机燃油系统与点火系统的检修 … 138

生产任务 汽油发动机进气管回火故障的检修	138
相关知识	139
5.1 汽油机燃油系统概述	139
5.2 电控燃油系统	145
5.3 汽油机点火系统概述	151
5.4 电控点火系统	154
课堂讨论	159
相关技能	159
5.5 电控燃油系统的检修	159
5.6 电控点火系统的检修	165
小组工作	168
拓展知识	169
5.7 缸内直喷式燃油系统	169
5.8 进气增压系统	173
思考题	177

单元六 柴油机燃油系统的检修 … 178

生产任务 柴油机不能起动故障的检修	178
相关知识	179
6.1 柴油机燃油系统概述	179
6.2 柴油机机械燃油系统的主要部件	183
6.3 柴油机电控燃油系统	192
课堂讨论	203
相关技能	204
6.4 柴油机燃油系统的检修	204
小组工作	206
拓展知识	207
6.5 柴油机的燃烧过程和燃烧室	207
思考题	210

单元七 发动机机械总成的大修 …… 212
  生产任务 发动机机械总成的大修 …… 212
  相关知识与技能 …… 213
    7.1 发动机机械总成检修概述 …… 213
    7.2 发动机的解体 …… 218
    7.3 发动机零件的清洗 …… 224
    7.4 发动机的组装 …… 225
    7.5 发动机大修后的起动和磨合 …… 230
  小组工作 …… 232
参考文献 …… 233

单元一 发动机总体构造

学习情境

小张刚刚从高职汽车专业毕业,在上班的第一天,师傅正好接到大修 1 台发动机的任务,要求小张和班组其他成员一起,完成发动机机械总成的分解,并要求小张根据师傅的检验结果,将需更换的零部件名称记录下来,交配件部门订购配件。

生产任务　发动机机械总成的拆装及零部件的认识

1)工作对象

待分解修理的发动机机械总成 1 台。

2)工作内容

(1)领取所需的工具,做好工作准备。

(2)从发动机上拆除进排气管、分电器等外围部件。

(3)按照顺序分解发动机。

(4)正确摆放发动机的各零部件,分辨并说出各零部件的名称和作用。

(5)按规定顺序组装发动机,确定各部件安装正确。

(6)调整配气正时。

(7)安装进排气管、分电器等外围部件。

(8)检查、评价工作质量。

(9)整理工具,清洁工作场地。

3)工作目标与要求

(1)学生应以小组工作的方式,完成本项工作任务。

(2)学生应当能在小组成员的配合下,利用汽车维修手册(或实训指导书),制订并实施工作计划。

(3) 能通过阅读资料和现场观察,辨别所拆卸发动机的类型。

(4) 能认识所拆卸发动机的零部件,口述发动机的工作原理和各零部件的作用。

(5) 能按规范的步骤,完成发动机的拆装,各零部件安装位置正确。

(6) 在工作过程中,注意工作安全,做好废料的处理,保持工作环境整洁。

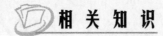

相 关 知 识

1.1 发动机的基本结构

汽车发动机是由许多机构和系统组成的复杂机器,其结构形式多种多样,构造特点也千差万别,但由于其基本工作原理相同,所以基本结构也就大同小异。当前,用于汽车的发动机,绝大部分是活塞式内燃机,本教材主要学习这种发动机的结构与检修。

发动机通常由机体和曲柄连杆机构、配气机构和润滑系统、冷却系统、燃油系统、点火系统、起动系统等组成;此外,现代发动机还配备有排放控制装置,增压发动机还配有增压系统。

本教材中的发动机机械系统,是指发动机的机体和曲柄连杆机构、配气机构、润滑系统、冷却系统等发动机本体部分,如图1-1所示,此外还包括发动机的燃油系统、点火系统的基本结构,以与发动机机械系统检修工作的系统性相符合。

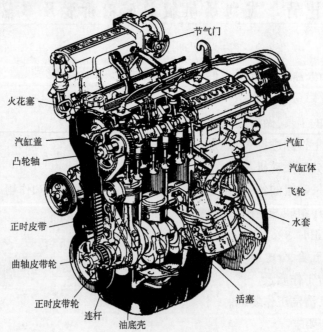

图1-1 水冷式发动机的基本结构

1.1.1 曲柄连杆机构

曲柄连杆机构由机体组、活塞连杆组和曲轴飞轮组三部分组成,如图 1-2 所示。机体组包括汽缸盖、汽缸垫、汽缸体、油底壳等零部件。活塞连杆组包括活塞、活塞环、活塞销、连杆等零部件。曲轴飞轮组包括曲轴、飞轮、皮带轮、正时齿轮等零部件。

曲柄连杆机构是往复活塞式发动机将热能转换为机械能的主要机构,其功用是将燃气作用在活塞顶上的压力转变为曲轴旋转运动而对外输出动力。

发动机工作过程中,燃料燃烧产生的气体压力直接作用在活塞顶上,推动活塞作往复直线运动。活塞作用力经活塞销、连杆传给曲轴并使之旋转,使活塞的往复运动转换为曲轴的旋转运动。

发动机产生的动力大部分由曲轴后端的飞轮传给底盘的传动系统,再经过传动系统传给汽车的驱动轮;还有一部分动力通过曲轴前端的齿轮和带轮驱动发动机自身的其他机构和系统。

1.1.2 配气机构

配气机构由气门组和气门传动组两部分组成,如图 1-3 所示。气门组包括气门(进气门、排气门)、气门弹簧、气门座、气门导管等零部件。气门传动组包括凸轮轴、正时皮带轮(或齿轮、链轮)、正时皮带(或正时链条)、气门挺柱等零部件。

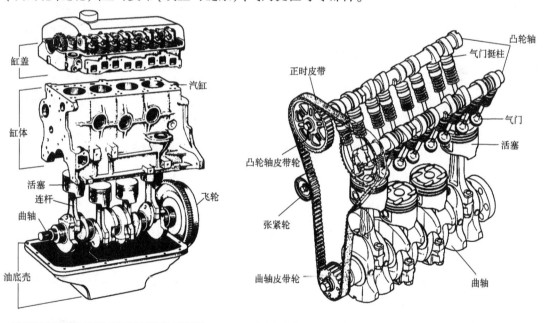

图 1-2 曲柄连杆机构　　　　图 1-3 配气机构

配气机构的功用是按照发动机各缸的工作循环和做功次序,定时地将各汽缸的进、排气门开启和关闭,以便使新鲜的可燃混合气(汽油机)或空气(柴油机)及时进入汽缸,废气及时排出。

发动机工作过程中,凸轮轴正时皮带轮在正时皮带的驱动下,与曲轴正时皮带轮以 1∶2

的转速比同步旋转,并通过凸轮轴、气门挺柱驱动气门组件,按照凸轮轴上凸轮的形状和分布形式,适时、准确地打开和关闭进、排气门,实现汽缸内气体顺利换气的目的。

1.1.3 燃油系统

燃油系统的功用是根据发动机各种工况的不同要求,将一定数量的燃油送入发动机进气管或汽缸中,以形成适当浓度的可燃混合气。

在20世纪80年代以前,汽油发动机基本上是采用化油器式燃油系统,其主要部件有汽油泵、化油器等,如图1-4所示。汽油泵把油箱中的燃油泵入到化油器中,化油器安装在进气管的节气门体上,利用发动机进气气流在流经化油器时产生的真空吸力,将燃油吸入进气歧管中,与空气混合,形成可燃性混合气,进入汽缸燃烧。

现代汽油机燃油系统已实现了由化油器技术向电控燃油喷射技术的转变,电控燃油系统的主要部件有电动汽油泵、喷油器等,如图1-5所示。电动汽油泵把油箱中的燃油泵入到燃油管中,并产生一定的油压。喷油器在发动机电脑的控制下喷油,将适量的燃油喷入进气歧管内,与空气混合形成可燃混合气,进入汽缸燃烧。

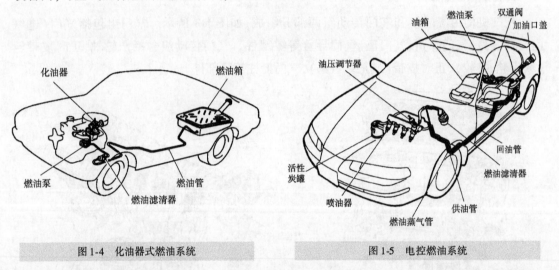

图1-4 化油器式燃油系统　　　　　图1-5 电控燃油系统

1.1.4 汽油机点火系统

汽油机是压燃式发动机,点火系统的功用就是在适当的时刻让汽缸内火花塞产生电火花,以点燃缸内的可燃混合气。

点火系统主要由蓄电池、点火开关、点火线圈、分电器、火花塞、点火控制器和高压导线等零部件组成,如图1-6所示。

点火系统的工作过程是:在点火开关打开状态下,蓄电池的电源通过点火控制器控制点火线圈初级绕组的导通和截止,使点火线圈内部的次级绕组在线圈互感的作用下产生高电压,经过分电器将高电压传给火花塞,使火花塞产生电火花。

1.1.5 冷却系统

冷却系统的功用是利用冷却液冷却高温零部件,并通过散热器将热量散发到大气中去,从而保证发动机在正常的温度状态下工作。

冷却系统主要由水泵、节温器、散热器、冷却风扇和相关的冷却软管所组成,如图 1-7 所示。

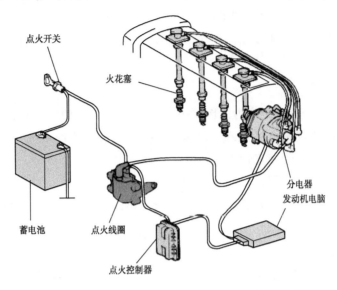

图 1-6　点火系统的组成图

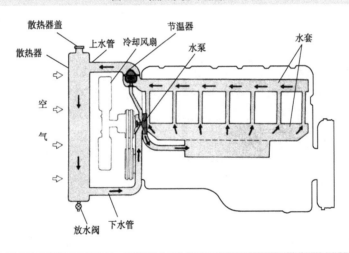

图 1-7　冷却系统

冷却系统的工作过程是:在发动机的驱动下,水泵不断地把散热器内的冷却液泵入到发动机缸体的冷却水套中,对发动机缸体进行冷却,再让冷却液流入散热器,通过风扇把热量散发到大气中。节温器的作用是控制冷却液的循环流量,以调节发动机在冷车和热车状态下的冷却强度。

1.1.6　润滑系统

润滑系统的功用是将润滑油分送至发动机的各个摩擦零件的摩擦表面上,以减小摩擦力,减缓机件磨损,并清洗、冷却摩擦表面,从而延长发动机使用寿命。

润滑系统主要由集滤器、机油泵、机油滤清器和相关的油道等组成,如图1-8所示。有的发动机润滑系统还有机油冷却器等对机油进行冷却的装置。

润滑系统的工作过程是:机油泵在发动机的驱动下,将油底壳里面的机油泵出,经过机油滤清器过滤后进入发动机润滑油道中,并通过油道传输到发动机需要润滑的各部件的运动表面进行润滑,最后流回油底壳。有的发动机还让部分机油经过机油冷却器进行冷却,以降低机油的温度,提高机油的使用寿命。

1.1.7 起动系统

要使发动机由静止状态转变为工作状态,必须先用外力转动发动机的曲轴,使发动机完成进气、压缩、点火、做功的全过程,直到发动机能自行运转。起动系统的功用就是在发动机起动时,给发动机提供一个使之转动的外力。

起动系统主要由起动开关、起动机、蓄电池、起动继电器等组成,如图1-9所示。驾驶员在起动发动机时,转动起动开关使起动机运转,起动机通过飞轮带动发动机曲轴转动,使发动机顺利地起动。

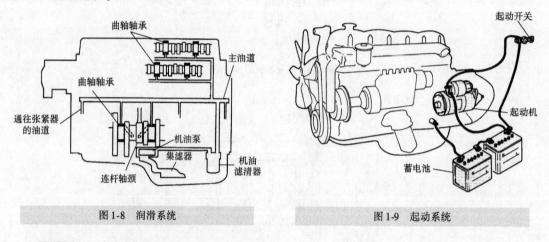

图1-8 润滑系统　　　　　　　图1-9 起动系统

1.2 发动机的常用基本术语

1)上止点

上止点是指活塞离曲轴回转中心最远处,通常指活塞的最高位置,如图1-10a)所示。

2)下止点

下止点是指活塞离曲轴回转中心最近处,通常指活塞的最低位置,如图1-10b)所示。

3)活塞行程S

活塞行程是指上、下两止点间的距离。活塞由一个止点移到另一个止点,运动一次的过程称行程。

4)曲柄半径R

曲柄半径是指与连杆大端相连接的曲柄销的中心线到曲轴回转中心线的距离(mm)。显然,曲轴每转一周,活塞移动两个行程,即$S=2R$。

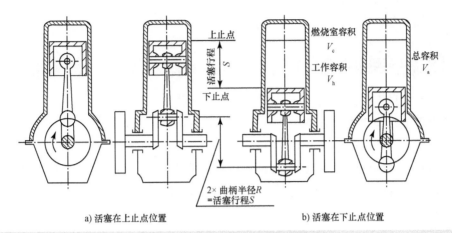

a) 活塞在上止点位置　　　　　b) 活塞在下止点位置

图1-10　发动机基本术语示意图

5) 汽缸工作容积 V_h

汽缸工作容积是指活塞从上止点到下止点所让出的空间的容积。

其计算公式为：

$$V_h = \frac{\pi D^2 S}{4} \times 10^{-6}$$

式中：V_h——汽缸工作容积，L；

D——汽缸直径，mm；

S——活塞行程，mm。

6) 发动机工作容积 V_L 和排量

发动机工作容积是指发动机所有汽缸工作容积的总和，也称发动机的排量。若发动机的汽缸数为 i，则：

$$V_L = V_h \cdot i$$

7) 燃烧室容积 V_c

活塞在上止点时，活塞顶上面的空间称为燃烧室，其容积即为燃烧室容积。

8) 汽缸总容积 V_a

汽缸总容积是指活塞在下止点时，活塞顶上面空间的容积(L)。它等于汽缸工作容积与燃烧室容积之和，即：

$$V_a = V_h + V_c$$

9) 压缩比 ε

汽缸总容积与燃烧室容积的比值称为压缩比，它表示活塞从下止点移到上止点时汽缸内气体被压缩的程度，即：

$$\varepsilon = \frac{V_a}{V_c} = 1 + \frac{V_h}{V_c}$$

压缩比是发动机的一个重要结构参数，它对发动机的性能有很大的影响。压缩比越大，则压缩终了时汽缸内气体的压力和温度就越高，混合气燃烧速度也越快，因而发动机发出的功率越大，经济性也越好。现代汽油发动机的压缩比为 8～10；柴油发动机的压缩比比汽油机高,一般可达 18~23。

1.3 发动机的分类

发动机有各种不同的类型,可按不同的方法进行分类。

1) 按照活塞的运动方式分类

按照活塞运动方式的不同,发动机可分为往复活塞式和旋转活塞式两种,如图 1-11 所示。前者活塞在汽缸内作往复运动,是目前汽车上使用最广泛的发动机。后者活塞在汽缸内作旋转运动,目前只有日本马自达汽车公司生产这种发动机。

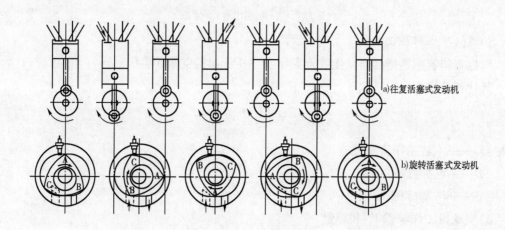

图 1-11　往复活塞式发动机和旋转活塞式发动机的运动示意图

2) 按照燃烧燃料分类

按照燃烧燃料的不同,发动机可分为汽油机、柴油机和气体燃料发动机等。以汽油作为燃料的发动机称为汽油发动机,以柴油作为燃料的发动机称为柴油机,以液化石油气或压缩天然气作为燃料的发动机称为气体燃料发动机。目前汽车上使用的发动机多数是汽油机和柴油机。

3) 按照冷却方式分类

按照冷却方式,发动机可分为风冷式和水冷式两种。以水或冷却液为冷却介质的称作水冷式发动机,以空气为冷却介质的称为风冷式发动机。目前汽车发动机多数都采用水冷式,摩托车发动机多数采用风冷式。

4) 按照一个工作循环活塞往复的次数分类

按照一个工作循环活塞往复的次数,发动机可分为四冲程和二冲程两种。在一个工作循环内活塞往复四个行程的称为四冲程发动机,在一个工作循环内活塞往复两个行程的称为二冲程发动机。汽车用发动机多数为四冲程发动机,摩托车用发动机多数为二冲程发动机。

5）按照进气方式分类

按照进气是否带有增压方式可以分为：自然吸气（非增压）式发动机和强制进气（增压）式发动机。若进气是在接近大气状态下进行的，则为自然吸气式发动机；若利用增压器将进气压力增高、密度增大，则为增压式发动机。增压可提高发动机的功率。

1.4 四冲程汽油发动机的基本工作原理

四冲程汽油机是在四个活塞行程内完成进气、压缩、做功和排气四个过程，并依次不断循环往复进行运转，从而实现将燃料燃烧产生的热能转变成机械能的目的。

1）进气行程

如图1-12a）所示，活塞在曲轴的带动下从上止点移至下止点，此时，排气门关闭，进气门打开。在进气行程中，由于活塞下行，使汽缸内的压力下降，从而将进气管内的空气和汽油的混合物经开启的进气门吸入汽缸，并在汽缸内进一步形成可燃混合气。在进气过程中，由于空气滤清器、节气门、进气管道、进气门处都会对进气产生一定的阻力，因此进气终了时，汽缸内气体压力会略低于大气压，为 0.08 ~ 0.09MPa。同时进气还会受到残余废气和高温机件加热的影响，温度会上升到 320 ~ 380K。

2）压缩行程

如图1-12b）所示，进气行程结束后，曲轴继续带动活塞由下止点移动到上止点。此时，进、排气门均关闭，汽缸内成为封闭容积，随着活塞上移，活塞上腔容积不断减少，可燃混合气受到压缩，压力和温度不断升高，当活塞到达上止点时，压缩行程结束。压缩终了时可燃混合气压力可达 0.8 ~ 1.5MPa，温度可达 600 ~ 750K。压缩行程有利于混合气的迅速燃烧，并可提高发动机的有效热效率。

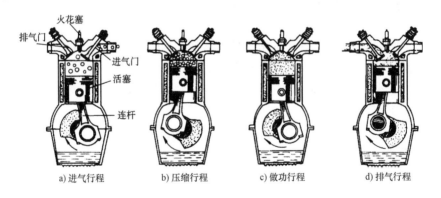

图1-12 单缸四冲程汽油机工作循环示意图

3）做功行程

如图1-12c）所示，当压缩行程结束时，安装在汽缸盖上的火花塞产生电火花，将汽缸内的可燃混合气点燃，火焰迅速传遍整个燃烧室，同时放出大量的热，使燃烧气体的体积急剧膨胀，温度和压力迅速升高。在气体压力的作用下，活塞从上止点移至下止点，并通过连杆推动曲轴旋转做功。在做功行程中,汽缸内的燃烧气体的最大压力可达3.0～6.5MPa,相应温度为2200～2800K。做功行程结束时,气体压力降至0.35～0.5MPa,温度也降至1200～1500K。

4) 排气行程

如图1-12d)所示,当做功行程终了时,排气行程开始。此时排气门开启,进气门仍然关闭。活塞在曲轴的带动下由下止点向上止点运动,废气在自身的剩余压力和活塞的推动下,经排气门排出汽缸,直至活塞运动到上止点,排气行程结束,排气门关闭。排气行程结束时,在燃烧室内仍残留少量废气,称其为残余废气。由于排气系统有阻力,所以残余废气的压力比大气压力略高,为0.105～0.12MPa,温度为900～1100K。

排气行程结束后,进气门再次打开,又开始了下一个工作循环。

综上所述,四冲程汽油机经过进气、压缩、做功、排气四个行程完成了一个工作循环,这期间活塞在上、下止点间往复运动了四个行程,相应的曲轴旋转了两圈。

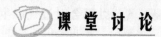

(1) 描述发动机的两大机构和五大系统的基本组成和作用。
(2) 说出发动机的常用基本术语。
(3) 叙述四冲程汽油机的基本工作原理。

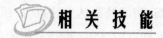

1.5 发动机的拆卸、分解和组装

汽车发动机的机械部分主要由曲柄连杆机构和配气机构组成,还包括点火系统、润滑系统、冷却系统机械驱动部分,以及供给系统的进排气管。为了对发动机进行检修,必须使用常用工具和个别专用工具,正确地拆装发动机,并符合有关规范要求。

1) 发动机的拆卸

拆卸就是把需要大修的发动机总成从汽车上拆下来,以便分解,其步骤是:

(1) 用举升器将汽车升起到一定高度,拆除蓄电池电缆,排出发动机冷却液。

(2) 拆除发动机的外围部件和连接件,如变速器、转向油泵、空调压缩机、进气管、排气管、冷却液管等,拔下所有线束插头,拆除燃油管。

(3) 拆除发动机支撑架,用专用托架(或吊架)将发动机从汽车的下部(或上部)拆下,如图1-13所示。

2) 发动机的分解

分解发动机时,应将发动机固定在翻转架上,如图1-14所示,并按以下步骤进行分解:

(1)拆除进气歧管、排气歧管、发电机、水泵、线束、皮带和皮带轮等外围零部件。

(2)放出发动机机油。

(3)拆除发动机油底壳、机油泵、气门室罩、正时齿轮罩等。

(4)转动发动机曲轴,使之偏离第一缸活塞上止点位置约40°,然后拆下正时皮带或链条,拆除凸轮轴。

(5)按规定的顺序拆下汽缸盖紧固螺栓,拆除汽缸盖。

(6)转动曲轴至合适的位置,依次拆下各缸连杆轴承盖,将活塞连杆组从汽缸上方取出。

(7)按规定顺序拆除曲轴轴承盖,取下曲轴。

(8)分解汽缸盖上的气门机构,取下气门挺柱、气门弹簧、气门等零件。

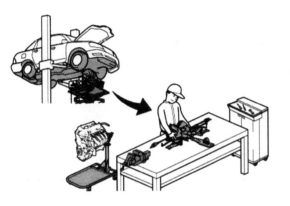

图1-13 发动机的拆卸

图1-14 发动机的分解

3)发动机分解后零件的摆放

分解发动机时,应将发动机各个零部件分类,并按顺序摆放,以便组装时能安装到原来的位置上,如图1-15所示。特别是活塞连杆组、气门、气门挺柱、曲轴轴承等零件,必须按原位置安装,不可错乱。

4)零件的清洗

分解后的发动机零件可用汽油、柴油或煤油等溶剂清洗,以便进一步对零件进行检查。

积炭等难以去除的污垢,可用专用清洗剂清洗。

图1-15 发动机零部件的摆放

5)发动机的组装

组装发动机前,应在所有运动零件的配合表面上涂上少许机油。按分解时相反的顺序组装。曲轴和连杆轴承盖螺母或螺栓、汽缸盖螺栓等,应当按规定的顺序和力矩拧紧。

一定要参考维修手册,用正确的程序或方法组装。

小组工作

(1)每 6 名学生组成 1 个工作小组,确定 1 名小组长,接受工作任务,做好工作准备。

(2)阅读工作单,查阅维修手册(或实训指导书),观察待修的发动机,讨论拆卸方法和步骤,确定小组人员的工作分工,向实训指导教师汇报讨论结果,经指导教师同意后,开始下一步的工作。

(3)按照工作单的引导,完成发动机的拆卸、分解、零件清洗工作。

(4)在上述工作过程中,根据工作单的要求,完成发动机零部件认识、作用和工作原理描述等学习任务。

(5)完成发动机的组装工作。

(6)回答指导教师的现场提问,接受指导教师的技能考核。

(7)完成工作任务后,对工作过程进行自我评价和小组互评,听取指导教师的点评。

(8)清洁工作场所,清点维护工具设备,完成任务交接。

拓展知识

1.6　四冲程柴油发动机的工作原理

四冲程柴油机的工作过程与四冲程汽油机一样,每一个工作循环同样包括进气、压缩、做功和排气四个行程,在各个行程中,进、排气门的开闭和曲柄连杆机构的运动与汽油机完全相同。主要差别在于所采用的燃料、混合气的形成方式和着火方式的不同。因此下面在叙述柴油机的工作原理时,只涉及与汽油机不同之处。

1)进气行程(图1-16a)

柴油机在进气行程中吸入汽缸的是纯空气而不是可燃混合气。由于在进气通道中没有节气门,故柴油机的进气阻力较小,且其残余废气的温度较低,因此进气终了时汽缸内气体压力较高,为 0.085~0.095MPa,气体温度较低,为 310~340K。

2)压缩行程(图1-16b)

柴油机的压缩比大,在压缩行程终了时,汽缸内空气压力可达 3~5MPa,温度可高达750~1000K。

3)做功行程(图1-16c)

在压缩行程结束时,喷油器将来自喷油泵的高压柴油以雾状喷入燃烧室,由于压缩行程终了时汽缸内的气体温度大大超过柴油的自燃温度,柴油和空气在汽缸内瞬间形成可燃混合气并着火燃烧,燃烧气体的压力、温度迅速升高,体积急剧膨胀。在气体压力的作用下,活塞推动连杆,连杆推动曲轴旋转做功。

单元一 发动机总体构造

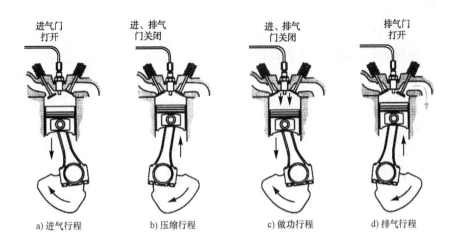

a) 进气行程　　b) 压缩行程　　c) 做功行程　　d) 排气行程

图1-16　单缸四冲程柴油机工作循环示意图

柴油机在做功行程中，燃烧气体的最大压力可达 6~9MPa，最高温度可达 1800~2200K。做功行程结束时，压力为 0.2~0.5MPa，温度为 1000~1200K。

4) 排气行程(图1-16d)

柴油机在排气终了时，汽缸内残余废气的压力为 0.105~0.120MPa，温度为 700~900K。

与汽油机比较，柴油机的压缩比高，热效率高，燃油消耗率低，同时柴油价格较低，因此，柴油机的燃料经济性较好，而且柴油机的排气污染少。它的主要缺点是转速低、质量大、噪声大、振动大、制造和维修费用高。但是，随着科学技术水平的提高，柴油机的这些弱点不断得到克服，应用范围也不断扩大。

1.7　二冲程发动机的工作原理

二冲程发动机的工作循环也是由进气、压缩、做功、排气过程组成，但它是在曲轴旋转一圈(360°)，活塞上下往复运动两个行程内完成的。因此，二冲程发动机与四冲程发动机工作原理有所不同，结构也不一样。

1) 二冲程汽油机的工作原理

二冲程汽油机工作循环也包括进气、压缩、做功和排气四个过程，但它是在活塞往复两个行程内完成的。图1-17为二冲程汽油机的工作循环图。

(1) 第一行程。活塞由曲轴带动从下止点向上止点移动，当活塞上行至关闭换气孔和排气孔时，如图1-17a)所示，已进入汽缸的新鲜混合气被压缩，活塞继续上移至上止点时，压缩结束；与此同时，活塞上行时，其下方曲轴箱内形成一定真空度，当活塞上行到一定位置时，进气孔开启，如图1-17b)所示，新鲜的混合气被吸入曲轴箱。活塞上行到上止点时，第一行程结束。

(2) 第二行程。活塞接近上止点时，火花塞产生电火花，点燃被压缩的混合气，燃烧形成的高温、高压气体推动活塞下行做功，如图1-17c)所示，当活塞下行到关闭进气孔后，曲轴箱内的混合气被预压，活塞继续下行至排气孔开启时，如图1-17d)所示，燃烧后的废气靠自身压力经排气孔排出;紧接着,换气孔开启,曲轴箱内经预压的混合气进入汽缸,并排除汽缸内残余废气;这一过程称换气过程,它将一直延续到下一行程活塞再上行关闭换气孔和排气孔时为止。活塞下行到下止点时,第二行程结束。

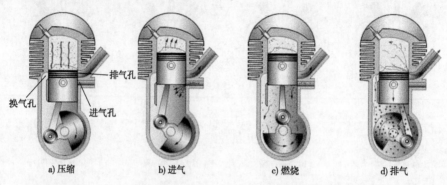

图 1-17 二冲程汽油机工作循环图

由以上两个行程可知,第一行程时,活塞上方进行换气、压缩,活塞下方进行进气;第二行程时,活塞上方进行做功、换气,活塞下方预压混合气。换气过程跨越两个行程。

2)二冲程柴油机的工作原理

二冲程柴油机工作循环与汽油机的主要不同之处是进入汽缸的是纯空气,废气则由专设的排气门排出。带有换气泵的二冲程柴油机的工作循环如图 1-18 所示。换气泵的作用是将新鲜空气压力提高到 0.12~0.14MPa 后,经汽缸外部的空气室和汽缸壁上的一圈进气孔进入汽缸内。

(1)第一行程。活塞由下止点向上止点移动,在此前,进气孔和排气门均已开启,由换气泵增压后的新鲜空气进入汽缸进行换气,如图 1-18a)所示。当活塞上行到进气孔被关闭时,排气门也关闭,于是进入汽缸的空气开始被压缩,如图 1-18b)所示。当活塞上移至接近上止点时,喷油器向汽缸内喷入雾状柴油,并自行着火燃烧,如图 1-18c)所示。

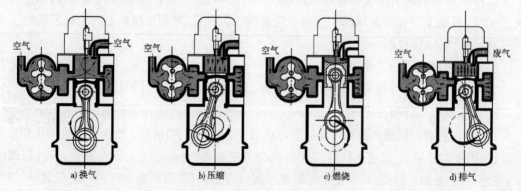

图 1-18 二冲程柴油机工作循环图

(2)第二行程。活塞到达上止点后,着火燃烧的高温高压气体推动活塞下行做功。当活塞下行到 2/3 行程时,排气门打开,废气靠自身压力排出汽缸,如图 1-18d)所示,此后,进气孔开启,来自换气泵的空气经进气孔进入汽缸进行换气,换气过程将持续到活塞上移至进气孔关闭为止。

3）二冲程发动机的特点

（1）由于进排气过程几乎是完全重叠进行的,所以汽油机在换气过程中有混合气损失和废气难以排净的缺点,经济性较差。柴油机由于进入的是纯空气,因此,没有混合气损失。

（2）完成一个工作循环,曲轴只转一周,当与四冲程发动机转速相等时,其做功的次数比四冲程发动机多1倍。因此,与同排量四冲程发动机比较,在理论上发出的功率应是四冲程发动机的2倍,但由于换气时的混合气有损失,实际是1.5~1.6倍。

（3）二冲程汽油机在摩托车上应用较多,二冲程柴油机由于没有混合气损失,经济性比二冲程汽油机要好,在一些中型汽车上也有采用。

前面所介绍的发动机工作原理都是以单缸发动机为例,而现代汽车采用的都是多缸发动机。多缸发动机的每个汽缸和单缸发动机的工作过程是完全一样的,都要经过进气、压缩、做功和排气四个行程。但是,单缸发动机的四个行程中只有一个行程做功,其余三个行程不做功,即曲轴转两圈,只有半圈做功,所以运转平稳性较差,功率越大,平稳性就越差。为了使其运转平稳,单缸发动机一般都装有一个大飞轮。而多缸发动机各个缸的做功行程是错开的,即在曲轴转两圈（720°）完成一个工作循环的过程中,各个汽缸交替做功。缸数越多,做功间隔角越小,发动机运转越平稳。使用最多的多缸发动机有四缸发动机、六缸发动机和八缸发动机。

1.8 发动机的主要性能指标

发动机的性能指标用来评价发动机工作性能的优劣,主要包括动力性能指标、经济性能指标和排放性能指标等。

1.8.1 动力性能指标

发动机动力性能指标用来衡量曲轴对外做功的能力,主要有有效转矩、有效功率、发动机转速和平均有效压力等。

1）有效转矩

发动机对外输出的转矩称为有效转矩,记作 T_e,单位为 N·m。它是作用在活塞顶部的气体压力,通过连杆传给曲轴产生转矩,并克服摩擦、驱动附件等损失后从曲轴对外输出的净转矩。有效转矩与曲轴角位移的乘积即为发动机对外输出的有效功。

2）有效功率

发动机在单位时间内通过曲轴或飞轮对外输出的有效功称为有效功率,记作 P_e,单位为 kW。它等于有效转矩与曲轴角速度的乘积。发动机的有效功率可以用台架试验方法测得,也可以用测功机测定有效转矩和曲轴角速度,然后运用如下公式进行计算：

$$P_e = T_e \frac{2\pi n}{60} \times 10^{-3} = \frac{T_e n}{9550} \quad (\text{kW})$$

式中：T_e——有效转矩,N·m;

n——曲轴转速,r/min。

3）发动机转速

发动机曲轴每分钟的回转数称为发动机转速，用 n 表示，单位为 r/min。

发动机转速的高低，关系到单位时间内做功次数的多少或发动机有效功率的大小，即发动机的有效功率随转速的不同而改变。因此，在说明发动机有效功率的大小时，必须同时指明其相应的转速。在发动机产品标牌上规定的有效功率及其相应的转速分别称为标定功率和标定转速。发动机在标定功率和标定转速下的工作状况称为标定工况。标定功率不是发动机所能发出的最大功率，它是根据发动机用途而制定的有效功率的最大使用限度。同一型号的发动机当其用途不同时，其标定功率也不相同。

4）平均有效压力

单位汽缸工作容积发出的有效功称为平均有效压力，记作 p_{me}，单位为 MPa。显然，平均有效压力越大，发动机的做功能力越强。

1.8.2 经济性能指标

发动机燃油经济性能指标包括有效热效率和有效燃油消耗率等。

1）有效热效率

燃料燃烧所产生的热量转化为有效功的百分数，称为有效热效率，记作 η_e。显然，为获得一定数量的有效功所消耗的热量越少，有效热效率越高，发动机的经济性越好。

2）有效燃油消耗率

发动机每输出 1kW·h 的有效功所消耗的燃油量称为有效燃油消耗率，记作 g_e，单位为 g/(kW·h)。g_e 可按下式计算：

$$g_e = \frac{G_T}{P_e} \times 10^3$$

式中：G_T——发动机在单位时间内消耗的燃油量，kg/h，可由试验测定；

P_e——发动机的有效功率，kW。

显然，有效燃油消耗率越低，经济性越好。通常发动机铭牌上给出的有效燃油消耗率 g_e 是最小值。

1.8.3 排放性能指标

发动机排放是指从废气中排出的一氧化碳（CO）、各种碳氢化合物（HC）、氮氧化物（NO_x）、PM（微粒、炭烟）等有害气体。它们都是发动机在燃烧做功过程中产生的有害气体。

发动机排放性能指标主要有一氧化碳（CO）、各种碳氢化合物（HC）、氮氧化物（NO_x）及除水以外的任何液体或固体微粒的排放量。

发动机有害气体产生的原因各异。CO 是燃油氧化不完全的中间产物，当氧气不充足时会产生 CO，混合气浓度大及混合气不均匀都会使排气中的 CO 增加。HC 是燃料中未燃烧的物质，由于混合气不均匀、燃烧室壁冷等原因造成部分燃油未来得及燃烧就被排放出去。NO_x 是可燃混合气在燃烧过程中产生的一种物质。PM 也是燃油燃烧时缺氧产生的一种物质，其中以柴油机最明显。因为柴油机采用压燃方式，柴油在高温高压下裂解更容易产生大量肉眼看得见的炭烟。

随着汽车数量的增加,汽车发动机排放污染物对环境造成的危害日益严重。为了抑制发动机有害气体的产生,促使汽车生产厂家改进产品以降低这些有害气体的产生源头,世界各国和各地区都先后制定了相关的汽车排放标准。汽车排放标准不但由一系列各种污染物的最高限量值组成,还包括检测、认定和强制执行的方法。当今世界上有三种主流的汽车排放标准体系,即欧、美、日三大体系。其中欧洲标准体系测试要求相对而言比较宽泛,因而应用较广。我国目前的汽车排放标准就是参照欧洲标准体系制定的。

1) 欧洲汽车排放标准

欧洲标准是由欧洲经济委员会(ECE)的排放法规和欧共体(EEC)的排放指令共同加以实现的。欧共体即是现在的欧盟(EU)。排放法规由 ECE 参与国自愿认可,排放指令是 EEC 或 EU 参与国强制实施的。汽车排放的欧洲法规(指令)标准 1992 年前已实施若干阶段,欧洲从 1992 年起开始实施欧Ⅰ(欧Ⅰ形式认证排放限值),1996 年起开始实施欧Ⅱ(欧Ⅱ形式认证和生产一致性排放限值),2000 年起开始实施欧Ⅲ(欧Ⅲ形式认证和生产一致性排放限值),2005 年起开始实施欧Ⅳ(欧Ⅳ形式认证和生产一致性排放限值)。

汽车排放的欧洲法规(指令)标准的内容,包括新开发车的形式认证试验和现生产车的生产一致性检查试验,从欧Ⅲ开始又增加了在用车的生产一致性检查。

欧洲法规(指令)标准的汽车排放计量以汽车发动机单位行驶距离的排污量(g/km)计算,因为这对研究汽车对环境的污染程度比较合理。同时,欧洲排放标准将汽车分为总质量不超过 3500kg(轻型车)和总质量超过 3500kg(重型车)两类。轻型车不管是汽油机或柴油机车,整车均在底盘测功机上进行试验。重型车由于车重,则用所装发动机在发动机台架上进行试验。

欧Ⅴ标准于 2009 年 9 月 1 日开始实施。根据这一标准,柴油轿车每千米氮氧化物的排放量不应超过 180mg,比欧Ⅳ标准规定的排放量减少了 28%;颗粒物排放量则比欧Ⅳ标准规定的减少了 80%。所有柴油轿车必须配备颗粒物滤网。不过,柴油 SUV 执行欧Ⅴ标准的时间推迟至 2012 年 9 月。

相对于欧Ⅴ标准,于 2014 年 9 月实施的欧Ⅵ标准更加严格。根据欧Ⅵ标准,柴油轿车每千米氮氧化物的排放量不应超过 80mg,比欧Ⅴ标准规定的排放量减少 68%。欧盟官员称,与欧Ⅴ标准相比,欧Ⅵ标准对人体健康的益处将增加 60%~90%。

欧洲轿车排放标准见表 1-1。

欧洲轿车排放标准　　　　　表 1-1

汽 油 车						
标准类别	实施时间	HC	CO	NO_x	$CO + NO_x$	PM
欧洲Ⅰ号标准	1995 年年底前	2.72(3.16)	—	—	0.97(1.13)	—
欧洲Ⅱ号标准	1996—2000 年	2.2	—	—	0.5	—
欧洲Ⅲ号标准	2000—2005 年	2.3	0.2	0.15	—	—
欧洲Ⅳ号标准	2005 年年底起	1.0	0.1	0.08	—	—
欧洲Ⅴ号标准	2009 年 9 月起	1.0	0.1	0.06	—	0.005*
欧洲Ⅵ号标准	2014 年 9 月起	1.0	0.1	0.06	—	0.005*

续上表

标准类别	实施时间	柴油车 HC	CO	NO$_x$	CO + NO$_x$	PM
欧洲Ⅰ号标准	1995年年底前	2.72(3.16)	—	—	0.97(1.13)	0.14(0.18)
欧洲Ⅱ号标准	1996—2000年	1.0			0.7	0.08
欧洲Ⅲ号标准	2000—2005年	0.64		0.5	0.56	0.05
欧洲Ⅳ号标准	2005年年底起	0.5		0.25	0.3	0.025
欧洲Ⅴ号标准	2009年9月起	0.5		0.18	0.23	0.005
欧洲Ⅵ号标准	2014年9月起	0.5	—	0.08	0.17	0.005

注:1. 在欧洲Ⅴ号标准实施以前,重于2500kg的轿车被归类为轻型商用车辆(Light Commercial Vehicle),类别为N1-I。
2. 括号内的数字为生产一致性(Conformity of Production,COP)排放限值。
* 仅适用于使用直喷发动机的车辆。

2)我国汽车排放标准

我国的汽车排放标准是根据我国国情制定的国家标准。由于我国道路状况和车辆状况接近欧洲,我国机动车排放控制模式基本采用了欧洲模式。与国外先进国家相比,我国汽车尾气排放法规起步较晚、水平较低,根据我国的实际情况,从20世纪80年代初期开始采取了先易后难分阶段实施的方式,其具体实施至今经历了起步阶段、形成阶段、加强与完善阶段、低污染控制阶段等。

(1)起步阶段:我国最早的机动车污染物排放标准是由国家环境保护局在1983年颁布的,包括汽油车怠速污染物排放标准及测量方法、柴油车自由加速烟度排放标准及测量方法、柴油车全负荷烟度排放标准及测量方法等。这一批标准的制定和实施,标志着我国汽车尾气法规从无到有,并逐步走向法制治理汽车尾气污染的道路。

(2)形成阶段:在第一批机动车尾气污染控制排放标准的基础上,我国于1989年颁布了轻型车排气污染物排放标准及测量方法(即十五工况法),以及汽油车曲轴箱污染物测量方法和限值。1993年对上述标准进行了修订,并新制定了汽油车燃油蒸发污染物排放标准和收集式测量方法、车用汽油机排气污染物排放标准和测量方法(即九工况法),并将七套排放标准和测量方法汇编成一本,统一使用一个标准编号,即GB 14761,使标准实施起来更为方便。至此,我国已形成了一套较为完整的汽车尾气排放标准体系。

(3)加强与完善阶段:1999年,北京市实施了《轻型汽车排气污染物排放标准》,从此拉开了我国新一轮尾气排放法规制定和实施的序曲。2001年,我国参照欧Ⅰ和欧Ⅱ标准先后出台了《轻型汽车污染物排放限值及测量方法(Ⅰ)》(GB 18352.1—2001)(即国一排放标准)和《轻型汽车污染物排放限值及测量方法(Ⅱ)》(GB 18352.2—2001)(即国二排放标准),并规定国一标准于2001年4月16日起全面实施,国二标准于2004年7月1日起全面实施。值得一提的是,国一、国二排放标准不仅在排放限值上与欧Ⅰ、欧Ⅱ标准相当,在汽车污染物的测量方法上也达到了欧洲20世纪70年代的水平。

2005年4月27日,国家环保总局公布了《轻型汽车污染物排放限值及测量方法(中国

Ⅲ、Ⅳ阶段)》(GB 18352.3—2005),并规定轻型汽车第Ⅲ阶段排放标准(即国Ⅲ排放标准)自2007年7月1日起实施,第Ⅳ阶段排放标准(即国Ⅳ排放标准)自2010年7月1日起实施。同国Ⅱ相比,国Ⅲ无论是在排放限值、检测项目还是试验方法上要严格得多,排放限值全面降低30%以上。以汽油车的HC排放限值为例,由原先的0.5g/km(国Ⅱ)下降到0.2 g/km(国Ⅲ);柴油车的CO排放限值由1.0g/km(国Ⅱ)下降到0.5g/km(国Ⅲ)。国Ⅳ的排放限值在国Ⅲ的基础上又下降一半(表1-2)。除排放限值降低外,标准要求采取常温下冷起动后排气污染物排放试验(Ⅰ型试验),去掉原有发动机起动后允许的40s暖机时间,测试真正冷机起动时的各种排放限值。

轻型汽车国Ⅲ、国Ⅳ排放标准Ⅰ型试验排放限值   表1-2

阶段	类别	级别	基准质量 RM (kg)	限值(g/km)									
				一氧化碳 (CO)		碳氢化合物 (HC)		氮氧化物 (NO_x)		碳氢化合物和氮氧化物 ($HC+NO_x$)		颗粒物 (PM)	
				L_1		L_2		L_3		L_2+L_3		L_4	
				汽油	柴油	汽油	柴油	汽油	柴油	汽油	柴油	汽油	柴油
Ⅲ	第一类车	—	全部	2.30	0.64	0.20	—	0.15	0.50	—	0.56		0.050
	第二类车	Ⅰ	RM≤1305	2.30	0.64	0.20		0.15	0.50		0.56		0.050
		Ⅱ	1305<RM≤1760	4.17	0.80	0.25		0.18	0.65		0.72		0.070
		Ⅲ	1760<RM	5.22	0.95	0.29		0.21	0.78		0.86		0.100
Ⅳ	第一类车	—	全部	1.00	0.50	0.10		0.08	0.25		0.30		0.025
	第二类车	Ⅰ	RM≤1305	1.00	0.50	0.10		0.08	0.25		0.30		0.025
		Ⅱ	1305<RM≤1760	1.81	0.63	0.13		0.10	0.33		0.39		0.040
		Ⅲ	1760<RM	2.27	0.74	0.16		0.11	0.39		0.46		0.060

注:1. Ⅰ型试验指常温下冷起动后排气污染物排放试验。
2. 第一类车指包括驾驶员座位在内,座位数不超过6座,且最大总质量不超过2500kg的载客汽车。
3. 第二类车指除第一类车以外的其他所有轻型汽车。

(4)低污染控制阶段:2013年9月17日,国家环境保护部公布了《轻型汽车污染物排放限值及测量方法(中国第五阶段)》(GB 18352.5—2013)(即国五排放标准),并确定全国于2018年1月1日开始全面实施。国五标准与欧Ⅴ排放标准控制水平相当。国五相比于国Ⅳ,区别主要在于氮氧化物(NO_x)、碳氢化合物和氮氧化物($HC+NO_x$)总和、颗粒物浓度(PM)的标准提高了,此外国五还加入了颗粒物粒子数量(PN)和除甲烷以外的碳氢化合物(NMHC)的标准,见表1-3。

对于汽油车,国五标准相比于国Ⅳ标准,其氮氧化物(NO_x)排放限制严格了25%,还新增了除甲烷以外的碳氢化合物(NMHC)和对缸内直喷的汽油车的颗粒物浓度(PM)检测标准。

对于柴油车,氮氧化物(NO_x)排放限制严格了28%,碳氢化合物和氮氧化物(HC+

NO_x)总和指标严格了23%,而对于柴油车的颗粒物浓度(PM)限制提升了82%。此外还新增了只针对柴油车的颗粒物粒子数量(PN)标准。

轻型汽车国五排放标准 I 型试验排放限值　　　　表1-3

类别	级别	基准质量 RM (kg)	CO L_1 (g/km)		THC L_2 (g/km)		NMHC L_3 (g/km)		NO_x L_4 (g/km)		THC+NO_x L_2+L_4 (g/km)		PM L_5 (g/km)		PN L_6 (个/km)	
			PI	CI	PI	CI	PI	CI	PI	CI	PI	CI	PI①	CI	PI	CI
第一类车	—	全部	1.00	0.50	0.100	—	0.068	—	0.060	0.180	—	0.230	0.0045	0.0045	—	6.0×10¹¹
第二类车	I	RM≤1305	1.00	0.50	0.100	—	0.068	—	0.060	0.180	—	0.230	0.0045	0.0045	—	6.0×10¹¹
	II	1305<RM≤1760	1.81	0.63	0.130	—	0.090	—	0.075	0.235	—	0.295	0.0045	0.0045	—	6.0×10¹¹
	III	1760<RM	2.27	0.74	0.160	—	0.108	—	0.082	0.280	—	0.350	0.0045	0.0045	—	6.0×10¹¹

注:PI = 点燃式,CI = 压燃式。
① 仅适用于装缸内直喷发动机的汽车。

实际上,随着我国各地对环境污染治理重视程度的不断提高,自2013年开始,北京、上海、广州等城市已经率先制定了与国五标准相当的地方标准并开始实施,而国五标准在2017年1月1日起就已经在全国各省市全面实施了。至此,我国的汽车排放控制标准已经基本达到了与发达国家同步的水平,进入了汽车排放的低污染控制阶段。

2016年12月23日,国家环境保护部、国家质检总局联合发布《轻型汽车污染物排放限值及测量方法(中国第六阶段)》(GB 18352.6—2016)(即轻型车国六排放标准)。2018年6月22日,国家生态环境部与国家市场监督管理总局联合下发《重型柴油车污染物排放限值及测量方法(中国第六阶段)》(GB 17691—2018)(即重型车国六排放标准)。这两个标准的发布,意味着我国汽车排放国六标准正式出台。

国六排放标准改变了以往等效转化欧洲排放标准的方式,邀请汽车行业全程参与编制,充分吸取专家学者和企业界的意见和建议,从以往跟随欧美机动车排放标准转变为大胆创新,首次实现引领世界汽车排放标准的制定。

和国五排放标准相比,国六排放标准主要有以下8个方面的不同:

(1)测试循环不同。对车辆的冷起动、加减速以及高速大负荷状态下的排放进行全面考核,覆盖了更大的发动机工作范围,对车辆的排放控制性能提出了更高的要求。

(2)测试程序要求不同。用更加严格的测试要求,有效避免汽车企业利用标准漏洞在实验室测试中得到一个漂亮的数据,但是在实际使用中却不尽如人意的行为。

(3)限值要求加严。相比国五加严了40%~50%,另外,与国五阶段汽柴油车采用不同的限值相比,国六标准根据燃料中立原则,对汽柴油车采用相同的限值要求。

(4)新增加实际道路行驶排放。第一次将排放测试从实验室转移到了实际道路,要求汽车既要在试验室测试达标,还要在市区、郊区和高速公路上,在正常行驶状态下利用便携式排放测试设备进行尾气测试,能够有效避免排放作弊行为。

(5)加严蒸发排放控制要求。引入48h蒸发排放试验以及加油过程蒸发排放试验,将蒸发排放控制水平提高到90%以上。同时还要求车辆安装车载加油油气回收系统,增加对加油过程的蒸发排放控制。

(6)增加排放质保期的要求。要求在3年或6万km内,如果车辆的排放相关零部件出现故障和损坏,导致排放超标,由汽车生产企业承担相应的维修和更换零部件的所有费用,保障车主权益。

(7)提高了低温试验要求。相比国五排放标准,一氧化碳和碳氢化合物限值加严1/3,同时还增加了对氮氧化物的控制要求,有效控制冬天车辆冷起动时的排放。

(8)引入了严格的美国车载诊断系统(OBD)控制要求。增加永久故障码存储要求以及防篡改措施,全面提升对车辆排放状态的实时监控能力,有效防止车辆在使用过程中超标排放。

为保证汽车行业有足够的准备周期来进行相关车型和动力系统的变更升级以及生产准备,轻型车国六排放标准采用分步实施的方式,设置6a和6b两个排放限值方案(表1-4),分别于2020年7月1日和2023年7月1日起实施。

轻型车国六排放标准Ⅰ型试验排放限值　　　　　　　表1-4

实施阶段	车辆类别		测试质量 TM (kg)	限　值						
				CO (mg/km)	THC (mg/km)	NMHC (mg/km)	NO_x (mg/km)	N_2O (mg/km)	PM (mg/km)	PN[①] (个/km)
6a阶段	第一类车		全部	700	100	68	60	20	4.5	6.0×10^{11}
	第二类车	Ⅰ	TM≤1305	700	100	68	60	20	4.5	6.0×10^{11}
		Ⅱ	1305<TM≤1760	880	130	90	75	25	4.5	6.0×10^{11}
		Ⅲ	1760<TM	1000	160	108	82	30	4.5	6.0×10^{11}
6b阶段	第一类车		全部	500	50	35	35	20	3.0	6.0×10^{11}
	第二类车	Ⅰ	TM≤1305	500	50	35	35	20	3.0	6.0×10^{11}
		Ⅱ	1305<TM≤1760	630	65	45	45	25	3.0	6.0×10^{11}
		Ⅲ	1760<TM	740	80	55	50	30	3.0	6.0×10^{11}

注:①2020年7月1日前,汽油车过渡限值为6.0×10^{12}个/km。

轻型车国六排放标准的6a阶段限值已经略严于欧洲第六阶段排放标准限值水平,但仍比美国Tier3排放标准限值要求宽松;而6b阶段限值则基本相当于美国Tier3排放标准中规定的2020年车的平均限值。因此,就目前来说,国六排放标准可以称得上是目前世界上最严格的排放标准之一。

重型车国六排放标准的整车试验排放限值见表1-5,其实施时间针对不同车型分为3个阶段。

第一阶段:从2019年7月1日开始,所有生产、进口、销售和登记注册的燃气汽车(如CNG车、LNG车)应符合标准要求。

重型车国六排放标准整车试验排放限值表　　　　表 1-5

发动机类型	CO (mg/km)	THC (mg/km)	NO_x (mg/km)	PN[①] (个/km)
压燃式	6000	—	690	1.2×10^{12}
点燃式	6000	240（LPG） 750（NG）	690	—
双燃料	6000	1.5×WHTC 限值	690	1.2×10^{12}

注：应在同一次试验中同时测量 CO_2 并同时记录。

[①] PN 限值从 6b 阶段开始实施。

第二阶段：从 2020 年 7 月 1 日起，所有生产、进口、销售和登记注册的城市车辆（如在城市内运行的公交车、环卫车等）应符合标准要求。

第三阶段：从 2021 年 7 月 1 日起，所有生产、进口、销售和登记注册的重型柴油车（包括常见的重型半挂牵引车、载货汽车、自卸车等）应符合标准要求。

1.8.4　发动机的特性曲线

发动机的主要性能指标（有效转矩 T_e，有效功率 P_e，有效燃油消耗率 g_e）随其运转工况（负荷、转速）变化而变化的关系，称为发动机的特性。发动机特性有速度特性和负荷特性两种，其中，性能指标随发动机曲轴转速变化的关系，称为发动机的速度特性，而性能指标随负荷变化的关系，称为发动机的负荷特性。用曲线来表示这些关系，称为发动机的特性曲线。发动机特性是对发动机性能进行全面评价和鉴定的依据。在发动机特性中，其速度特性最为常用。

发动机的速度特性指发动机的性能指标 T_e、P_e、g_e 随发动机转速 n 变化的规律，用曲线表示，称为速度特性曲线。速度特性可以在发动机试验台上测得。试验时让节气门开度保持不变，同时用测功机对发动机曲轴施加一定数值的阻力矩。当发动机运转稳定时（即阻力矩和发动机发出的有效转矩相等时），可用转速表测出此时的稳定转速，同时在测功机上测出该转速下的有效转矩 T_e，计算出有效功率 P_e；另外，可测出消耗一定量汽油所经历的时间，换算成每小时耗油量 G_T，然后计算出有效燃油消耗率 g_e。改变测功器的阻力矩数值，重复上述过程，又可以得出一组 n、T_e、P_e、g_e，这样重复若干次，可以得到一系列的 n、T_e、P_e、g_e。然后，根据这些数据，以转速 n 为横坐标，以性能指标 T_e、P_e、g_e 为纵坐标作出三条曲线，即为相对应于该节气门开度的速度特性曲线。

节气门全开时的速度特性称为发动机的外特性；节气门不全开的其他任意位置所得到的速度特性都称为部分特性。发动机的外特性表示了发动机所能得到的最大动力性能。从外特性曲线上可以看到发动机所能输出的最大功率、最大转矩以及它们相应的转速和燃料消耗量，汽车产品介绍书上大都采用发动机外特性曲线图，但一般只标出功率和转矩曲线。

发动机外特性曲线的特征是：功率曲线和转矩曲线都呈现凸形，有效燃油率曲线则呈现凹形。但汽油机和柴油机的外特性曲线又有所不同，分别如图 1-19 和图 1-20 所示。

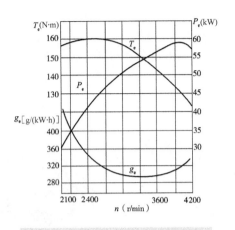
图1-19 汽油发动机的外特性曲线

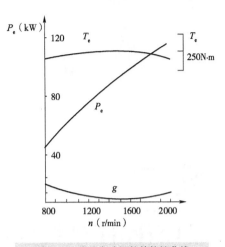
图1-20 柴油发动机的外特性曲线

在汽油机外特性曲线中,功率曲线在较低转速下数值很小,但随转速增加而迅速增长,但转速增加到一定区间后,功率增长速度变缓,直至最大值后就会下降,尽管此时转速仍会继续增长。转矩曲线则与功率曲线相反,它往往在较低转速下就能获得最大值,然后随转速上升而下降。有效燃油率曲线随转速的增长而呈现一个凹形曲线,在中间某一转速下达到最小值,转速增大或者减少,都会使有效燃油率增大。

在柴油机外特性曲线中,功率曲线是随转速上升而上升,差不多到了最大转速(标定转速)仍未出现曲线的最高点。转矩曲线变化平缓,在不同转速位置变化量不大。有效燃油率曲线不但起点数值低,而且比较平坦(与汽油机比较)。

虽然各种型号的汽油或柴油发动机外特性曲线不会完全一样,但基本还是呈现上述的形态,通过发动机外特性曲线图可以了解发动机的性能和特点,了解功率、转矩、耗油量和转速之间的关系,并找出发动机最佳的工作区域。

思考题

(1) 发动机主要由哪些机构和系统组成?各有什么功用?
(2) 发动机有哪些类型?各有何特点?
(3) 什么是发动机的工作循环?
(4) 柴油机和汽油机在总体构造、可燃混合气的形成方式和着火方式上有何不同?
(5) 汽油机和柴油机的压缩比有何不同,为什么?
(6) 四冲程的柴油机和汽油机相比较,各有哪些优缺点?

单元二 曲柄连杆机构的检修

学习情境

一辆一汽丰田威驰轿车进厂修理,客户反映该车发动机在冷车运转中有异响,经维修业务接待员检查,异响部位在发动机的汽缸体内,可能是机体与曲柄连杆机构零件故障,需对机体与曲柄连杆机构进行检修。

生产任务 发动机机体及曲柄连杆机构的检修

1)工作对象

待检修的汽油发动机1台。

2)工作内容

(1)领取所需的工具,做好工作准备。

(2)从发动机上拆除进排气管、分电器等外围附件。

(3)拆除发动机油底壳、汽缸盖及相关零部件,分解汽缸体和曲柄连杆机构。

(4)清洗、检查曲柄连杆机构各零部件,对主要零部件进行检测,分析检测结果,制订修复方案。

(5)按规范组装检修后的曲柄连杆机构各零部件。

(6)组装汽缸盖及发动机其他零部件和外围附件。

(7)调整配气正时。

(8)检查、评价工作质量。

(9)整理工具,清洁工作场地。

3)工作目标与要求

(1)学生应以小组工作的方式,完成本项工作任务。

(2)学生应当能在小组成员的配合下,利用发动机维修手册(或实训指导书),制订并实施工作计划。

(3)能通过阅读资料和现场观察,辨别所拆发动机曲柄连杆机构各零部件,说出其名称。

(4)能分辨所检修发动机曲柄连杆机构各零部件的结构类型,描述各零部件的作用。

(5)能按规范的步骤,完成发动机曲柄连杆机构的分解、组装和调整。

(6)能正确使用检验测量工具,对曲柄连杆机构零件进行检验,并分析检验结果,制订修复方案。

(7)能向客户解释所修发动机曲柄连杆机构的损伤情况和修复方案。

(8)在工作过程中,注意工作安全,做好废料的处理,保持工作环境整洁。

2.1 曲柄连杆机构概述

曲柄连杆机构是发动机实现能量转换的主要机构。其功用是把燃气作用在活塞顶上的力转变为曲轴的转矩,为汽车的行驶提供动力。发动机产生的动力大部分都由曲轴后端的飞轮传给传动系统中的离合器;还有一部分经曲轴前端的齿轮和带轮驱动其他机构和系统。

曲柄连杆机构主要由以下三部分组成:

(1)机体组。机体组主要包括汽缸体、曲轴箱、汽缸盖、汽缸套、汽缸衬垫、油底壳等固定件。

(2)活塞连杆组。活塞连杆组主要包括活塞、活塞环、活塞销和连杆等运动件。

(3)曲轴飞轮组。曲轴飞轮组主要包括曲轴、飞轮和扭转减振器等机件。

在发动机做功时,汽缸内最高温度可高达 2500K 以上,最高压力可达 5~9MPa,现代汽车发动机最高转速可达 3000~6000r/min,则活塞每秒要行经 100~200 个行程,可见其线速度是很大的。此外,与可燃混合气和燃烧废气接触的机件还将受到化学腐蚀。因此,曲柄连杆机构是在高温、高压、高速和有化学腐蚀的条件下工作的。

曲柄连杆机构工作时所受的力主要有气体作用力、往复运动件的往复惯性力、旋转运动件的旋转惯性力(也称离心力)以及相对运动件接触表面的摩擦力。由于曲柄连杆机构是在高压下作变速运动,因此它在工作中的受力情况非常复杂。上述各种力作用在曲柄连杆机构和机体的各有关零件上,使它们受到压缩、拉伸、弯曲和扭曲等不同形式的载荷。为了保证工作可靠,减少磨损,减轻振动,在结构上必须采取相应的措施。

2.2 机体组

机体是发动机整台机器的骨架和外壳,许多零部件和辅助系统的元件都安装在机体上。机体组主要由汽缸体、油底壳、汽缸套、汽缸盖和汽缸垫等零件组成,如图 2-1 所示。

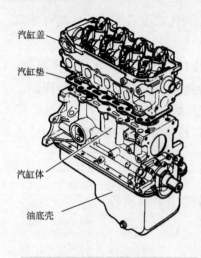

图 2-1　机体组

2.2.1　汽缸体和汽缸套

1）汽缸体

汽缸体是发动机各个机构和系统的装配基体，并由它来保持发动机各运动件相互之间的准确位置关系。汽缸体的上、下两个平面用以安装汽缸盖和油底壳，该平面往往也是汽缸修理的加工基准。

汽缸体上半部有若干个为活塞在其中运动导向的圆柱形空腔，称为汽缸。下半部是用来支承曲轴的曲轴箱，其内腔为曲轴运动的空间。曲轴箱通常与上半部的汽缸铸成一个整体，其上制有主轴承座孔，有的发动机还制有凸轮轴轴承座孔。为了这些轴承的润滑，在侧壁上钻有主油道，前后壁和中间隔板上钻有分油道。

汽缸体承受较大的机械负荷和较复杂的热负荷，因此，要求汽缸体具有足够的强度、刚度和良好的耐热性及耐腐蚀性等。汽缸内壁经过精加工，其工作表面的粗糙度、形状和尺寸精度都比较高。

根据工作条件和结构特点，汽缸体和上曲轴箱一般采用灰铸铁、球墨铸铁或合金铸铁制造。为了提高汽缸的耐磨性，有时在铸铁中加少量合金元素如镍、钼、铬、磷等，也有的强化柴油机采用了球墨铸铁。某些发动机为了减小质量，加强散热，采用铝合金制造。

发动机用冷却液冷却时，汽缸周围和汽缸盖中均有用以充冷却液的空腔，称为水套，如图 2-2a）所示。汽缸体和汽缸盖上的水套是相互连通的。利用水套中的冷却液流过高温零件的周围而将热量带走。

发动机用空气冷却时，在汽缸体与汽缸盖的外表面铸有许多散热片，以增强散热效果，如图 2-2b）所示。风冷发动机一般将汽缸体的上半段与曲轴箱分开铸造。

由于铸造工艺的要求，在缸体上都留有型芯孔，所以，多数发动机的汽缸体的侧面上都压入型芯孔塞，也称为水堵或膨胀塞，并涂抹密封剂，以防止水套中的冷却液外泄，如图 2-3 所示，它还可以防止因为冷却液结冰膨胀而使汽缸体破裂。

对于多缸发动机，汽缸的排列形式决定了发动机的外形结构，对汽缸体的刚度和强度也有影响，并关系到汽车的总体布置情况。汽车发动机汽缸排列基本上有以下三种形式。

(1) 直列式。直列式发动机各个汽缸排成一列，一般是垂直布置的，如图 2-4 所示。但为了降低发动机的高度，有时也把汽缸布置成倾斜或水平位置。

(2) V 形。6 缸以上的发动机，为了减小发动机的整体长度，常将发动机汽缸设计成两列，并使之呈 V 形布置，如图 2-5 所示。这种结构缩短了机体长度和高度，增加了汽缸体的刚度，减轻了发动机的质量，但加大了发动机的宽度，且形状较复杂,加工困难。V形缸体左右两列汽缸的夹角通常为60°或90°,夹角越大,发动机的高度就越小。

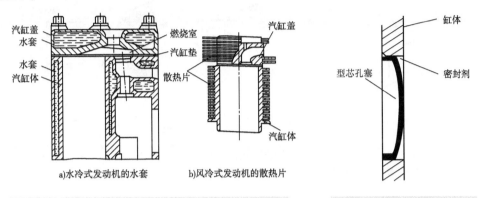

图2-2 发动机的汽缸体和汽缸盖　　　　图2-3 压入型芯孔塞的汽缸体

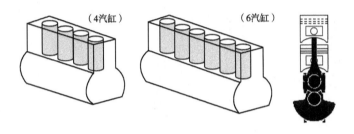

图2-4 直列式汽缸体

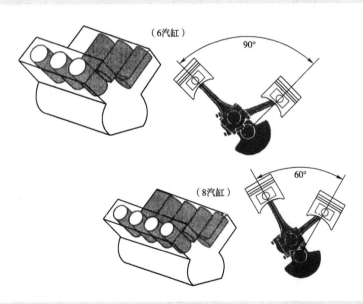

图2-5 V形汽缸体

(3)对置式。发动机汽缸排成两列,左右两列汽缸在同一水平面上,如图2-6所示。这种布置形式可以大大减小发动机的高度,常应用在赛车上。

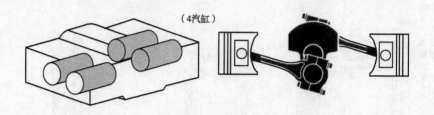

图2-6 对置式汽缸体

在汽缸体与油底壳之间有一个为曲轴提供运动的空间,这个空间称为曲轴箱,曲轴箱的结构形式有平底式、龙门式和隧道式三种,如图2-7所示。

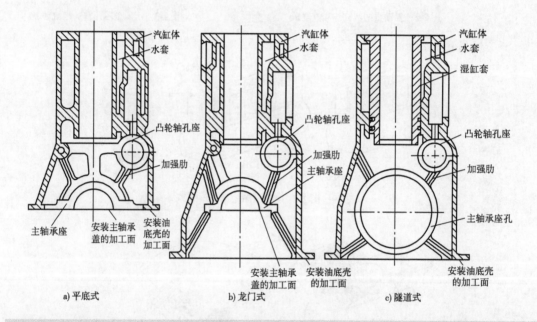

图2-7 汽缸体的结构形式

发动机的曲轴轴线与曲轴箱分开面在同一平面上的为一般式汽缸体,其特点是便于机械加工,但刚度较差,多用于小型发动机,如图2-7a)所示。

发动机的曲轴轴线高于曲轴箱分开面的则称为龙门式汽缸体。其特点是结构刚度和强度较好,是目前大部分发动机采用的形式,如图2-7b)所示。

隧道式汽缸体的主轴承孔不分开,其特点是结构刚度比龙门式的更高,主轴承的同轴度易保证,但拆装比较麻烦,多用于主轴承为滚动轴承并采用组合式曲轴的大型柴油发动机,如图2-7c)所示。

随着发动机的不断强化,汽缸体所承受的机械负荷越来越大,为了增强主轴承的支撑刚度,保证曲轴不发生弯曲变形,有的汽车发动机把各主轴承盖铸成一个整体,称为下缸体(或称梯形梁),以增加主轴承刚度,如图2-8所示。

2)汽缸与汽缸套

汽缸要承受活塞高速往复运动的摩擦作用,且要与高温、高压的燃气相接触,故必须耐高温、耐磨损、耐腐蚀。

汽缸有整体式和镶套式两种。直接在汽缸体上镗出的汽缸称为整体式汽缸。整体式汽缸的强度和刚度较好,能承受较大的载荷,现代轿车发动机多采用这种整体式汽缸,为提高其耐磨性,常采用表面处理,如表面激光淬火、镀铬等。但是,由于汽缸对材料的要求较高,所以整体式汽缸的成本较高,因此有些发动机用耐磨的优质材料制成汽缸套,然后再装到用价格较低的一般材料制成的汽缸体内,这样不但可以降低制造成本,而且汽缸套还可以从汽缸体中取出,便于修理和更换,可大大延长汽缸体的使用寿命。

整体式汽缸在使用磨损后,也可以采用镶套的方式,将原来的汽缸孔加大,镶上一个汽缸套,再按标准尺寸对汽缸套的内孔进行精加工。

汽缸套按其外表面是否与冷却液接触,分为干式汽缸套和湿式汽缸套两种,如图2-9所示。

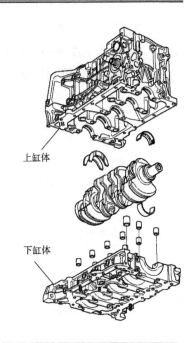

图2-8 整体式曲轴主轴承盖

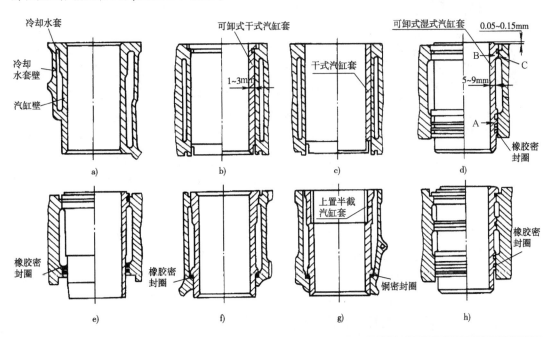

图2-9 汽缸套结构图

如图2-9a)、b)、c)所示,干式汽缸套的外表面不直接与冷却液接触,而是和汽缸体上加工出来的座孔内壁面接触。其壁厚较薄,一般为1~3mm。为了获得与缸体间足够的实际接触面积,以保证散热效果和汽缸套的定位,其外表面和与其相配合的汽缸体座孔内表面都需进行精加工,而且一般都采用过盈配合。干式汽缸套具有整体式汽缸体的优点,不易漏水、漏气,汽缸体的强度和刚度较好,缸距小;缺点是修理更换不便、散热效果差。在缸径小于120mm 的发动机中得到广泛应用。

如图 2-9d)~h)所示,湿式汽缸套的外壁与冷却液直接接触,汽缸套壁厚一般为 5~9mm。缸套的外表面有两个保证径向定位的突出的圆环带 A 和 B,如图 2-9d)所示,分别称为上支承定位带和下支承密封带。汽缸套的轴向定位是利用上端的凸缘 C,如图 2-9d)所示。为了密封气体和冷却液,有的缸套凸缘 C 下面还装有纯铜垫片。

湿式汽缸套的优点是在汽缸体上没有密封的水套,铸造方便,容易拆卸,冷却效果也较好;其缺点是汽缸体的刚度差,易漏气、漏水。湿式汽缸套广泛应用于汽车用柴油机上。

2.2.2 汽缸盖与汽缸垫

1)汽缸盖

汽缸盖的主要功用是密封汽缸上部,并与活塞顶部和汽缸壁一起形成燃烧室。汽缸盖内部也有冷却水套,其下表面上的冷却水孔与汽缸体上表面的冷却水孔相通,以便利用循环水来冷却燃烧室等高温部分。在汽缸盖上部有一个能起到封闭和密封作用的汽缸盖罩,也称气门室罩,一般用薄钢板冲压而成,上有加注机油用的注油孔。汽缸盖罩与汽缸盖之间装有一个密封垫,如图 2-10 所示。

发动机的汽缸盖上还加工有进、排气门座及气门导管孔和进、排气通道等。汽油机汽缸盖还设有火花塞座孔,而柴油机则设有安装喷油器的座孔。顶置凸轮轴式发动机的汽缸盖上还加工有凸轮轴轴承孔,用以安装凸轮轴。

为了制造和维修方便,减小变形对密封的影响,缸径较大的柴油机多采用分开式汽缸盖,有一缸一盖,称为单体汽缸盖;也有两缸一盖、三缸一盖等。汽油机一般缸径较小,缸盖负荷较小,多采用整体式汽缸盖,即能覆盖全部汽缸的

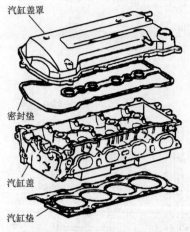

图 2-10 汽缸盖及汽缸垫

汽缸盖。

汽缸盖由于结构复杂,工作条件差,一般都用灰铸铁或合金铸铁。有的发动机为了提高散热性能或严格限制质量而采用铝合金,但铝合金缸盖的刚度低,使用中容易变形。

汽缸盖上与汽缸相对应的位置上常加工出一个凹坑,它与活塞顶面共同组成了发动机的燃烧室。汽油机和柴油机由于燃烧方式不同,其燃烧室也有很大的差别。

汽油机燃烧室的类型主要有下面几种(图 2-11)。

(1)盆形燃烧室。由于断面形状像澡盆,由此得名。上面正对着进气门、排气门,弯曲的进气道和排气道容易产生进气涡流,但进气效率低。

(2)倾斜盆形燃烧室。燃烧室上部是倾斜的,能产生较大的压缩比,和后述的楔形燃烧室的形状相似。

a) 盆形燃烧室　　b) 倾斜盆形燃烧室　　c) 楔形燃烧室　　d) 半球形燃烧室　　e) 多球形燃烧室

图 2-11　汽油机燃烧室

(3) 楔形燃烧室。楔形燃烧室结构比较紧凑,气门相对汽缸轴线倾斜,进气道比较平直,进气阻力小。压缩行程终了时能产生挤气涡流。其燃烧室表面积大,可以防止异常燃烧,但热损失大。

(4) 半球形燃烧室。在燃烧室容积相同的情况下,半球形燃烧室的表面积最小,因此具有良好的热效率。火花塞置于燃烧室最高点,因此能让火焰快速扩张并充满整个燃烧室,能防止爆燃。

(5) 多球形燃烧室。进排气门大,易形成进气涡流,是由两个半球形组合而成的,但是表面积增大了,热效率比半球形燃烧室差。

2) 汽缸垫

汽缸盖和汽缸体之间装有汽缸垫,以保证汽缸盖和汽缸体之间的密封,防止漏气、漏水和漏油。汽缸垫必须有足够的强度,耐压、耐高温、耐腐蚀,并有一定的弹性,能补偿结合面的不平。

早期的汽车多采用金属—石棉汽缸垫,内填石棉(常掺有铜丝或铜屑),外包铜皮或钢皮,且在缸口、水孔、油道口周围卷边加固。其压紧厚度为 1.2~2mm,有很好的弹性和耐热性,能重复使用。

另一种是金属骨架—石棉垫,用编制钢丝、钢片或冲孔钢片为骨架,外覆石棉,用橡胶黏结剂压成垫片,表面涂以石墨粉等润滑剂,只在缸口、油道口及水孔边用金属包边。这种缸垫弹性更好,但易黏结,一般只能使用一次。还有的汽缸垫既有金属骨架,也有石棉外的金属包皮。近年来,国内还正在试验采用膨胀石墨作为衬垫的材料,以代替石棉,减少污染。

目前,一些轿车发动机采用纯金属冷轧钢片汽缸垫,如图 2-12 所示。在需要密封的汽缸孔和水孔、油孔周围冲压出一定高度的凸纹,利用凸纹的弹性变形来实现密封。由于没有石棉夹层,从而避免了气囊的产生,也减少了工业污染。近年来,国外一些发动机开始采用耐热密封胶,彻底取代了传统的汽缸垫。

2.2.3　油底壳

油底壳又称机油盘,其主要功用是储存机油,并密封曲轴箱。油底壳受力很小,一般采用薄钢板冲压制成,如图 2-13 所示。油底壳的形状取决于发动机的总体布置和机油的容量。在有些发动机上,为了加强油底壳内机油的散热,采用了铝合金铸造的油底壳,在壳的底部还铸有相应的散热肋片。

为了保证在汽车倾斜时机油泵能正常吸油,通常将油底壳局部做得较深。油底壳内还设有稳油挡板,防止汽车振动时油面波动过大。油底壳底部有放油螺塞。有的放油螺塞是磁性的,能吸集机油中的金属屑,以减少发动机运动零件的磨损。

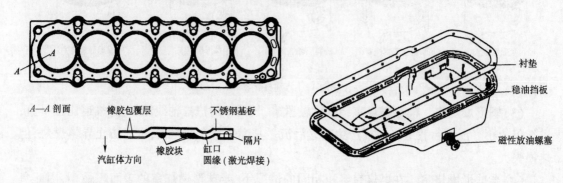

图2-12 纯金属冷轧钢片汽缸垫   图2-13 油底壳

曲轴箱与油底壳之间为了防止漏油,两者之间装有衬垫,也有涂密封胶的。

2.2.4 发动机的支撑

发动机一般通过汽缸体和飞轮壳或变速器壳支承在车架上,发动机的支承方式一般有三点支承和四点支承两种。图2-14为三点支承,前端两点通过曲轴箱支承在车架上,后端一点通过变速器壳支承在车架上。轿车发动机的支承胶垫内部充有液压油和压力气体,起减振作用,可大大减小发动机振动对车身的影响。

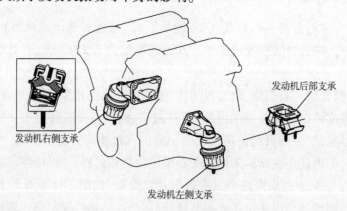

图2-14 发动机支承

2.3 活塞连杆组

活塞连杆组由活塞、活塞环、活塞销和连杆等机件组成,如图2-15所示。

2.3.1 活塞

活塞的功用是与汽缸盖共同构成燃烧室,承受气体压力,并将此力通过活塞销传给连杆,以推动曲轴旋转。

活塞是在高温、高压、高速、润滑不良和散热困难的条件下工作的,活塞顶部的温度通常高达 600～700K。高温一方面使活塞材料的机械强度显著下降,另一方面会使活塞的热膨胀量增大,容易破坏活塞与其相关零件的配合。活塞顶部在做功行程时,承受着燃气的带有冲击性的高压力,瞬时的压力最大值可达 3～5MPa。汽车用汽油机的最高转速一般为 4 000～6 000r/min,活塞在汽缸中的平均速度可达 8～12m/s,其瞬间速度会更高。活塞的运动惯性力与活塞的质量和运动速度有关,活塞的自身质量越大,运动速度越快,活塞承受的惯性力也越大。

因此,活塞必须要有足够的刚度和强度,良好的导热性和耐磨性,质量要小,以保持最小的惯性力,热膨胀系数小,活塞与缸壁间的摩擦系数要小等。

汽车发动机活塞广泛采用的材料是铝合金,有的柴油机上也采用合金铸铁或耐热钢制造活塞。铝合金活塞具有质量小(为同样结构的铸铁活塞的 50%～70%),导热性好(约为铸铁的 3 倍)的优点。缺点是热膨胀系数较大;在高温时,强度和刚度下降较大。所以,要在结构设计、机械加工或热处理上采取各种措施加以弥补。

1)活塞的结构

活塞从构造上分为顶部、头部和裙部三部分,如图 2-16 所示。

活塞顶部是燃烧室的组成部分,用来承受气体压力。为了提高刚度和强度,并加强散热能力,背面多有加强筋。汽油机活塞顶部形状与燃烧室形状和压缩比大小有关,常见的有平顶式、凹顶式和凸顶式,如图 2-17a)所示。柴油机的活塞顶部因混合气形成的要求,常设有各种形状的凹坑,如图 2-17b)所示。现代轿车用汽油机活塞的顶部通常加工有气门凹槽,其作用是防止活塞运动到上止点时和气门相碰撞,如图 2-18 所示。

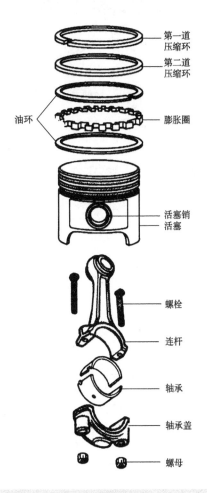

图 2-15　活塞连杆组

活塞头部是活塞环槽以上的部分,其作用是:承受气体压力,并传给连杆;与活塞环一起实现汽缸的密封;将活塞顶所吸收的热量通过活塞环传导到汽缸壁上。

头部切有若干道用以安装活塞环的环槽。汽油机一般有 2～3 道环槽,上面 1～2 道用以安装气环,下面 1 道用以安放油环。油环槽的槽底圆周上制有许多径向的回油孔或泄油槽,如图 2-19 所示,以便多余的润滑油经此流回油底壳。

活塞裙部是指油环槽下端以下部分,是用来为活塞运动导向和承受侧压力的。因而裙

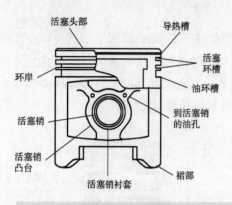

图2-16 活塞的结构

部要有一定的长度,以保证可靠的导向;此外,裙部应有足够的实际承压面积,以承受侧压力。在做功行程中,活塞裙部承受侧压力的一面称主承压面,承受压缩侧压力的一面称次承压面,如图2-20所示。

裙部的基本形状为一薄壁圆筒,若该圆筒为完整的称为全裙式,采用全裙式裙部的活塞为整体活塞,如图2-21b)所示。现代汽车发动机上广泛采用半拖板式裙部或拖板式裙部的活塞,如图2-21c)所示。它是把活塞裙部受侧压力较小的部分去掉,保留了必要的承压面,其优点是:

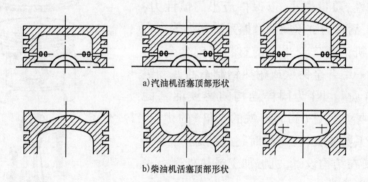

图2-17 活塞顶部形状

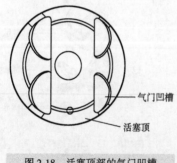

图2-18 活塞顶部的气门凹槽

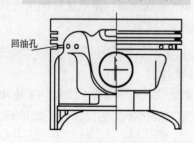

图2-19 活塞头部的回油孔

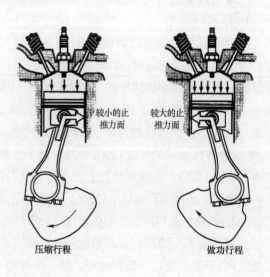

图2-20 活塞承压面

(1)活塞质量比一般活塞减小10%~20%。
(2)活塞裙部弹性好,可以减小活塞与汽缸的配合间隙。
(3)能避免与曲轴平衡重发生运动干涉。
(4)能改善发动机冷起动时汽缸的润滑。

a) 开槽活塞

b) 整体活塞

c) 拖板式活塞

图 2-21　活塞类型

为了减少活塞销座附近处的热膨胀量,有的活塞将销座附近的裙部外表面制成凹陷(凹陷量一般为0.5~1.0mm)。一些老式发动机的活塞在裙部受侧压力小的一面,开有"T"形和"Π"形槽,如图2-21a)所示。其中横槽叫绝热槽,它开在头部最下一道油环槽中或裙部上边沿,其作用是减少头部热量向裙部传导,从而减少裙部的热膨胀。竖槽叫膨胀槽,其作用是使裙部具有一定的弹性和热态时能起补偿作用,使活塞在装配间隙较小的情况下不致卡缸。为了防止由于应力集中造成开槽沿槽端延伸破裂,凡未开通的槽的端部均钻有止裂孔。

活塞销座位于活塞裙部的中上部,为厚壁圆筒结构,用以安装活塞销。为限制活塞销的轴向窜动,有些活塞在销座孔的两端设有卡环槽,用以安放卡环。

为了保证活塞的正常工作,活塞各部与汽缸壁之间必须保持一定的间隙,尤其是起导向作用的裙部与汽缸之间的装配间隙。间隙过大,将出现敲缸、窜气、窜机油等故障;间隙过小,将出现拉缸、卡缸等故障。

2) 活塞的几何尺寸特征

发动机工作时,活塞在气体压力和侧压力的作用下发生机械变形;而活塞受热膨胀时还发生热变形,活塞销座附近的金属量多,受热后膨胀量也大。这两种变形的结果导致活塞裙部在活塞销座孔轴线方向的尺寸增大,如图2-22所示。

针对活塞的变形规律,为使活塞工作时裙部接近正圆形与汽缸相适应,在制造时将活塞裙部的横断面加工成椭圆形,并使其长轴与活塞销座孔轴线垂直。

活塞沿轴线方向温度分布和质量分布都不均

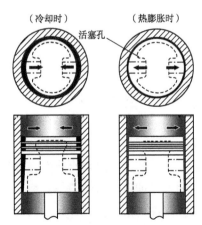

图 2-22　活塞裙部变形示意图

匀。为了使铝合金活塞在工作状态(热态)下接近一个圆柱形,有的活塞将其头部的直径制成上小下大的截锥形或阶梯形,或将活塞裙部制成上小下大的截锥形,如图2-22所示。

销座孔的中心线一般位于活塞中心线的平面内,当活塞越过上止点改变运动方向时,由于侧压力瞬时换向,使活塞与缸壁的接触面突然由一侧平移至另一侧,导致活塞对缸壁产生"敲击"(俗称活塞敲缸)。因此,有些高速汽油机的销孔中心线偏离活塞中心线平面,如图2-23所示。图2-23中销孔轴线向做功行程中受侧压力大的一面偏移了一段距离(一般为1~2.5mm),这样,在活塞接近上止点时,作用在活塞销座轴线右侧的气体压力大于左侧,使活塞倾斜,裙部下端提前换向,然后活塞越过上止点。侧压力反向时,活塞以左下端接触处为支点,顶部向左转(不是平移),完成换向,从而使换向冲击力大为减弱。

另外一种偏置方式就是让曲轴中心偏离缸径中心线,也称为汽缸偏离,这样在做功行程开始时,由于偏置,连杆的倾斜角度变小,从而减少了侧压力,如图2-23所示。

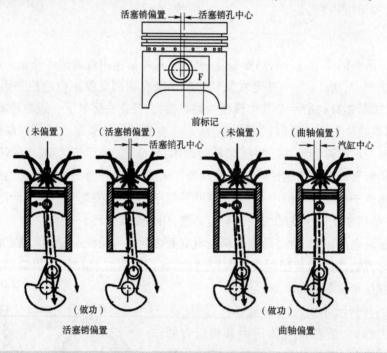

图2-23 活塞销偏置和曲轴偏置图

3)活塞的安装方向

由于活塞在结构上的不对称,如裙部膨胀槽的方向性、顶部形状不对称、气门凹坑、偏置销座等,使活塞安装时有一定的方向,为了防止装错,在活塞顶面上一般都有方向标记,安装时应使方向标记朝发动机前方,如图2-23所示。

为了保证发动机的工作平稳,一台发动机一组活塞的尺寸和质量偏差都用分组选配的方法控制在一定范围内。另外,修理中镗削汽缸后,需用加大尺寸的活塞,并使活塞与汽缸对号入座。因而活塞顶面除有方向标记外,还有尺寸分组和质量分组、加大尺寸的数字和缸号数码等标记。

2.3.2 活塞环

1) 活塞环的功用及工作条件

活塞环是具有弹性的开口环,按其功用可分为气环和油环两类,如图2-24所示。

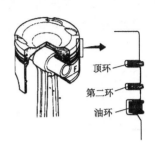

图2-24 活塞环的种类和结构

气环又称压缩环,其作用是保证活塞与汽缸壁间的密封,防止汽缸中的气体窜入曲轴箱;同时还将活塞头部的热量传给汽缸壁,再由冷却液或空气带走;另外还起刮油、布油等辅助作用。一般发动机上每个活塞装有2~3道气环。

油环用来刮除汽缸壁上多余的机油,并在汽缸壁上布上一层均匀的油膜,这样既可以防止机油窜入汽缸燃烧,又可以减小活塞、活塞环与汽缸的磨损和摩擦阻力。此外,油环也起到密封的辅助作用。通常发动机有1~2道油环。

活塞环是在高温、高压、高速以及润滑困难的条件下工作的。它的运动情况很复杂:一是环与缸壁间有相对高速的滑动摩擦;二是环与环槽侧面的上下撞击;三是由于环的胀缩而产生的环与环槽侧面相对的摩擦。另外,高温使环的弹力下降,润滑变坏,尤以第一道环工作条件最为恶劣。因此,活塞环是发动机中工作寿命最短的零件之一。

当活塞环磨损、损坏或失效时,将出现发动机起动困难、功率不足、曲轴箱压力升高、机油消耗增大、排气管冒蓝烟、燃烧室表面严重积炭等不良状况。

2) 活塞环材料及表面处理

活塞环的材料多采用优质灰铸铁、球墨铸铁或合金铸铁。组合油环还采用弹簧钢片制造。目前汽车上广泛应用的是合金铸铁(在优质灰铸铁中加入少量铜、铬、钼等合金元素)。随着发动机的强化,活塞环特别是第一道环,承受着很大的冲击负荷,因此要求材料除了有好的耐磨性、耐热性、磨合性、导热性以外,还应有高的强度、冲击韧性和足够的弹性。

有些发动机的第一道气环,甚至所有的环,其外圆面采用多孔性镀铬或镀钼(图2-25),以减缓活塞环和汽缸的磨损。多孔性铬层硬度高,并能储存少量机油,从而可以减缓环与缸壁间的磨损,提高环的使用寿命。还有的活塞环采用镀锡或磷化处理,以

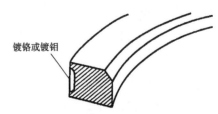

图2-25 活塞环镀铬或镀钼

改善环的磨合性。

3）活塞环的间隙

发动机工作时，活塞、活塞环等机件都会发生热膨胀。而活塞环在汽缸、活塞环槽内的运动相对较为复杂，既要与活塞一起在汽缸内作上下运动，径向胀缩，还要在环槽内作微量的圆周运动；既要保证汽缸的密封性，又要防止卡死在缸内或胀死于环槽中。所以，安装时，活塞环应留有端隙、侧隙和背隙，如图2-26所示。

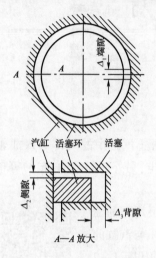

图2-26 活塞环的间隙

端隙 Δ_1 又称为开口间隙，是活塞环装入汽缸后开口处的间隙。一般为0.25~0.50mm。为减少气体的泄漏，装环时，第一道环的开口位置应避开做功行程的主推力面（侧压力大的一面），且各道环的开口应相互错开。以获得较长的、迷宫式的漏气路线，增大漏气阻力，减少漏气量。

侧隙 Δ_2 又称边隙，是指活塞环装入活塞后，其侧面与活塞环槽之间的间隙。第一道环因工作温度高，一般为0.04~0.10mm；其他环一般为0.03~0.07mm。油环的侧隙较小，一般为0.025~0.07mm。

背隙 Δ_3 是活塞及活塞环装入汽缸后，活塞环内圆柱面与活塞环槽底部间的间隙，一般为0.5~1mm，油环的背隙较气环大，目的是增大存油间隙，以利于减压泄油。为测量方便，维修中以环的厚度与环槽的深度差来表示背隙，此数值比实际背隙要小。

4）气环

（1）气环的作用。气环的作用是保证活塞与汽缸壁间的密封，防止汽缸内的混合气、高压燃气、废气大量漏入曲轴箱，同时还防止润滑油进入燃烧室。活塞环在自由状态时，其外圆尺寸比汽缸内径大些，所以装入汽缸后，环就产生一定的弹力而紧贴在汽缸壁上，形成密封面。此外，气环在发动机各个行程中，还会由于气体压力或惯性力的作用，压紧下活塞环槽的侧面上，产生另一个密封面。

①进气行程（图2-27a）：活塞下行，环靠着上方，防止润滑油进入燃烧室。

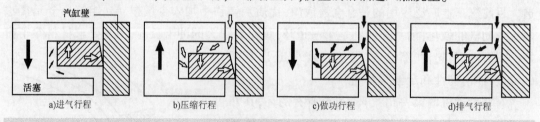

图2-27 气环密封原理图

②压缩行程（图2-27b）：活塞上行，环靠着下方，防止混合气漏入油底壳。

③做功行程（图2-27c）：被燃烧后的气体压住靠着下方，同时在环的背压作用下压紧在汽缸壁上，增强密封性。

④排气行程(图2-27d):活塞上行,受气体压力和背压作用(和③做功行程状态相同),防止废气漏入油底壳。

综上所述,为数很少的几道切口相互错开的气环所构成的"迷宫式"封气装置,足以对汽缸中的高压燃气进行有效的密封。一般汽油机设有二道气环,而柴油机由于压缩比高,常设有三道气环。通常在保证密封的前提下,应该尽可能减少活塞环的数量,以减轻质量。

(2)气环开口形状。气环的开口形状对漏气量有一定影响。直开口工艺性好,但密封性差;阶梯形开口密封性好,工艺性差;斜开口的密封性和工艺性介于前两种开口之间,斜角一般为30°或45°。气环的开口形状如图2-28所示。

图 2-28　气环的开口形状

(3)气环的断面形状。气环的断面形状多种多样,根据发动机的结构特点和强化程度,选择不同断面形状的气环组合,可以得到最好的密封效果和使用性能。常见气环的断面形状有多种,如图2-29所示。

矩形环的断面为矩形,结构简单,制造方便,与汽缸壁接触面积大,有利于活塞散热,但磨合性差,而且会产生"泵油作用",即活塞下行时,由于环与缸壁之间的摩擦阻力以及环本身的惯性,环将压靠在环槽的上侧面,缸壁上的机油就被刮入下侧隙与背隙内。当活塞上行时,环又压靠在环槽的下侧面上,结果第一道环背隙里的油就进入汽缸中,如此反复,结果就像油泵的作用一样,把汽缸壁上的机油不断地挤入燃烧室中,使机油消耗量增加,活塞顶及燃烧室壁面积炭,如图2-30所示。

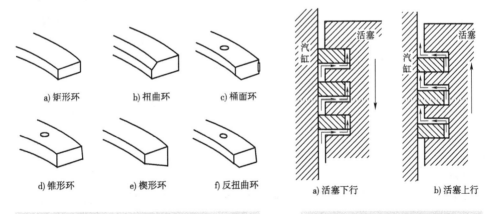

图 2-29　气环的断面形状　　　图 2-30　矩形环的泵油作用

为了消除或减少有害的泵油作用,广泛采用非矩形断面的扭曲环。扭曲环是将矩形环内圆的上边缘或外圆的下边缘切成台阶或倒角而成。扭曲环装入汽缸后,由于其断面的不对称性而产生扭转变形,从而使环的边缘与环槽的上下侧面都接触,避免了因环在环槽内的上下窜动造成的"泵油"现象,如图 2-31 所示。

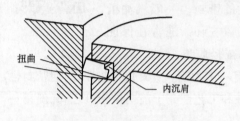

图 2-31　扭曲环的作用原理图

环的扭曲变形应使环的端面与汽缸壁形成的楔形尖角向下。这样,活塞向上运动时,因"油楔"作用使环悬浮于汽缸壁上,有利于改善润滑,减少摩擦阻力;活塞向下运动时,向下刮油。但如果装反,使尖角朝上,则活塞向上运动时,向上刮油,机油消耗率剧增,排气冒蓝烟。

扭曲环目前在发动机上得到广泛的应用,其优点是密封性、磨合性好(线接触);可防止"泵油"现象;可形成油楔,改善润滑;可提高刮油能力。扭曲环不可装反,否则机油消耗率成倍增加。在安装时,必须注意环的断面形状和方向,应将其内切口或内倒角朝上,外切口或外倒角朝下。

锥面环的外圆面为锥角很小的锥面。锥面环与汽缸壁为线接触,磨合性好。当活塞下行时,锥面环能起到向下刮油的作用。当活塞上行时,由于锥面的油楔作用,环可在油膜上浮起,减少磨损。

桶面环的外圆面为外凸圆弧形。当桶面环上下运动时,均能与汽缸壁形成楔形空间,使机油容易进入摩擦面,从而使磨损大为减少;桶面环与汽缸是圆弧接触,能很好地适应活塞的摆动,避免了棱角负荷;接触面积小,有利于密封。但凸圆弧表面加工较困难。常用于强化柴油机中的第一道环。

楔形环的断面为梯形,也称为梯形环。其主要优点是抗黏结性好。当活塞受侧压力的作用而左、右摆动时,梯形环的侧隙和背隙不断发生变化,使沉积在环槽中的结焦被挤出,避免了环被黏在环槽中而失去密封作用。它的主要缺点是上、下两面的精磨工艺比较复杂。常用于热负荷较高的柴油机的第一道环。

现代轿车发动机还常采用反扭曲环作为第一道活塞环。它是将锥面环或桶面环的内圆下边缘切去部分金属或外圆上边缘切去部分金属而成的。由于反扭曲环的下侧面与活塞环槽的外边缘接触,产生一个密封带,在活塞下行时,可阻止润滑油进入活塞环槽中,减少了润滑油在活塞环槽中积炭而使活塞环卡死的可能,如图 2-32 所示。

反扭曲环在安装时,其切口的方向与上述普通的扭曲环(也可称为正扭曲环)相反,应将其内切口或内倒角朝下,外切口或外倒角朝上,不能装反。由于仅凭肉眼无法分辨扭曲环是正扭曲还是反扭曲,因此反扭曲环上通常在开口附近刻有方向记号,如图 2-33 所示,安装时应将此记号朝上。

5) 油环

油环的作用是形成一层必要的油膜来润滑活塞和汽缸壁,同时刮去缸壁上多余的机油,如图 2-34 所示。一般活塞上装有 1~2 道油环。采用两道油环时,下面一道多安置在活塞裙部的下端。

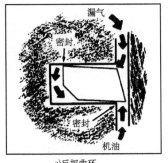
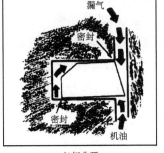

图2-32 反扭曲环与扭曲环的工作原理对比图

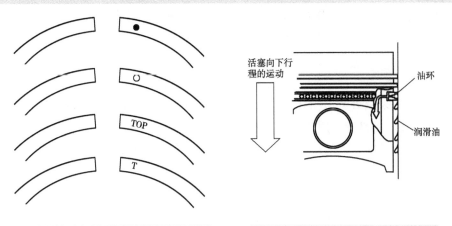

图2-33 活塞环朝上标记图　　　图2-34 油环的刮油作用

油环又可分为整体式油环和组合式油环两种,如图2-35所示。整体式有槽孔式、槽孔撑簧式。

整体式油环的结构如图2-35a)所示,一般是用合金铸铁制造的。其外圆面的中间切有一道凹槽,槽底开有若干回油用的小孔或窄槽,所以也称槽孔式油环。

有些发动机将油环减薄,在其背后加装弹性撑簧,如图2-36所示。这样既保证了对缸壁的压力又有较好的柔性,改善了对缸壁贴合的适应性。此外,也显著减小了因环面磨损造成的弹力下降,而使环的刮油能力和耐久性有所提高。

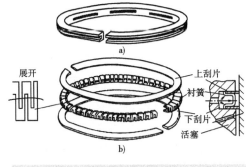
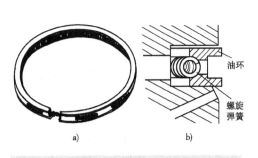

图2-35 油环　　　　　　　　图2-36 槽孔撑簧式油环

组合式油环,如图2-36b)所示,也称钢带组合油环,它是由上、下刮片和产生径向、轴向弹力作用的衬簧组成。衬簧的弹性可使油环形成均匀的放射状压力,即使汽缸的圆度有误差,油环也能与汽缸很好地贴合。刮片很薄,对汽缸壁的比压大,刮油作用强;上、下刮油片各自独立,对汽缸的适应性好;质量小;回油通路大。因此,组合式油环在高速发动机上得到了广泛的应用。

2.3.3 活塞销

活塞销的功用是连接活塞和连杆小头,将活塞承受的气体压力传给连杆。

活塞销在高温下承受很大的周期性冲击载荷,润滑条件较差(一般靠飞溅润滑),因而要求活塞销具有足够的刚度和强度,表面耐磨,质量尽可能小。为此,活塞销通常做成空心圆柱体,如图2-37所示。

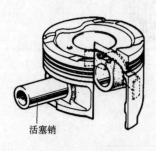

图2-37 活塞销

活塞销的材料一般为低合金渗碳钢(15Cr 或 16MnCr5)。对高负荷发动机则采用渗氮钢(34CrAl6 或 32A1CrMo4)。先经表面渗碳或渗氮处理以提高表面硬度,并保证心部具有一定的冲击韧性,然后进行精磨和抛光。

活塞销与活塞销座孔和连杆小头的连接方式,一般有两种形式,如图2-38所示。

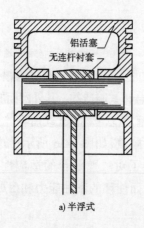
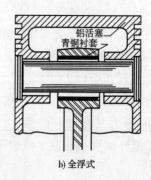

a) 半浮式   b) 全浮式

图2-38 活塞销的连接方式

1)半浮式

半浮式连接就是销与座孔之间为间隙配合,与连杆小头承孔之间为过盈配合,如图2-38a)所示。这种连接方式工作可靠,维修方便,可减小活塞整体的质量,在轿车汽油发动机上应用较多。

2)全浮式

全浮式连接就是在发动机达到正常工作温度时,活塞销与连杆小头衬套孔和活塞销座孔均为间隙配合。为了防止活塞销工作时轴向窜动而刮伤汽缸壁,在活塞销座两端用卡环加以轴向定位。这种连接方式由于活塞销在工作时可自由转动,可使其磨损较均匀,延长了使用寿命,在中、大型发动机上被广泛采用,如图 2-38b)所示。

采用铝活塞时,活塞销座的热膨胀量大于钢活塞销。为保证工作时有正常的工作间隙(0.01~0.02mm),在冷态装配时活塞销与活塞销座孔为过渡配合,有微量过盈。装配时,应先将铝活塞放在温度为 70~90℃的水中或油中加热,然后将销装入。

2.3.4 连杆

连杆由连杆体、连杆盖、连杆螺栓和连杆轴承等零件组成,如图 2-39 所示。有时把连杆体、连杆盖和连杆螺栓合起来称作连杆组件。

连杆的功用是将活塞承受的力传给曲轴,推动曲轴转动,从而使活塞的往复运动转变为曲轴的旋转运动。

连杆在工作时承受活塞销传来的气体压力、活塞连杆组往复运动时的惯性力和连杆大头绕曲轴旋转产生的旋转惯性力(离心力)的作用。这些力的大小和方向都是周期性变化的。使得连杆承受压缩、拉伸和弯曲等交变载荷。因此要求连杆在具有足够的刚度和强度的前提下质量应尽可能小。

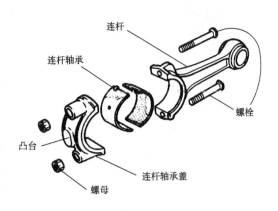

图 2-39 连杆

连杆一般用中碳钢或合金钢经模锻或辊锻而成,然后经机械加工和热处理,也有一些采用球墨铸铁制造。为提高连杆的疲劳强度,通常还采用表面喷丸处理。

1) 连杆的构造

连杆由小头、杆身和大头(包括连杆盖)三部分组成。

连杆小头与活塞销相连。采用全浮式连接的活塞销时,在连杆小头孔内装有青铜衬套或铁基粉末冶金衬套。工作时,活塞销和连杆衬套之间有相对转动,为了润滑连杆衬套和活塞销,在连杆小头和衬套上加工有集油孔或集油槽,用来收集发动机运转时飞溅上来的机油。有的发动机连杆小头采用压力润滑,在连杆杆身内钻有纵向的压力油通道。

连杆杆身通常采用"工"字形断面,抗弯性好,同时可以保证在强度和刚度足够的前提下减轻其质量。

连杆大头与曲轴的连杆轴颈相连,为便于安装,连杆大头一般做成剖分式的,被分开的部分称为连杆盖,借特制的连杆螺栓紧固在连杆大头上。连杆盖与连杆大头是组合镗孔的,为了防止装配时配对错误,在同一侧刻有配对记号,如图 2-40 所示。为了保证连杆的安装准确,连杆与连杆盖都有朝前的

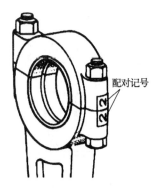

图 2-40 连杆与连杆盖的配对记号

记号,该记号在安装时必须朝向发动机的前端,如图2-41所示。大头内孔表面有很小的表面粗糙度值,以便与连杆轴承紧密贴合。有些连杆大头的内孔上还加工有连杆轴承的定位凹槽,安装时轴承背面的凸唇卡在凹槽中,使连杆轴承定位。有的连杆轴承及连杆大头加工有径向小油孔,从油孔中喷出的机油可使汽缸壁得到更好的飞溅润滑。

连杆大头的装合,必须严格定位,以保证内孔的正确形状,平切口的连杆盖与连杆的定位,是利用连杆螺栓上精加工的圆柱部分,与经过精加工的螺栓孔来保证的。

斜切口连杆在工作中受到惯性力的拉伸时,在切口方向作用着一个较大的横向分力。因此在斜切口连杆上必须采取可靠的定位措施,使螺栓免受附加的剪切应力。

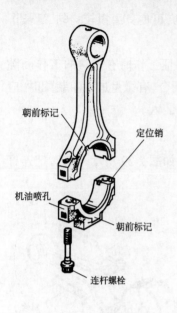

图2-41 连杆的安装记号

连杆大头的两部分用连杆螺栓紧固在一起,连杆大头安装时,必须紧固可靠。连杆螺栓必须按规定的拧紧力矩或角度,分2~3次均匀地拧紧。

2)连杆轴承

连杆轴承也称连杆轴瓦(俗称小瓦),装在连杆大头的孔内,用以保护连杆轴颈及连杆大头孔。

现代发动机用连杆轴承是由钢背和减摩层组成的分开式薄壁轴承,如图2-42所示。钢背由厚1~3mm的低碳钢带制成,是轴承的基体,在钢背的内圆面上浇铸有0.3~0.7mm厚的减摩合金层,用以减小摩擦阻力、加速磨合及保持油膜。

为适应连杆轴承的工作条件,要求减摩合金有足够的疲劳强度,有良好的抗咬性、顺应性、嵌藏性,有足够的结合强度和良好的耐磨性。

连杆轴承在自由状态下的曲率半径略大于座孔的半径(张开量),即$R_1 > R_2$;另外,当轴瓦压入座孔并用一定压力压紧后,轴瓦稍高于座孔接合面(高出量),如图2-43所示。当连杆螺栓紧固后,便产生一定的过盈量。靠合适的过盈量保证轴瓦在工作时不转、不移、不振,并可使轴瓦与座孔紧密贴合,以利散热。

大部分连杆轴承在剖分面处采用冲压的方式加工出高于钢背面的两个定位凸唇,其作用是防止连杆轴承在工作中发生转动或轴向移动。装配时,这两个凸唇分别嵌入在连杆大头和连杆盖上的相应凹槽中,如图2-44所示。有些连杆轴承内表面上还加工有油槽,用以储油,保证可靠润滑。

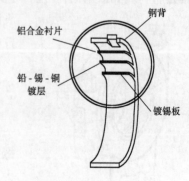

图2-42 连杆轴承结构

单元二　曲柄连杆机构的检修

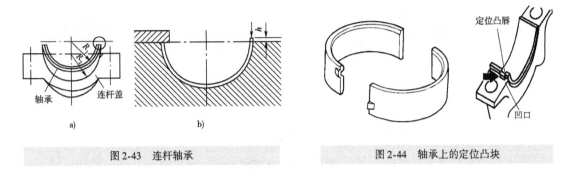

图 2-43　连杆轴承

图 2-44　轴承上的定位凸块

2.4　曲轴飞轮组

曲轴飞轮组主要由曲轴、飞轮、扭转减振器、皮带轮、正时齿轮（或链轮）等组成，如图 2-45 所示。

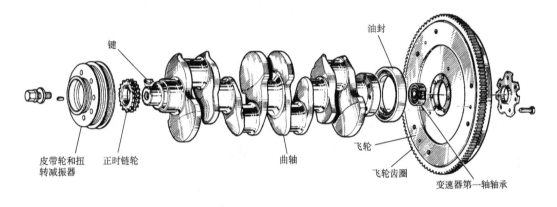

图 2-45　四缸发动机的曲轴飞轮组

2.4.1　曲轴

曲轴的主要功用是承受连杆传来的力，并由此产生绕自身轴线的旋转力矩，该力矩通过飞轮对外输出；另外，曲轴还用来驱动发动机的配气机构和发电机、水泵、转向油泵、空气压缩机等附件。

1）曲轴的构造

曲轴一般由前端（自由端）、主轴颈、连杆轴颈（曲柄销）、曲柄臂、平衡重和后端（动力输出端）等组成，如图 2-46 所示。

曲轴前端轴用以安装水泵皮带轮、曲轴正时皮带轮（或正时齿轮、正时链轮）、起动爪等。曲轴后端凸缘用以安装飞轮。

曲轴上磨光的表面为轴颈。将曲轴支承在曲轴箱内旋转的轴颈为主轴颈，主轴颈的轴线都在同一直线上。偏离主轴颈轴线用以安装连杆的轴颈为连杆轴颈（或称曲柄销），连杆轴颈之间有一定夹角。连杆轴颈与主轴颈之间加工有润滑油道，如图 2-47 所示。

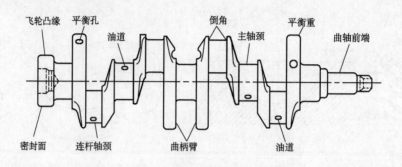

图 2-46　曲轴的结构

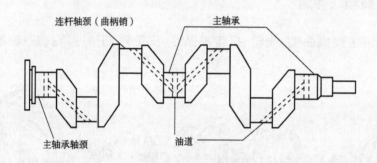

图 2-47　曲轴内部的油道

将连杆轴颈和主轴颈连接到一起的部分称曲柄（或称曲柄臂），连杆轴颈和曲柄共同将连杆传来的力转变成曲轴的旋转力矩。轴颈与曲柄之间有过渡圆角，以增加强度，如图 2-48 所示。一个连杆轴颈和它两端的曲柄及相邻两个主轴颈构成一个曲拐。

主轴颈、连杆轴颈和轴承上都钻有径向油孔，这些油孔通过斜油道相连。这样机油就可以进入主轴颈和连杆轴颈的工作表面进行润滑。当连杆轴颈上的油孔与连杆大头上的油孔对准时，机油可以从中喷出，对汽缸壁进行飞溅润滑。

平衡重的作用是平衡连杆大头、连杆轴颈和曲柄等产生的离心力及其力矩，如图 2-49a) 所示，有时也平衡活塞连杆组的往复惯性力及其力矩，以使发动机运转平稳。平衡重的数量有 4 块、6 块、8 块等。若在曲轴的每个曲柄臂上都装设平衡重则称完全平衡法，如图 2-49c) 所示，若只在部分曲柄臂上装设平衡重则称分段平衡法，如图 2-49b) 所示。完全平衡法的平衡重数量较多，曲轴质量增加，工艺性变差。

曲轴工作时，要承受周期性变化的气体压力、往复惯性力和离心力，以及它们产生的转矩和弯矩的共同作用，为了保证工作可靠，因此要求曲轴要有足够的刚度、强度，各工作表面要耐磨而且润滑良好，还必须有很高的动静平衡要求。

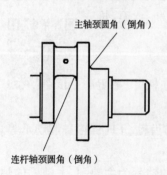

图 2-48　曲轴轴颈的圆角过渡

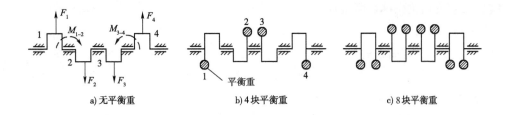

a) 无平衡重　　　　b) 4块平衡重　　　　c) 8块平衡重

图2-49　曲轴的平衡

曲轴是发动机最重要的部件之一，要求用强度、冲击韧性和耐磨性都比较高的材料制造，一般采用中碳钢(如45钢)或中碳合金钢(如35Mn2、40Cr等)模锻而成。为了提高曲轴的耐磨性，其轴颈表面经高频淬火或氮化处理，最后进行精加工，从而达到高的精度和小的表面粗糙度值。

为了提高曲轴的疲劳强度，消除应力集中，轴颈表面应进行喷丸处理，过渡圆角处要经滚压处理。

2) 曲轴的支撑方式

主轴颈是曲轴的支撑部分。按照曲轴的主轴颈数可以把曲轴分为全支撑曲轴和非全支撑曲轴两种。每个连杆轴颈两边都有一个主轴颈者，称为全支撑曲轴，如图2-50a)所示；主轴颈数等于或少于连杆轴颈数者称为非全支撑曲轴，如图2-50b)所示。

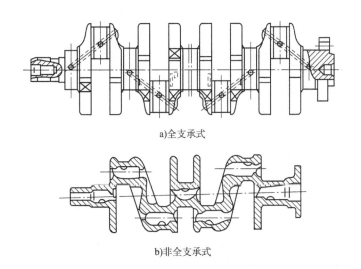

a) 全支承式

b) 非全支承式

图2-50　曲轴的支承形式

直列式发动机的全支承曲轴，其主轴颈数(包括曲轴前端和后端的主轴颈)比汽缸数多一个;V形发动机的全支承曲轴,其主轴颈数比汽缸数的一半多一个。

全支承曲轴的优点是可以提高曲轴的刚度,并且可减轻主轴承的载荷。其缺点是曲轴长度较长,使发动机机体长度增加。

3) 曲拐的布置

曲轴的形状和各曲拐的相对位置取决于汽缸数、汽缸的排列形式和做功顺序(即点火顺序)。当汽缸数和汽缸排列形式确定之后,曲拐的布置就只取决于发动机的做功顺序。

多缸发动机各缸的做功间隔时间(以曲轴转角表示,称为做功间隔角)应均匀。对于汽缸数为 i 的直列四冲程发动机而言,做功间隔角为 $720°/i$ 时,即曲轴每转 $720°/i$ 时,就应有一个汽缸做功,以保证发动机运转平稳。

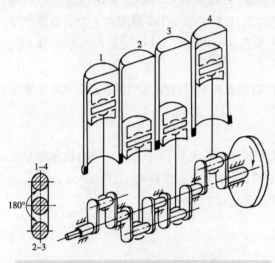

图 2-51 直列四缸发动机的曲拐布置

在安排多缸发动机的做功顺序时,应使连续做功的两缸相隔尽量远,以减少主轴承的连续载荷,同时避免相邻两缸进气门同时开启造成的抢气现象;V形发动机左右两列汽缸尽量交替做功。

常见的几种多缸发动机曲拐的布置和工作顺序如下:

(1) 直列四缸发动机。直列四缸四冲程发动机的做功间隔角应为 $720°/4 = 180°$。其曲拐布置如图 2-51 所示,四个曲拐布置在同一平面内。发动机做功顺序有两种:1-2-4-3 或 1-3-4-2,它们的工作循环见表 2-1。

四缸机工作循环表(做功顺序:1-2-4-3)   表 2-1

曲轴转角(°)	第一缸	第二缸	第三缸	第四缸
0~180	做功	压缩	排气	进气
180~360	排气	做功	进气	压缩
360~540	进气	排气	压缩	做功
540~720	压缩	进气	做功	排气

(2) 直列六缸发动机。直列六缸四冲程发动机的做功间隔角为 $720°/6 = 120°$。这种曲拐布置如图 2-52 所示,六个曲拐分别布置在三个平面内,各平面夹角为 $120°$。曲拐的具体布置有两种方案:第一种做功顺序是 1-5-3-6-2-4,这种方案应用较普遍,国产汽车的六缸发动机的做功顺序都用这种,其工作循环见表 2-2;另一种做功顺序是 1-4-2-6-3-5。

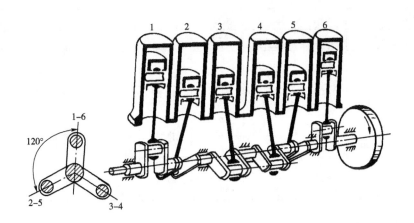

图 2-52　直列六缸发动机的曲拐布置

直列六缸机工作循环表（做功顺序：1-5-3-6-2-4）　　　　　　　表 2-2

曲轴转角(°)		第一缸	第二缸	第三缸	第四缸	第五缸	第六缸
0~180	0~60	做功	排气	进气	做功	压缩	进气
	60~120						
	120~180			压缩	排气		
180~360	180~240	排气	进气			做功	压缩
	240~300						
	300~360			做功	进气		
360~540	360~420	进气	压缩			排气	做功
	420~480						
	480~540			排气	压缩		
540~720	540~600	压缩	做功			进气	排气
	600~660			进气	做功		
	660~720			排气			压缩

（3）V形八缸发动机。V形八缸四冲程发动机的做功间隔角为720°/8 = 90°。V形发动机左右两列中相对应的一对连杆共用一个曲拐，所以V形八缸机只有四个曲拐，其布置可以与四缸机一样，四个曲拐布置在同一平面内，也可以布置在两互相错开90°的平面内，如图2-53所示，这样可使发动机得到更好的平衡性。红旗8V100型发动机就采用这种布置形式，做功顺序为1-8-4-3-6-5-7-2，其工作循环见表2-3。

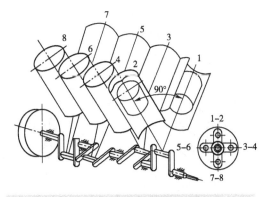

图 2-53　V形八缸发动机的曲拐布置

V形八缸机工作循环表（做功顺序:1-8-4-3-6-5-7-2） 表2-3

曲轴转角(°)		第一缸	第二缸	第三缸	第四缸	第五缸	第六缸	第七缸	第八缸
0 ~ 180	0 ~ 90	做功	做功	进气	压缩	排气	进气	排气	压缩
0 ~ 180	90 ~ 180	做功	排气	压缩	压缩	进气	进气	排气	做功
180 ~ 360	180 ~ 270	排气	排气	压缩	做功	进气	压缩	进气	做功
180 ~ 360	270 ~ 360	排气	进气	做功	做功	压缩	压缩	进气	排气
360 ~ 540	360 ~ 450	进气	进气	做功	排气	压缩	做功	压缩	排气
360 ~ 540	450 ~ 540	进气	压缩	排气	排气	做功	做功	压缩	进气
540 ~ 720	540 ~ 630	压缩	压缩	排气	进气	做功	排气	做功	进气
540 ~ 720	630 ~ 720	压缩	做功	进气	进气	排气	排气	做功	压缩

2.4.2 曲轴前、后端密封

曲轴前端是第一道主轴颈之前的部分,通常有键槽,用来安装驱动机油泵的齿轮(有的机油泵通过皮带传动)、驱动水泵的皮带轮等。曲轴后端是最后一道主轴颈之后的部分,有安装飞轮用的凸缘。

此外,曲轴前端为了减小扭转振动而装有扭转减振器,早期的一些中、小型货车发动机的曲轴前端还装有起动爪,以便必要时用人力转动曲轴,使发动机起动。

曲轴前后端都伸出曲轴箱,为了防止润滑油沿轴颈流出,在曲轴前后都设有防漏装置。常用的防漏装置主要是油封,如图2-54所示。

2.4.3 曲轴的主轴承

曲轴的主轴承俗称大瓦,和连杆大头轴承一样,也是剖分为两半的滑动轴承,即主轴瓦(上瓦及下瓦)。主轴承上瓦装在机体的主轴承座孔内;而下瓦则装在主轴承盖内。机体主轴承座和主轴承盖是通过主轴承螺栓连接在一起的。主轴承的材料、结构形式、安装方式和定位方式等和连杆轴承基本相同。为了向连杆大头轴承输送润滑油,在主轴承上瓦上通常开有油孔和油槽,如图2-55所示,而下瓦由于受到较高的载荷,通常是不开油孔和油槽的。安装曲轴主轴承时,要注意轴承的位置、方向,不可将上、下轴瓦装错。

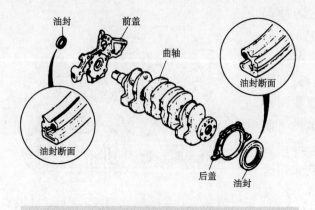

图2-54 曲轴前后端的密封

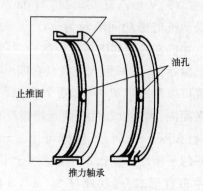

图2-55 曲轴主轴承上的油孔和油槽

2.4.4 曲轴轴向定位

曲轴作为转动件，在工作的过程中，必然受到发动机汽缸体的热传递，以及自身的摩擦生热，使得曲轴的自身温度一定程度的上升。这就使得曲轴产生一定的热膨胀，而使曲轴长度增加，所以，曲轴必须与其固定件之间有一定的轴向间隙。而且汽车行驶时，由于踩踏离合器踏板而对曲轴施加轴向推力，或汽车上下坡时，均可能使曲轴发生轴向窜动。过大的轴向窜动将影响活塞连杆组的正常工作和破坏正确的配气定时和柴油机的喷油定时。因此，为了保证曲轴轴向的正确定位，曲轴必须安装有轴向定位装置。

曲轴的轴向定位装置一般采用推力轴承。推力轴承有整体式和止推片式两种。整体式推力轴承如图2-55所示，它是一种翻边轴瓦，将轴瓦两侧翻边作为止推面，在止推面上浇铸减摩合金。

止推片为半圆环形，如图2-56所示，一般为四片，上、下各两片，分别安装在汽缸体和主轴承盖上的浅槽中，用舌榫定位，防止其转动。止推片的材料和结构和曲轴轴承相同，也是由钢背和减摩合金层组成。

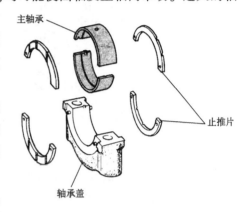

图2-56 曲轴推力轴承

每根曲轴只能在一个主轴颈上设置止推片，安装时，止推片有减摩层的一面朝向转动件。

曲轴轴向间隙可通过更换不同厚度的止推片来调整。

2.4.5 曲轴皮带轮和扭转减振器

汽车发动机的曲轴皮带轮和扭振减振器都装在曲轴的前端。前者用来驱动冷却水泵、发电机、空调压缩机等附件，后者用来消减曲轴的扭转振动。

曲轴实际上是具有一定弹性和旋转质量的轴，这是曲轴产生扭转振动的原因。在发动机工作过程中，经连杆传给曲轴的作用力的大小和方向不断地在变化，从而使得曲轴旋转的瞬时角速度也不断地在变化。这样就造成曲轴相对于飞轮转动忽快忽慢，使曲轴产生扭转振动。这种振动对发动机的工作非常有害，一旦出现共振，会加剧发动机的抖动。所以，必须采取减振、消振措施，其中比较有效的就是在曲轴前端安装扭转减振器。

汽车发动机最常用的曲轴扭转减振器是摩擦式扭转减振器，可分为橡胶式扭转减振器及硅油式扭转减振器两类。常用的是橡胶式扭转减振器，如图2-57所示。

目前，轿车发动机使用的扭转减振器一般都不单独设惯性盘，而是利用曲轴皮带轮兼作惯性盘，皮带轮和减振器制成一体，称减振皮带轮。

为了保证曲轴的转动与配气机构的配气正时，通常在曲轴的皮带轮上都刻有一个正时记号，和缸体上的上止点记号及曲轴转角刻度盘相对应，如图2-58所示。

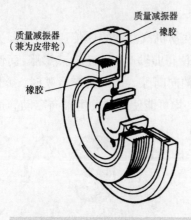

图2-57　橡胶式曲轴扭转减振器

图2-58　曲轴皮带轮上的正时标记

2.4.6　飞轮

飞轮是一个转动惯量很大的圆盘,其主要功用是保证曲轴的旋转角速度和输出转矩尽可能均匀,使发动机运转平稳,并使发动机有可能克服短时间的超负荷;此外,飞轮又往往用作摩擦式离合器的主动件;同时,起动时利用飞轮上的齿圈传力。

飞轮为一外缘有齿圈的铸铁圆盘。为了在保证有足够的转动惯量的前提下,尽可能减小飞轮的质量,应使飞轮的大部分质量都集中在轮缘上,因而轮缘通常做得宽而厚,如图2-59所示。

飞轮外缘上压有一个齿环,可与起动机的驱动齿轮啮合,供起动发动机用。

图2-59　飞轮结构图

飞轮与曲轴装配后应进行动平衡试验,否则在旋转时因质量不平衡而产生离心力,将引起发动机振动,并加速主轴承的磨损。为了在拆装时不破坏它们的平衡状态,飞轮与曲轴之间应有严格的相对位置,用定位销或不对称布置螺栓予以保证。

课堂讨论

(1)汽缸套的磨损对活塞环的密封是否有影响?说明原因。

(2)试分析曲轴轴向间隙太大的后果。

(3)根据活塞和汽缸体的材料,分析发动机刚刚起动和热车两种情况下,活塞和汽缸之间间隙的变化。

(4)根据活塞销和活塞的材料,分析发动机刚刚起动和热车两种情况下,活塞销和活塞销座孔之间间隙的变化。

(5)试分析不同断面形状活塞环的特点。

2.5 机体组的检修

2.5.1 汽缸盖和汽缸体的检修

1)汽缸盖和汽缸体的表面检查

汽缸盖和汽缸体的表面检查,主要检查表面清洁度、表面大的裂纹和表面刮伤等不正常现象。

表面清洁主要是清洁汽缸体和汽缸盖表面的灰尘、积炭、水垢等杂质,包括水套和油道的清洁。表面大的裂纹主要是通过肉眼能够看到的大的缝隙。

2)汽缸盖和汽缸体平面的平面度检修

汽缸盖和汽缸体变形的主要表现为翘曲,其变形程度可通过检测汽缸盖下平面和汽缸体上平面的平面度获得。平面度可用平板作接触检验,或者用刀口尺和塞尺检查,如图2-60所示。

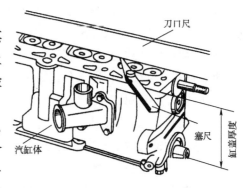

图2-60 汽缸体平面度的检查(一)

用刀口尺和塞尺测量汽缸体上平面的时候,应该在图2-60中的6个位置进行测量,即横2个方向,纵2个方向,对角线2个方向。对于每一个方向,塞尺都要塞到刀口尺与平面的缝隙中,先小后大,到刚好能塞进去并有一定的阻力为止,然后读出读数,取6个方向的最大值就是该平面的平面度。

汽缸盖的测量与汽缸体基本相同,但是,汽缸盖的进气和排气歧管侧面的测量只需测对角两个方向。数据读取与汽缸体的测量一样,如图2-61所示。

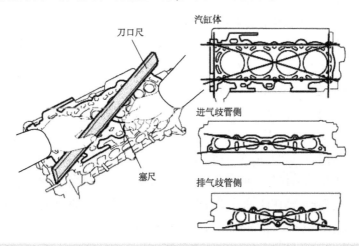

图2-61 汽缸体平面度的检查(二)

汽缸盖和汽缸体平面的平面度超过允许限度时,会引起发动机漏水、漏气甚至冲坏汽缸衬垫等故障。可采用以下方法修理:汽缸体局部不平,可用刮刀刮平;顶平面螺纹孔附近的凸起,可用油石、平面砂轮推磨或用粗锉刀修平;较大的表面不平可以用平面磨床或铣床进行磨削和铣削,但一定注意削去的金属不能太多,以免汽缸体报废,用平面磨削修复汽缸体时,上平面最大加工量为0.10mm。也可涂上研磨膏,把汽缸盖放在汽缸体上扣合研磨。汽缸盖的翘曲,还可用敲压法校正。

当汽缸体和汽缸盖修磨后,会造成燃烧室容积的减少和各缸燃烧室容积不等现象,要求燃烧室容积变化的差值不大于同一发动机各燃烧室平均值的1%~2%,减少后的燃烧室容积不小于原厂规定的95%;否则会出现压缩比过大、急速工作不稳和增加爆燃倾向。所以,汽缸盖修磨后,应对燃烧室容积加以测量和调整,有的厂家甚至还严格规定汽缸体和汽缸盖不能进行修磨。

另外,还应检修气门座圈和气门导管座孔等部件以及清除汽缸盖燃烧室的积炭。积炭会使发动机产生不正常燃烧并降低发动机性能。在检修时可采用化学溶剂或煤油润湿燃烧室的积炭,然后用竹片或金属刷清除。

如果发动机长期使用普通水作冷却液,还容易在缸体的水套中产生水垢。如果发动机添加了劣质的防冻液,对其会产生严重的腐蚀现象(特别是铝合金汽缸体和汽缸盖)。水垢过多和腐蚀现象均会影响发动机的性能和寿命,导致发动机过热等一系列不良现象出现。因此,应在检修中彻底清除水垢和腐蚀现象。

汽缸体和汽缸盖出现严重腐蚀现象时,应对其更换或对腐蚀部位实施焊补;水套水垢较多时,可用专用的除水垢溶液进行清洗除垢。

2.5.2 汽缸磨损的检修

在正常磨损的情况下,汽缸在活塞环运动区域内的磨损特点是沿高度方向呈上大下小不规则的锥形。磨损的最大部位是第一道活塞环在上止点位置时相对应的汽缸壁,而活塞环与汽缸壁不接触的上口几乎没有发生磨损而形成明显的缸肩。

造成汽缸锥形磨损的原因主要有:上部活塞环与汽缸壁之间压力较大;发动机上部工作温度较高、润滑不良、空气带入的磨料较多;汽缸内可燃混合气燃烧后,产生水蒸气和酸性氧化物,它们溶于水而生成矿物酸,对汽缸表面产生腐蚀作用等。

汽缸沿圆周方向磨损也是不均匀的,形成不规则的椭圆形。其最大磨损部位往往随汽缸结构和使用条件的不同而各异,一般是左右方向磨损最大。

造成汽缸椭圆形磨损的原因主要有:连杆变形;汽缸中心线与曲轴中心线不垂直;汽缸套安装不正;在压缩和做功行程中,活塞以很大的侧压力压向汽缸壁,使汽缸左右方向磨损严重;由于离合器工作时的轴向力作用,使曲轴不断前后移动或因曲轴的弯曲变形以及汽缸体的变形,出现汽缸磨损的椭圆长轴在曲轴轴线方向上等。一般水冷式发动机第一缸前部和最后一缸后部冷却强度大,其磨损较大,特别是长期在较低温度条件下工作时,对汽缸磨损的影响更大。

1）汽缸磨损的检测

测量发动机汽缸磨损程度是确定发动机技术状况的重要手段。通过测量，主要是确定汽缸磨损以后的圆度、圆柱度。

测量汽缸的磨损通常使用量缸表，如图 2-62 所示，测量方法如下：

（1）根据汽缸直径的尺寸，选择合适的接杆。固定在量缸表的下端。接杆固定好后，其与活动测杆的总长度应与被测汽缸尺寸相适应。

（2）矫正量缸表的尺寸。将千分尺矫正到被测汽缸的标准尺寸，再将量缸表矫正到千分尺的尺寸，并使伸缩杆有 2mm 左右的压缩行程，旋转表盘的指针对准零位。

（3）将量缸表的测杆伸入到汽缸上部，测量第一道活塞环在上止点位置附近时所对应的汽缸壁，一般是在汽缸上部距汽缸上部平面 10mm 处，通常应至少分别测量平行和垂直于曲轴轴线两个方向的磨损。

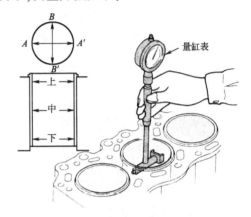

图 2-62　汽缸内径的测量

（4）将量缸表下移，测量汽缸中部和下部的磨损。汽缸下部一般取距缸套下部 10mm 处，同样应至少分别测量平行和垂直于曲轴轴线两个方向的磨损。

用量缸表进行测量时，应注意不要在发动机修理台架上测量发动机汽缸的内径，以防因缸体被夹紧变形而测量不准。另外，测量时，必须使测杆与汽缸中心线垂直。当摆动量缸表，其指针指示到最小读数时，即表示测杆垂直于汽缸轴线，量缸表指示的最小读数，即为正确的汽缸直径。将此值与标准尺寸比较，即可得到汽缸的磨损量。实践证明，多数发动机前、后两缸磨损最大，因此量缸时应根据汽缸的磨损情况重点测量前后两缸的磨损。

汽缸的圆度误差一般采用两点法测量，即用同一截面上不同方向最大直径与最小直径差值的一半作为圆度误差。圆柱度误差也用两点法测量，其数值是被测汽缸任意截面、任意方向上所测得的最大直径与最小直径差值的一半。

2）汽缸磨损的修复方法

整体式汽缸或配用干式汽缸套的汽缸，磨损后可用修理尺寸法修复。所谓修理尺寸法，就是对磨损后的汽缸孔进行镗、磨加工，使之达到标准的加大尺寸（修理尺寸），然后配用加大的活塞和活塞环。通常汽缸每级修理尺寸为标准尺寸 +0.25mm。

当汽缸镗削加工到超过最大一级修理尺寸后，可采用镶套修理法修复。所谓镶套修理法，就是将原有的汽缸套压出，镶入新的汽缸套，再将新的汽缸套加工到汽缸的标准尺寸。整体式汽缸原来没有汽缸套，磨损后可将汽缸孔加大到镶套尺寸后镶入汽缸套，再加工到标准尺寸。

上述汽缸的镗缸修理法在国内汽车修理工作中一直被广泛使用。但随着汽车制造技术的发展进步，以及汽车使用更新政策的实施，发动机需要镗缸修理的情况会越来越少。其原因,首先在于汽缸、活塞在材料和加工技术上已取得突破性的进展,目前有各种耐磨材料和表面加工方法可供选择,汽缸和活塞耐磨性得到了极大的提高;其次由于空气滤清器性能的不断提高,加上铺装路面越来越多,粉尘环境越来越少,使进入汽缸的颗粒磨料大为减少;最后由于机油品质的提高,使机油油膜的保持能力和润滑能力都有本质的改善。例如,装有 EA827 系列发动机的国产捷达轿车曾创造过行驶 60 万 km 无大修的记录,60 万 km 的行驶里程对一般公务和家庭用车而言,意味着使用 10~15 年是不会产生大修需求的。因此,发动机只要维护、使用得当,在整个使用期间不需要用镗缸等方法对汽缸进行修理。目前需要采取镗缸修理的,大部分是因使用或维护不当导致汽缸产生不正常磨损的发动机。

2.6 活塞连杆组的检修

活塞连杆组的检修主要包括活塞、活塞环、活塞销的检查与修理以及连杆的检验与校正。

2.6.1 活塞的检修

活塞在正常工作中磨损很小。活塞头部在工作中由于活塞环的支撑作用,很少与汽缸壁接触。活塞裙部虽与汽缸壁接触,但单位面积压力不大,润滑条件也较好,所以磨损速度小。发动机大修主要取决于活塞与汽缸壁的间隙和汽缸的磨损程度。

活塞的最大磨损部位是活塞环槽的磨损和活塞销座孔的磨损。第一道活塞环槽的磨损最为严重,活塞环槽的磨损会造成活塞环的侧隙增大,导致汽缸窜气和窜润滑油。活塞裙部的磨损较小,通常是在承受侧向力的一侧发生磨损和擦伤。当活塞裙部与缸壁间隙过大时,发动机工作易出现敲缸,并出现严重的窜油现象。活塞在工作时,由于气体压力和惯性力的作用,使活塞销座孔形成椭圆形磨损,其最大磨损部位是座孔的上下方向,使活塞与活塞销的配合松旷,出现不正常的响声。

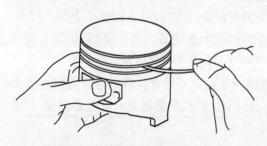

图 2-63 清除活塞环槽的积炭

1)除积炭

用清洁活塞环槽的工具或断裂的活塞环清除活塞环槽内的积炭,如图 2-63 所示。如果积炭将活塞环嵌在环槽中不能转动,可将活塞总成浸泡在煤油中,待其软化后再用溶液和软刷清除活塞顶部的积炭。注意:不能用钢丝刷或刮刀、螺丝刀等工具硬撬。

2)检查活塞与汽缸壁的间隙

用千分尺在与活塞销垂直的方向,距活塞底部某一规定的高度上测量活塞裙部直径,如图 2-64 所示。

活塞与汽缸壁之间的间隙(图 2-65)是汽缸的最大直径减去活塞的直径的值,一般汽缸与活塞的间隙标准为 0.02~0.04mm,维修极限为 0.08mm。如果间隙接近或超过了维修极限,需检查活塞和汽缸体是否过度磨损。

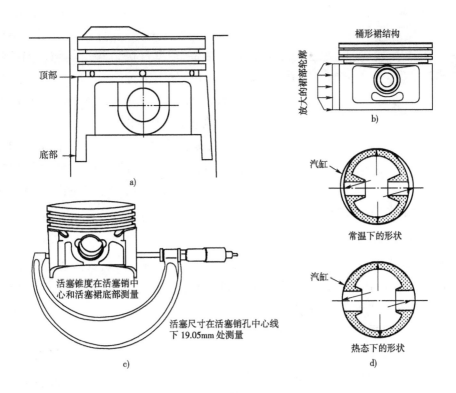

图 2-64 测量活塞直径

2.6.2 活塞环的检修

活塞环在工作时,由于受高温作用和润滑条件差的影响,将产生严重的磨损。活塞环的主要磨损是外径的磨损。随磨损的加剧,活塞环的弹力逐渐减弱,端隙增大,使汽缸的密封性变差,出现窜油、漏气等现象,使发动机机油消耗量增大,动力性下降,经济性变坏。活塞环磨损后应更换新件。

为确保活塞环与活塞环槽、汽缸的良好配合,在更换活塞环时应进行活塞环与环槽配合间隙的检验。

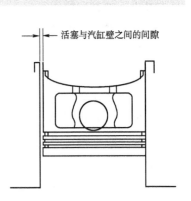

图 2-65 活塞与汽缸壁之间的间隙

1) 检查活塞环侧隙

侧隙是指活塞环与活塞环槽上、下平面间的间隙,如图 2-66 所示。侧隙过大,将影响活塞环的密封作用,过小则可能卡死在环槽内,造成拉缸事故。侧隙标准一般为 0.02~0.05mm,极限为 0.15mm。

2) 检查活塞环端隙

活塞环端隙是指将活塞环置入汽缸筒内,在活塞环开口处的间隙,如图 2-67 所示。它是防止活塞环受热膨胀而卡死在汽缸里,端隙的大小与汽缸直径有关。

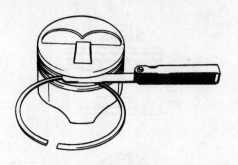

图 2-66 检查活塞环侧隙

将活塞环平正地放入汽缸,用一个活塞顶部将环推到活塞行程的底部(即汽缸磨损最小处)。然后取出活塞,用塞尺测量端口间隙。如间隙过大,则不能使用;如间隙过小,可取出来用细锉刀锉环口一端予以调整。活塞环端隙的极限为 1.00mm。

3) 检查活塞环背隙

背隙是指活塞与活塞环装入汽缸后,在活塞环背部与活塞环槽之间的间隙。常以槽深与环厚之差来表示,一般为 0.10~0.35mm。如背隙过小,会使活塞环在汽缸中卡死,这时可更换活塞环。

2.6.3 连杆的检修

连杆在工作中承受着活塞传来的巨大而又变化着的作用力,以及活塞连杆组件在运动中所产生的方向、大小变化着的惯性力,而且这些力有时是冲击性的。因此,连杆在使用中会发生各种损伤,连杆的损伤主要有:杆身发生弯曲、扭曲、弯扭并存、双重弯曲、大小头孔磨损、螺栓孔损坏;大头端接触面损伤以及杆身裂纹等。连杆弯曲或扭曲,会使活塞在汽缸内歪斜,造成活塞与汽缸及连杆轴承的偏磨、活塞组与汽缸间漏气和窜油。因此,必须对连杆进行检查和校正。

1) 检查连杆弯曲和扭曲

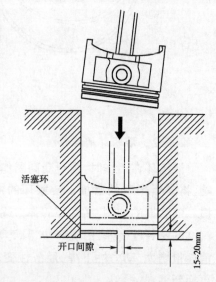

图 2-67 检查活塞环端隙

连杆弯曲一般产生在大小端轴承孔轴线所形成的平面内(前后弯),弯曲后,连杆大小端轴承孔轴线不平行。连杆扭曲将使大小端轴承孔的轴线不处在同一平面内。连杆的双重弯曲往往发生在校正时,校正部位与弯曲部位不一致而产生的。这时大小头中心线在同一平面内,但中心线间的距离缩短了。连杆弯曲和扭曲变形的检查,可采用连杆检验仪,如图 2-68 所示。

连杆检验仪上支持连杆大头孔的心轴与平板相垂直。进行连杆的弯扭检验时,首先卸去轴承,将连杆盖与连杆装合,按扭力要求拧紧,检查内孔圆度、圆柱度,如图 2-69 所示,不得大于 0.0025mm(否则应更换连杆);然后再将连杆大头装在检验仪的心轴上,并使心轴的定心块向外扩张,将连杆固定在检验仪上。测量工具是一个带有 V 形块的"三点规"(也称为量规)。三点规上的三个点共面与 V 形块垂直,如图 2-70 所示,下面两点间的距离为 100mm,上测点与两下测点连线的垂直距离也是 100mm。若连杆衬套与活塞销间隙合适,则将活塞销插入连杆小头衬套内,骑上"三点规";若衬套由于磨损而过松,应将衬套拆除,改用测量心轴直接装入连杆小头孔再测量。仔细观察三个量规测点与检验平板的接触情况,用塞尺测量其间隙,记录其数据;将连杆翻面再检测一次,记录其数据。根据两次记录,进行弯曲度和扭曲度的计算,取其平均值作为检验结果。

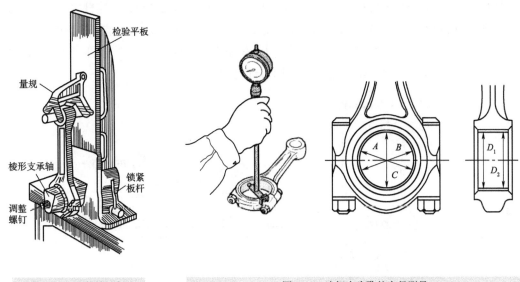

图 2-68 连杆检验仪　　　　图 2-69 连杆大头孔的内径测量

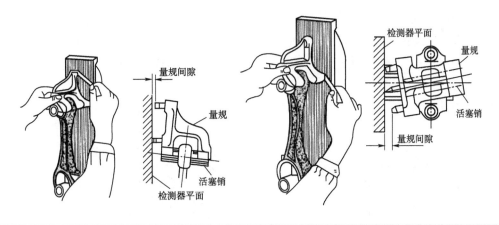

图 2-70 用三点规测量连杆弯曲和扭曲变形量

连杆在检验仪上检验时,量规的三个测点的情况是:

(1)正直。量规的三个测点全部与平板接触。

(2)弯曲。量规的下两个测点(或上一测点)与平板接触,而上一测点(或下两测点)不与平板接触。这时用塞尺测得的测点与平板间的间隙值,即为连杆在 100mm 长度上的弯曲值。连杆弯曲程度不得大于 0.05mm/100mm。

(3)扭曲。下两测点中的一测点接触平板,而另一测点不接触平板。这时该测点与平板间隙为连杆在100mm长度上的扭曲数值。连杆扭曲程度不得大于0.05mm/100mm。

(4) 弯曲和扭曲并存。下两测点中的一个测点接触平板或仅上测点接触平板,而下两测点与平板间的间隙不一致。

连杆弯曲和扭曲变形的检查也可采用通用量具,其检查方法如下:在连杆大头和小头内装入标准心轴,放在平板上的V形铁上,用百分表测量,如图2-71a)所示,在连杆处于垂直位置时,测定活塞销的两端高度差,即可计算出连杆弯曲值;在连杆处于水平位置时,如图2-71b)所示,测量活塞销两端的高度差,即可计算出连杆的扭曲值。

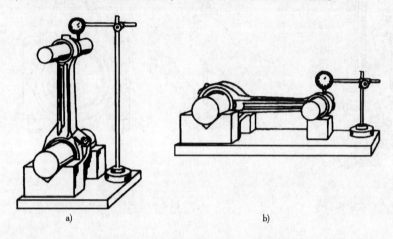

图2-71 用百分表测量连杆的弯曲和扭曲

2) 连杆的修理

经过检验发现连杆有弯曲和扭曲,应使用专用工具予以校正或更换。如有弯曲、扭曲同时并存时,一般先校正其扭曲变形,再校正其单向弯曲或双向弯曲变形。校正连杆的方法如图2-72和图2-73所示。

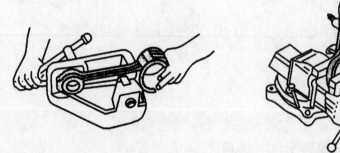

图2-72 连杆弯曲的校正

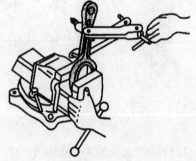

图2-73 连杆扭曲的校正

常温下进行连杆的弯扭校正时,卸去负荷后有复原的趋势,因此校正后应进行消除残余应力的处理,即将校正后的连杆加热至400~450℃,保温0.5~1h,以消除残余应力,才能避免在工作中恢复弯曲状态。

双重弯曲校正比较困难,因此有条件时,为保证发动机修理质量,最好更换弯曲、扭曲较严重的连杆。

2.7 曲轴飞轮组的检修

曲轴的损伤主要是轴颈处的磨损,此外还可能有弯曲、扭曲或疲劳裂纹。

2.7.1 曲轴的检修

检修曲轴时,应检查曲轴的油道,必要时,用管道清洁器或合适的刷子清洁曲轴油道。检查曲轴键槽和螺纹,看有无损伤,另外,应重点检查以下各项。

1) 曲轴轴颈磨损的检验

由于轴颈受力复杂,其磨损是不均匀的,沿着径向磨成椭圆,沿着轴向磨成锥形。但它们的磨损部位却有一定的规律性,连杆轴颈的最大磨损靠近主轴颈一侧,主轴颈的磨损椭圆与结构有关,例如六缸全支承式曲轴,两端主轴颈最大磨损部位朝向第一、六缸曲柄的一面,而中间主轴颈的最大磨损部位则相反。连杆轴颈的磨损速度比主轴颈的大。曲轴各轴颈的磨损程度用外径千分尺测量,如图2-74所示,主要测量轴颈的圆度和圆柱度以及最小尺寸,以确定是否需要进行大修及确定修理级别。用千分尺先在油孔两侧测量,然后旋转90°再测量,最大直径与最小直径之差的1/2为圆度误差。轴颈两端测得的直径差的1/2为圆柱度误差。曲轴主轴颈和连杆轴颈的圆度误差应小于0.005mm,维修极限值为0.006mm;当曲轴主轴颈与连杆轴颈的圆度和圆柱度误差大于标准值时,应按修理尺寸法进行磨削修整或进行振动堆焊、镀铬,然后再磨削至规定尺寸。

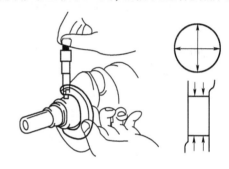

图 2-74 曲轴的轴颈磨损检验

曲轴轴颈除磨损外,还有轴颈表面擦伤、烧伤。擦伤主要是润滑油不清洁,油中坚硬杂质划伤表面;烧伤是由于油路堵塞,或润滑油黏度低,使配合副无油或缺油而形成干摩擦或半干摩擦,造成温度升高,使轴颈表面退火呈蓝色,严重时可使轴承的合金烧熔使配合副抱死。

曲轴还应注意检查前后油封轴颈处有无肉眼可见的磨损痕迹,这种磨损会大大缩短曲轴油封的使用寿命。曲轴油封轴颈处如有磨损,可将油封错开一定的轴向位置安装,如磨损较严重,应更换曲轴。

2) 曲轴的弯曲和扭曲变形检验

(1) 将两块V形块置于平板上,将曲轴两端主轴颈支承在V形块上,用百分表的触头抵在中间主轴颈表面,如图2-75所示。然后转动曲轴一周。表上指针的最大与最小读数之差,即为中间主轴颈对两端主

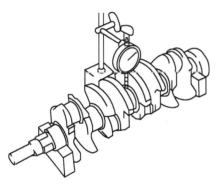

图 2-75 曲轴的弯曲检验

轴颈的径向圆跳动量,即曲轴的弯曲量。当曲轴的弯曲量大于0.06mm时,应校正曲轴。当曲轴的弯曲量超过0.10mm时,应更换曲轴。若小于极限值,可在光磨轴径时予以消除。

(2)曲轴两端同一平面内的两个连杆轴颈的中心线应在它与曲轴中心线组成的平面内,若其中的一个不在这平面内则曲轴存在扭曲变形。曲轴扭曲变形的检测可采用与上述相同的设备,将前、后两道同位连杆轴颈置于水平位置,用高度尺测量两连杆轴颈最高点的高度差,按规定的公式即可算出曲轴的扭曲度。曲轴扭曲目前都是结合连杆轴颈的修磨予以纠正。

2.7.2 曲轴轴承的修理

轴承会由于各种原因而发生故障,如污物进入和缺油,过盈不足或过大,曲轴或连杆弯曲或扭曲,轴颈圆度误差较大等,都会使轴承出现损伤。轴承损伤的主要形式是磨损、疲劳剥落和烧熔。如果检查发现轴承或止推垫片摩擦面拉伤、变色、翻边等现象,应更换整套轴承或止推垫片。

轴承选配前,应先检查轴承座孔是否符合标准。轴承座孔的圆度和圆柱度误差不超过0.025mm时,可以不用修理。当轴承座孔的磨损超过此标准时,可在轴承盖两端面堆焊加工。

当汽缸体主轴承座孔同轴度误差在允许范围之内时,只需按照一定的修理尺寸光磨曲轴轴颈,再选配同一修理尺寸级别的轴承即可。选配的新轴承应该是定位凸点完整,瓦背光滑和弹性合适,装入座孔后,上下两片每端都应高出轴承座结合面0.03~0.05mm。

在进行连杆轴承修配前,先检查测量连杆轴颈,如果圆度和圆柱度均在极限以内,可以选配轴承。若磨损严重超过极限,则需进行磨削轴颈或堆焊修复。

连杆轴承修配后,应检查其松紧度,方法是:在连杆轴承上涂一薄层润滑油,装在连杆轴颈上,按规定力矩拧紧螺栓、螺母,然后把连杆放平,若能徐徐下垂,并用手甩动时能转一周,其松紧度基本合适。

2.7.3 曲轴轴向及径向间隙的调整

1)轴向间隙的检查与调整

曲轴装到汽缸体上之后,应检查其轴向间隙。曲轴轴向间隙检查可用百分表触杆顶在曲轴平衡重上,前后撬动曲轴,观察表针摆动数值,如图2-76所示。多数轿车发动机曲轴轴向间隙是靠第3道主轴承的止推片来保证的。

轴向间隙过小或过大时,应更换或修刮止推垫片进行调整。

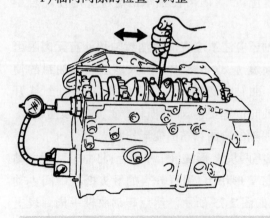

图2-76 曲轴轴向间隙的测量

2)径向间隙的检查与调整

曲轴主轴承和连杆轴承必须有适当的

径向间隙,因为轴承的适当润滑和冷却取决于径向间隙的大小。径向间隙过小会使阻力增大,加重磨损,使轴承划伤。曲轴径向间隙太大,曲轴会上下敲击,并使润滑油压力降低破坏油膜的生成,使曲轴表面与轴承接触摩擦,导致过热并与轴承烧熔到一起。曲轴的径向间隙可用塑料间隙规(图2-77)检查,检查步骤如下:

(1)清洁曲轴主轴颈、连杆轴颈、轴承和轴承盖,将塑料间隙规放置在曲轴轴颈上(不要将油孔盖住),盖上轴承盖并按规定扭力拧紧螺栓。注意:不要转动曲轴。

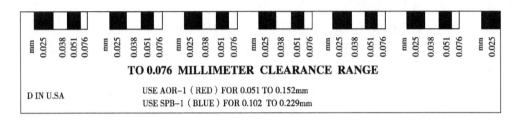

图2-77 塑料间隙规刻度

(2)取下轴承盖,用间隙条宽度和被压扁的塑料间隙规相对照,查得间隙规宽度对应的间隙值即为径向间隙。

曲轴轴承的径向间隙也可以通过分别测量曲轴轴颈的外径和轴承座孔的内径后计算得出。具体方法是:

①先测量曲轴的主轴颈的外径,如图2-74所示。

②盖上轴承盖(不要安装曲轴),按规定力矩拧紧螺栓,测量曲轴主轴承座孔的内径,如图2-78所示。

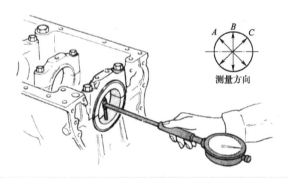

图2-78 曲轴主轴承座孔的直径测量

③两个直径相减就是曲轴的径向间隙。

连杆轴颈间隙的测量方法同上。

小组工作

(1)每6名学生组成1个工作小组,确定小组长,接受工作任务,做好工作准备。

(2)阅读工作单,查阅维修手册(或实训指导书),观察待修的发动机,讨论曲柄连杆机构的检修内容和工作步骤、方法,确定小组人员工作分工。向实训指导教师汇报讨论结果,经指导教师同意后,开始下一步的工作。

(3)按照工作单的引导,完成待拆装发动机的拆卸、分解和曲柄连杆机构的检修工作。

(4)在完成工作任务的过程中,根据工作单的要求,完成曲柄连杆机构零部件认识、作用和工作原理描述等学习任务。

(5)完成工作单要求的曲柄连杆机构主要零部件的检测,将检测结果记录在工作单的相应栏目,并对检测结果作出分析。

(6)回答指导教师的现场提问,接受指导教师的技能考核。

(7)完成曲柄连杆机构的检修工作,组装检修后的曲柄连杆机构,装复发动机。对工作过程进行自我评价和小组互评,听取指导教师的点评。

(8)清洁工作场所,清点维护工具设备,完成任务交接。回答指导教师的现场提问,接受指导教师的技能考核。

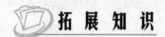

2.8 发动机的平衡轴机构

发动机工作时,曲柄连杆机构的运动质量将产生惯性力。往复运动件将产生往复惯性力,旋转运动件将产生旋转惯性力(即离心力)。这些不平衡的力及其产生的力矩会引起发动机的振动、冲击和噪声,加大车室内的噪声,降低汽车的平顺性和舒适性,影响轿车和发动机的使用寿命。为此必须将引起汽车振动和噪声的发动机不平衡力及不平衡力矩减小到最低限度。在曲轴的曲柄臂上设置的平衡重只能平衡旋转惯性力及其力矩,而往复惯性力及其力矩的平衡则需采用专门的结构来进行平衡。为了达到对这些惯性力的平衡,有些发动机增加了1根或多根平衡轴。

四冲程直列三缸发动机的曲轴为三个曲拐互成120°夹角的空间曲轴,其往复惯性力矩不平衡。例如:宝马B38三缸机上所采用的平衡轴机构如图2-79所示。平衡轴由曲轴后端的平衡轴驱动齿轮驱动。平衡轴与曲轴转速相同,转向相反。发动机运转时,由于平衡轴的旋转方向与曲轴的旋转方向相反,其前端平衡重所产生的惯性力便可与曲轴旋转运动所产生的惯性力相平衡,后端的平衡重所产生的惯性力可以和活塞运动所产生的上下和前后惯性力相平衡。平衡轴驱动齿轮和平衡轴从动齿轮上都刻有啮合对正标记,装配平衡轴时,必须将对正记号对齐。

常见的四冲程直列四缸发动机通常采用两根平衡轴机构,如图2-80所示。两根平衡轴在曲轴下方沿汽缸中心线左右等距布置,由曲轴后端的平衡轴驱动齿轮驱动,两根平衡轴转向相反,其转速为曲轴的2倍。这种平衡机构可以显著地降低由活塞运动的往复惯性力产生的振动和噪声。不过,大部分直列四缸轿车发动机都不装任何平衡轴机构,这是因为,对于小缸径的单列四缸机来说,靠在发动机支撑上采取适当的减振措施,也可以满足整车平稳性要求的。

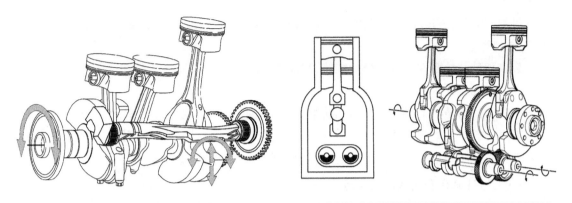

图 2-79　三缸机平衡轴机构　　　　图 2-80　四冲程直列四缸发动机两根平衡轴机构

2.9　曲柄连杆机构的其他检修项目

2.9.1　检修的基本知识

汽车发动机机械系统的检修主要指的是检测与维修,检测就是检查与测量,维修就是维护与修理。检测的根本目的是为了更准确地维修,检测的准确性直接影响到维修的质量。维修就是把发动机机械系统中运转不正常的故障修复为正常。发动机工作是否正常决定了发动机是否需要维修,所以,在维修之前必须要判断发动机是否正常。检修技术员要判断发动机是否正常必须要有判断依据,这个判断依据就要通过检测得到的数据与正常的数据进行比较。因此,发动机是否需要维修必须要有两组数据,一组是检测得到的数据,一组是正常的数据,检测数据通过检测得到,正常数据需要通过查找相关的维修资料获得,如维修手册等。

1)机械零件的损伤

机械零件的损伤形式主要有:磨损、变形和裂纹等。

(1)磨损:机械零件由于相互运动会造成不同程度的磨损,主要表现在尺寸大小、位置精度以及形状的改变。磨损的结果主要表现在配合精度下降,噪声、冲击增大,加剧零件磨损,降低了零件的使用寿命。

磨损有正常磨损和不正常磨损,零件的正常磨损是不可避免的,达到一定寿命后必须进行维修或更换;不正常的磨损必须进行维修并查找不正常的原因。零件的受力、配合以及润滑的情况都会影响到零件的磨损程度。

(2)变形:变形指的是零件在外界力的作用下,其形状发生了变化。零件变形会使定位不准确,配合精度下降,产生局部过热等不良现象,从而会加剧磨损,甚至严重时会影响整个机构的工作性能。

变形有弹性变形和塑性变形。弹性变形能够恢复而且不好检测;塑性变形不可恢复,必须进行维修,严重的时候甚至要进行更换。

(3)裂纹和破裂:零件在运转过程中都有一定的使用寿命,当零件的运行极限超过了零件本身的寿命时,零件就会出现疲劳裂纹和破裂,零件的表面或内部出现裂纹就会产生应力集中,加剧破裂。

裂纹和破裂的零件一般不进行维修,只能更换。

2) 零件的密封

密封的目的是防水、防尘、防污和防漏油等。零件有运动就要进行润滑,有润滑就必然要密封(否则漏油)。密封主要通过使用密封圈、密封胶、密封垫等密封部件。这些密封部件只能一次性使用,所以,发动机进行一次拆装就要更换密封部件。

2.9.2 汽缸体和汽缸盖裂纹的检修

汽缸体和汽缸盖在使用中还会发生裂纹,主要原因有:发动机长时间在超负荷条件下工作;发动机处于高温状态下突然加入冷水;水套中水垢过厚,使局部温度过高;在冬季,停车过夜时没有及时放水而冻裂。

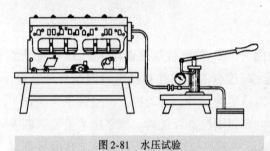

图2-81 水压试验

汽缸体和汽缸盖等零件的裂纹,通常采用水压试验进行检验,如图2-81所示。

试验方法是:将汽缸盖及汽缸垫装在汽缸体上,按规定顺序和力矩拧紧汽缸盖螺栓,将水压机出水管接头与汽缸体前端连接好,并封闭所有水道口,然后将水压入汽缸体水套中。要求压力为0.3~0.4MPa,保持5min。如汽缸体、汽缸盖由里向外渗水珠,即表明该处有裂纹。

水压试验的压力不能过低,并且应该在彻底清除水垢的情况下进行;否则,在清除水垢以后,可能发生新的裂纹。另外,镶配气门座圈、气门导管或汽缸套时,若过盈量过大也会造成新的裂纹。必要时,在这些工序之后,再进行一次水压试验。

汽缸体和汽缸盖裂纹与破裂的修理方法有黏结、焊接和螺钉填补等。大部分裂纹可采用黏结法修复,常采用环氧树脂黏结。焊接法一般用于受力较大的部位。另外,还有一种就是采用堵漏剂来修复汽缸体漏水。这是一种新工艺,它适用于铸铁或铝合金汽缸体所出现的细小裂纹和砂眼(裂纹宽度和砂眼直径小于0.3mm)等缺陷的堵补。堵漏剂是一种新材料,它是由水玻璃、无机聚沉剂、有机絮凝剂、无机填充剂和黏结剂等组成的胶状液体。具体采用哪种修理方法,应根据破裂的程度、损伤的部位,选择适当的修理方法。

2.9.3 曲轴裂纹和变形的检修

1) 曲轴的裂纹检验

曲轴的裂纹一般出现在应力集中部位,如主轴颈或连杆轴颈与曲柄臂相连的过渡圆角处,表现为横向裂纹(环形裂纹)。也有在轴颈中的油孔附近出现沿轴向延伸的纵向裂纹(斜角形裂纹)以及淬火微细裂纹。

常用的检查方法有:磁力探伤、超声波探伤、X射线探伤和浸油敲击法等。用磁力探伤法检查时,使磁力线通过被检查的部位,如果轴颈表面有裂纹,在裂纹处磁力线会偏散而形成磁极,将磁性铁粉撒在表面上,铁粉会被磁化并吸附在裂纹处,从而显现出裂纹的位置和大小。浸油敲击法检查是将曲轴置于煤油中浸一会儿,取出后擦净并撒上白粉,然后分段用锤子轻轻敲击,如有明显的油迹出现,即该处有裂纹。

曲轴轴颈表面不允许有横向裂纹。如果有,必须予以报废;否则,在反复载荷的作用下裂纹会逐渐扩大,导致曲轴断裂。纵向裂纹在使用过程中也会逐渐扩大。对于纵向裂纹,深度如在曲轴轴颈修理尺寸以内,可以通过磨削来消除;否则,应予以报废。

2)曲轴弯曲变形的修理

曲轴弯曲变形可用冷压校正法修复。校正曲轴要在压床上进行,如图2-82所示。校正时,先将曲轴放置在压床工作平台的V形块上,并在压力机的压杆与曲轴轴颈之间垫以铜片或铅皮,以免压伤轴颈。曲轴弯曲拱面朝上,以使压力作用的方向与曲轴弯曲的方向相反。将两只百分表支于曲轴中部下面,两百分表的触头触及轴颈下表面,转动表盘,使指针调零。开动压床进行加压,当弯曲变形量较大时,应分多次进行校正,以免一次压弯量太大而使曲轴折断。曲轴加压变形量,铸铁曲轴为曲轴原来弯曲量的10~15倍,钢曲轴为30~40倍,校正压力保持2~4min后松开。

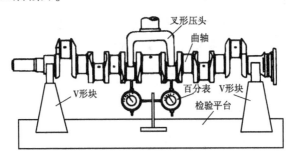

图2-82 曲轴的弯曲修理

为减少冷压后的弹性后效作用使曲轴重新弯曲,应进行时效处理。最好采用人工时效法消除,即将校直后的曲轴加热到197~500℃,保温0.5~1h后自然冷却,就可消除冷压时的内应力,然后再进行检验。也可采用自然时效处理,即将冷压后的曲轴搁置5~10天,再重新检查,如果需要再进行校正。冷压法会使曲轴的疲劳强度降低,在轴颈的圆角处易形成新的应力集中。

在无压床条件下,也可在汽缸体上校正:将汽缸体倒放,在前后两轴承座上放好旧轴承,再放上曲轴,用百分表检查弯曲部位,在弯曲最大的轴颈上,安装旧轴承盖,用螺栓均匀拧紧轴承盖,并保持一定时间可达校正目的。

3)曲轴扭曲变形的修理

曲轴扭曲变形通常采用磨削的方法。磨修曲轴轴颈是在专用曲轴磨床上,而且是在曲轴校正的基础上进行的。曲轴的磨削,除了轴颈表面尺寸及几何形状(圆度及圆柱度)和表面粗糙度符合技术要求外,还必须达到形位公差的要求,即磨削曲轴时必须保证各主轴颈中心线的同轴度及各连杆轴颈中心线的同轴度;必须保证主轴颈中心线与连杆轴颈中心线间的平行度;限制曲柄半径误差并保证连杆轴颈相互位置夹角的精度。同时还应保证曲轴原轴线位置不变,以保持曲轴原有的平衡性。当磨损轴颈的尺寸超出修理尺寸时,必须更换曲轴。

2.9.4　飞轮的检修

飞轮常见的损坏主要是齿圈磨损、打坏、松动和端面打毛;飞轮与离合器摩擦片接触的工作表面磨损、起槽、刮痕,或因铆钉露头将飞轮工作表面划磨成沟槽等。

1) 飞轮的检查

将百分表架装在飞轮壳上,百分表的量头靠在飞轮的光滑端面上,旋转表盘,使"0"位对正指针,转动飞轮一圈,百分表的读数差,即为端面圆跳动量,一般不大于 0.15mm。

2) 飞轮与飞轮壳的修理

(1) 齿圈是与飞轮热压套合的,齿圈牙齿若是单面磨损,可将齿圈翻面使用。个别牙齿损坏,可堆焊修复。若齿圈两面均严重磨损超过 30% 或牙齿损坏连续 4 个以上时,可堆焊修复或更换新件。装配时,是将齿圈加热到 300～350℃,热套在飞轮外周的凸缘上。

(2) 飞轮工作面磨成波浪形或起槽,深度超过 0.5mm,应更换飞轮并对曲轴和飞轮进行动平衡试验;否则,会影响发动机运转的平稳性能。

飞轮还应进行静平衡试验,其允许不平衡量一般为 0.009 8N·m。飞轮与曲轴装合后,飞轮工作面对曲轴两端主轴颈公共轴线的端面圆跳动,在半径 R150mm 范围内,不得大于 0.15mm。超过时允许在曲轴凸缘盘与飞轮之间加垫片调整,不允许用机械加工方法调整。

思考题

(1) 曲柄连杆机构由哪些零件组成?其功用是什么?

(2) 试述汽缸体的三种形式及特点。

(3) 汽油机的燃烧室有哪几种?有何特点?

(4) 铝合金活塞为什么要预先做成椭圆形、锥形?

(5) 什么是矩形环的泵油作用?有什么危害?

(6) 什么是发动机的点火顺序?什么是发动机的做功间隔角?

(7) 曲轴扭转减振器起什么作用?

(8) 缸体和缸盖的检修内容和方法有哪些?

(9) 汽缸的检测及修复方法有哪些?

(10) 活塞连杆组的检查内容及方法有哪些?

(11) 如何检查与校正连杆?

(12) 曲轴的检查内容及方法有哪些?

单元三 汽缸盖与配气机构的检修

学习情境

一辆客货两用车进厂修理,客户反映该车发动机运转中有异响,经维修技师检查,异响部位在发动机的汽缸盖,可能是气门脚异响,需对汽缸盖及配气机构进行检修。

生产任务 发动机汽缸盖与配气机构的检修

1)工作对象

待检修汽缸盖和配气机构的发动机 1 台。

2)工作内容

(1)领取所需的工具,做好工作准备。

(2)从发动机上拆除进排气管、分电器等外围部件。

(3)拆除油底壳、气门室罩,拆除正时皮带或链条,拆卸汽缸盖。

(4)分解汽缸盖,检查配气机构各零部件,对主要零部件进行检测,分析检测结果,制订修复方案。

(5)按规范组装调整检修后的配气机构各零部件,装复汽缸盖,校正配气正时。

(6)安装进排气管、分电器等外围部件。

(7)检查、评价工作质量。

(8)整理工具,清洁工作场地。

3)工作目标与要求

(1)学生应以小组工作的方式,完成本项工作任务。

(2)学生应当能在小组成员的配合下,利用汽车维修手册(或实训指导书),制订工作计划,实施工作计划。

(3)能通过阅读资料和现场观察,辨别所检修发动机配气机构的类型。

(4)能认识所拆卸发动机配气机构的零部件,口述配气机构的工作原理和各零部件的作用。

(5)能向客户解释所修发动机汽缸盖和配气机构的损伤情况和修复方案。

(6)能按规范的步骤,完成发动机汽缸盖和配气机构的分解、零部件检验、组装调整等工作。

(7)在工作过程中注意工作安全,做好废料的处理,保持工作环境整洁。

相关知识

3.1 配气机构概述

3.1.1 配气机构的功用和组成

配气机构的功用是按照发动机每一汽缸内所进行的工作循环和发火次序的要求,定时地开启和关闭各缸的进、排气门,使新鲜可燃混合气(汽油机)或纯空气(柴油机)得以及时进入汽缸,废气得以及时从汽缸排出,使换气过程最佳。

新鲜空气或可燃混合气被吸进汽缸越多,则发动机发出的有效功率和转矩越大。新鲜空气或可燃混合气充满汽缸的程度可用充气效率表示。所谓充气效率就是在进气过程中,实际进入汽缸内的新鲜空气或可燃混合气的质量与在进气状态下充满汽缸工作容积的新鲜空气或可燃混合气的质量之比。

充气效率越高,表明进入汽缸内的新鲜空气或可燃混合气越多,可燃混合气燃烧时所放出的热量越大,发动机发出的功率越大,动力性越好。

影响发动机充气效率的因素很多,提高充气效率可以从多方面入手。就配气机构而言,主要是要求其结构有利于减小进气和排气的阻力,而且进、排气门的开启时刻和持续开启时间比较适当,使进气充分和排气彻底。

配气机构主要由气门组、气门传动组两部分组成。气门组包括气门、气门座、气门导管、气门弹簧、气门弹簧座等零件;气门传动组包括正时齿轮(或带轮、链轮)、正时皮带(或正时链条)、凸轮轴、挺柱、推杆、摇臂、摇臂轴等零件。配气机构的组成如图 3-1 所示。

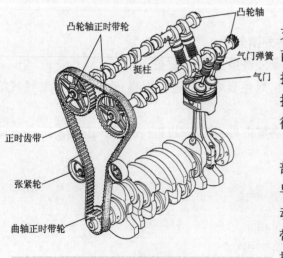

图 3-1 配气机构的组成

3.1.2 配气机构的常见类型

配气机构可以从气门的布置形式、凸轮轴的布置形式等不同的角度来分类。

1）气门的布置形式

按气门的布置形式，配气机构可分为气门顶置式和气门侧置式两种。

气门顶置式配气机构应用广泛，其进气门和排气门都倒挂在汽缸上，如图 3-2a）所示。现代汽车发动机均采用气门顶置式配气机构。

气门侧置式配气机构的进气门和排气门都装置在汽缸的一侧，如图 3-2b）所示，导致燃烧室结构不紧凑，热量损失大，气道曲折，进气流通阻力大，从而使发动机的经济性和动力性变差，目前在汽车发动机上已不再采用。

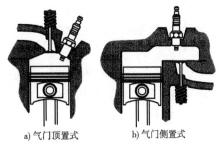

a) 气门顶置式　　b) 气门侧置式

图 3-2　气门的布置形式

2）凸轮轴的布置形式

按凸轮轴的布置位置，配气机构可分为下置凸轮轴式、中置凸轮轴式和上置凸轮轴式 3 种。

（1）下置凸轮轴式配气机构。凸轮轴位于汽缸下部（曲轴箱内）的配气机构为下置凸轮轴式配气机构，如图 3-3a）所示。

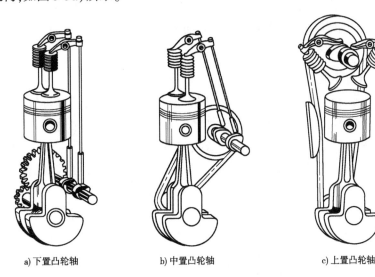

a) 下置凸轮轴　　b) 中置凸轮轴　　c) 上置凸轮轴

图 3-3　凸轮轴的布置形式

下置凸轮轴式配气机构的凸轮轴布置在曲轴箱上，主要优点是凸轮轴离曲轴近，可以由曲轴正时齿轮驱动，传动简单。缺点是气门与凸轮轴相距较远，传动链长，零件较多，在高速运转时，整个系统产生弹性变形，影响气门运动规律和开启、关闭的准确性。因此，多用于转速较低的发动机，在现代发动机上已很少采用。

（2）中置凸轮轴式配气机构。中置凸轮轴式配气机构的凸轮轴位于汽缸体的中上部，如图 3-3b）所示。与下置凸轮轴式配气机构的组成相比，大大缩短了推杆的长度，甚至可以省去推杆,从而减轻了配气机构的往复运动质量,增大了机构的刚度,相对于下置凸轮轴式更适用于较高转速的发动机。

(3)上置凸轮轴式配气机构。凸轮轴置于汽缸盖上的配气机构为上置凸轮轴式(也称顶置凸轮轴式)配气机构(Over Head Camshaft,即OHC)。这种配气机构可省去推杆,甚至可省去摇臂,即由凸轮轴通过挺柱直接驱动气门。其主要优点是运动件少,传动距离短,整个机构的刚度大,适合于高速发动机,现代发动机基本上都采用这种结构。

此外,根据发动机每个汽缸气门的个数,配气机构可分为2气门式、3气门式、4气门式和5气门式等。

根据上置凸轮轴的个数,配气机构又分为单上置凸轮轴(SOHC)和双上置凸轮轴(DOHC)两种。单上置凸轮轴,如图3-3c)所示,仅用一根凸轮轴同时驱动进、排气门,结构简单,布置紧凑。双上置凸轮轴由两根凸轮轴分别驱动进、排气门,如图3-1所示。

按曲轴和凸轮轴的传动方式,可分为齿轮传动式、链条传动式和齿形带传动式;按气门的驱动形式,可分为摇臂驱动式和直接驱动式等。

3.2 气门组

气门组包括气门、气门座、气门导管、气门弹簧等。气门组的功用是维持气门的关闭。气门组各零件之间的装配关系如图3-4所示。

3.2.1 气门

1) 气门的功用与要求

气门布置在汽缸盖上,用于开启或关闭各缸的进、排气口。气门分进气门和排气门,位于进气口处的气门称为进气门,位于排气口处的气门称为排气门。

气门的工作条件非常恶劣。第一,气门直接与高温燃气接触,受热严重,而散热困难,因而工作温度很高。排气门最高温度可达600~800℃,进气门温度较低,但也达到300~400℃;第二,气门承受气体力、气门弹簧力以及气门落座时的惯性冲击力;第三,气门的冷却和润滑条件较差。

为保证气门能正常工作并有足够的使用寿命,要求气门必须具有足够的强度和刚度,并耐冲击、耐热、耐磨损和耐腐蚀。进气门一般用中碳合金钢制造,如铬钢、铬钼钢和镍铬钢等。排气门由于热负荷大,采用耐热合金钢,如硅铬钢、硅铬钼钢、硅铬锰钢等。为了节省耐热合金钢,有的排气门头部用耐热合金钢,而杆部用普通合金钢制造,然后将二者对焊在一起,尾部再

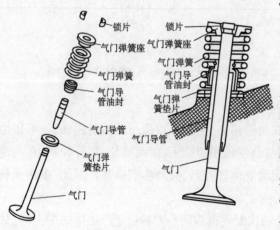

图3-4 气门组零件图

加装一个耐热合金钢帽。还有在排气门的气门锥面上堆焊或喷涂一层钨钴合金,以提高其硬度、耐磨性、耐热性和耐腐蚀性。

2)气门的构造

汽车发动机的进、排气门一般是菌状的,由头部和杆部两部分组成,如图3-5所示。气门头部的作用是与气门座配合,对汽缸进行密封,杆部则与气门导管配合,为气门的运动起导向作用。

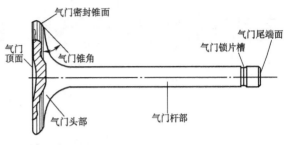

图3-5 气门结构及各部名称

气门头部的形状有平顶、凸顶和凹顶等形状,如图3-6所示。平顶气门具有结构简单、制造方便、受热面积小等优点,多数发动机的进、排气门均采用此结构。凹顶气门的头部与杆部有较大的过渡圆弧,进气阻力小,但受热面积大,只适合作进气门,不宜做排气门。凸顶气门的强度高,排气阻力小,废气清除效果好,但受热面积大,质量和惯性力大,加工比较复杂,只适合作排气门。

气门头部与气门座接触的工作面,称为密封锥面。它是一个与气门杆部同心的锥面,通常把该锥面与气门顶平面的夹角称为气门锥角。气门锥角一般为45°,有些发动机的进气门锥角为30°,如图3-7所示。这是考虑到在气门升程相同的情况下,气门锥角较小时,气流通过断面较大,进气阻力较小。锥角小的气门头部边缘较薄,刚度较小,致使气门头部与气门座的密封性及导热性较差。排气门因热负荷较大而采用较大的气门锥角。气门头部的边缘应保持一定的厚度,一般为1~3mm,以防止工作中受冲击而损坏或被高温气体烧蚀。为了减少进气阻力,提高充气效率,进、排气门的头部直径一般不等,进气门头部直径较大。

气门头部接受的热量一部分经气门座圈传给汽缸盖;另一部分则通过气门杆和气门导管也传给汽缸盖,最终都被汽缸盖水套中的冷却液带走。

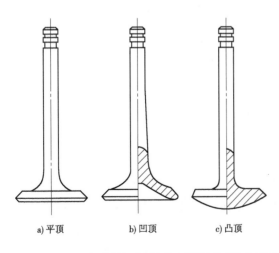

图3-6 气门头部的形状

气门杆部为圆柱形,其表面具有较高的加工精度和较小的表面粗糙度值,与气门导管保持有正确的配合间隙,以减小磨损和起到良好的导向、散热作用。

3)多气门发动机

普通汽车发动机大多数采用每缸2个气门,即1个进气门和1个排气门。为了改善换气过程,要尽可能地增大进、排气门的直径,特别是增大进气门直径。目的是增大进气门通过断面面积,减小进气阻力,增加进气量。排气门头部直径略小,排气阻力稍大,但是排气阻力对发动机性能的影响比进气阻力小得多。凡是进气门和排气门数量相同时,

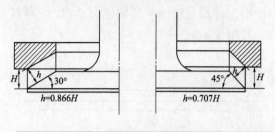

图3-7 气门锥角

进气门头部直径总比排气门大。

随着技术的发展,汽车发动机的转速已经越来越高,现代轿车发动机的最高转速一般可达5 500r/min以上,完成1个进气行程或排气行程只需0.005s时间,传统的两气门已经不能胜任在这么短促的时间内完成换气工作,限制了发动机性能的提高。解决这个问题的方法只能是扩大气体出入的空间,也就是用空间换取时间。20世纪80年代开始应用的多气门技术,是解决这个问题的最好方法,使发动机的性能产生了一次飞跃。

多气门发动机是指每1个汽缸的气门数目超过2个的发动机,包括2个进气门和1个排气门的3气门式;2个进气门和2个排气门的4气门式;3个进气门和2个排气门的5气门式,如图3-8所示。采用多气门技术的优点是在有限的汽缸直径内,气流通过断面面积大,进、排气充分,可以提高发动机的转矩和功率。其次是每个气门的头部直径较小,质量减轻了,运动惯性力也减小了,有利于提高发动机转速。

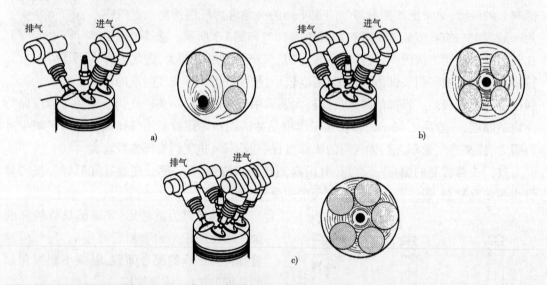

图3-8 多气门发动机

3气门发动机每缸2个进气门,1个排气门,排气门头部直径比进气门大,如图3-8a)所示。与2气门发动机相比,进气量有明显增加。

现代高性能汽车发动机普遍采用每缸2个进气门,2个排气门,如图3-8b)所示的每缸4气门结构。4气门发动机多采用盆形燃烧室,火花塞布置在燃烧室中央,有利于燃烧。所以,采用4气门结构有利于提高充气效率,有利于改善配气机构的动力特性,还有利于改善排放。缺点是发动机零件数量增多,制造成本增加。

与4气门相比,采用每缸5气门的发动机其气流通过断面更大,充气效率更高。当每缸采用5气门时,气门排列的方案通常是同名气门排成一列,分别用进气凸轮轴和排气凸轮轴驱动,如图3-8c)所示。

根据理论计算,当每个汽缸的气门数增加到6个时,其进、排气门的气流通过总断面要比5气门小。因此,目前轿车的多气门发动机的每个汽缸的气门数目都是3~5个,其中又以4个气门最为普遍。

3.2.2 气门座

汽缸盖与气门锥面相座合的部位称气门座。

气门座与气门头部一起对汽缸起密封作用,同时接受气门头部传来的热量,起到对气门散热的作用。

气门座的形式有两种:一种是在汽缸盖上直接镗出,另一种是单独制成气门座圈,以一定的过盈量镶嵌在汽缸盖的座孔中,如图3-9所示。

直接镗出式的气门座散热效果好,但由于气门座经常在高温和冲击下工作,润滑条件又差,易磨损。

现代汽车发动机大多数采用镶嵌式气门座,以提高汽缸盖的使用寿命和便于修理更换。镶嵌式气门座圈用耐高温、耐磨损的材料,如合金铸铁、铁基粉末冶金或奥氏体钢等材料制成。

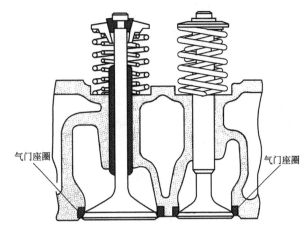

图3-9 气门座圈

气门座的锥角与气门锥角相适应。一般气门锥角比气门座锥角小0.5°~1°,如图3-10所示,该角度称为气门与气门座的干涉角,其作用是使二者不以锥面的全宽接触,这样可以增加密封锥面的接触压力,加速磨合,并能切断和挤出二者之间的任何积垢或积炭,保持锥面良好的密封性。

3.2.3 气门导管

气门导管的功用是对气门的运动起导向作用,以保证气门作直线往复运动,使气门与气门座正确贴合。此外,还在气门杆与汽缸盖之间起导热作用。

气门导管的工作温度较高,气门杆在导管中运动时,仅靠配气机构飞溅出来的机油进行润滑,因此易磨损。导管材料要求耐磨性好,导热性好,加工性好。由于润滑较困难,气门导管大多数用含石墨较多的灰铸铁、球墨铸铁或铁基粉末冶金制造以提高自润滑性能。

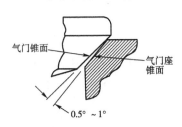

图3-10 气门和气门座锥角

气门导管通常单独制成零件,再压入缸盖(或缸体)的承孔中。气门杆与气门导管之间一般有0.05~0.12mm的间隙,使气门杆能在气门导管中自由运动。

为了防止气门导管产生轴向移动,并保证气门导管伸入进、排气歧管的深度合适,有的发动机对气门导管用凸台或卡环定位,如图3-11所示。带凸台和带卡环的导管较压入式导管的配合过盈量要小,因为气门弹簧下座将凸台或卡环压住,使导管有了可靠的轴向定位,不致脱落。

一般气门导管上端孔口不倒角,伸入端的外圆做成锥形是为了减少气流阻力,还有的导管将伸入端内口做成锐边沉割或在气门杆制有带锐边的刮口,用以在工作时刮除气门杆与导管间产生的胶状沉积物,如图3-12所示。

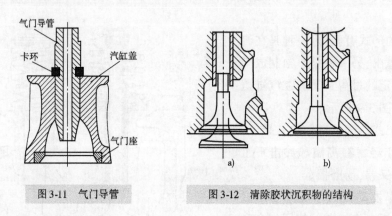

图3-11 气门导管   图3-12 清除胶状沉积物的结构

有的发动机不装气门导管,直接在汽缸盖上加工出气门杆孔,作为气门的导向孔。

3.2.4 气门导管油封

由于气门杆和气门导管之间有一定间隙,配气机构工作时飞溅的润滑油就会顺着间隙流到气门杆和气门导管之间,对气门杆与气门导管摩擦副起润滑作用。发动机高速化后,进气管中的真空度显著增高,气门室中的机油会通过气门杆与导管之间的间隙被吸入汽缸内,造成机油消耗增加,气门和燃烧室积炭。为此,现代发动机在气门导管上都安装有气门导管油封(也称气门油封)。这是一种耐高温、密封可靠的骨架式氟橡胶油封,其构造如图3-13所示。气门油封一般固定在气门导管顶端,与气门导管紧配合,油封上方的唇口与气门杆活动配合,唇口处外圆装有一个螺旋弹簧,以保证与气门杆之间的密封。

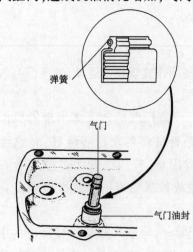

图3-13 气门油封

3.2.5 气门弹簧

气门弹簧的作用是使气门自动复位关闭,保证气门与气门座紧密贴合,并吸收在气门开闭过程中配气机构产生的惯性力,使传动件始终受凸轮控制而不相互脱离。

气门弹簧一般为等螺距圆柱形螺旋弹簧,如图3-14a)所示。气门弹簧下端支承在汽缸盖平面的弹簧凹坑内或垫片上;而上端则压靠在气门杆端上的用锁片、锁环或锁夹等与气门杆固定的气门弹簧座上。

气门弹簧在工作时,如果工作频率与其固有的振动频率相等或成某一倍数关系时,将发生共振。气门弹簧的共振将破坏气门的正常工作:气门反跳,落座冲击,甚至使弹簧折断。为避免共振的产生,常采取以下措施:

(1)提高气门弹簧固有振动频率。即提高气门弹簧的刚度,如加大钢丝直径、减小弹簧的圈径。这种方法增加了功率消耗和零件之间的冲击载荷。

(2)采用不等螺距弹簧。如图3-14b)所示,这种弹簧在工作时,先在螺距大的一端变形,有效圈数逐渐减少,固有频率逐渐提高,使共振成为不可能。不等螺距的气门弹簧安装时,螺距小的一端应朝向气门头部。

(3)采用双气门弹簧。如图3-14c)所示,每个气门同心安装两根直径不同、旋向相反的内外弹簧。由于两弹簧的固有频率不同,当一个弹簧发生共振时,另一个弹簧可起减振作用。此外,当一个弹簧折断时,另一个弹簧仍可维持气门工作。采用双气门弹簧可以减小气门弹簧的高度,而且弹簧旋向相反,不会互相干涉,一个断裂时,也不会嵌入另一个弹簧圈内。

3.2.6 气门弹簧座和气门锁片

气门弹簧座和气门锁片用于将气门弹簧固定在气门杆上。弹簧座安装在弹簧的顶部,气门从弹簧座中穿过。气门锁片将气门弹簧座固定在气门杆上,如图3-15所示。

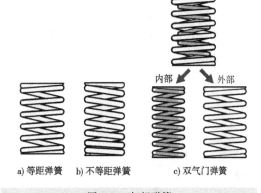

a) 等距弹簧　b) 不等距弹簧　c) 双气门弹簧

图3-14　气门弹簧

气门锁片有多种类型,最常见的是分体式锁片,其外表为锥形,分成两半用,内孔有环形凸台。气门和气门弹簧组装到汽缸盖上后,锁片内孔环形凸台卡在气门杆上的环槽内,在气门弹簧作用下,锁片外圆锥面与弹簧座锥形内孔配合,并保持自锁状态,使弹簧座固定。这种锁片工作可靠,拆卸方便。

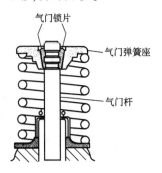

图3-15　气门弹簧座和气门锁片

3.3 气门传动组

气门传动组的作用是使进、排气门能按规定的时刻开闭,并保证有足够的开度。由于气门驱动形式和凸轮轴位置的不同,气门传动组的零件组成差别很大,主要有凸轮轴及其驱动机构(包括正时齿轮、传动带或链条等)、气门驱动机构(包括挺柱、推杆、摇臂和摇臂轴等)两大部分。

3.3.1 凸轮轴

1)凸轮轴的功用与构造

凸轮轴是用来驱动和控制各缸气门的开启和关闭,使其符合发动机的工作顺序、配气相位及气门升程的变化规律等要求。

凸轮轴是一根长轴,如图 3-16 所示,安装在缸体(下置凸轮轴式)或缸盖(顶置凸轮轴式)内。凸轮轴上有对应于各个气门的凸轮,当凸轮轴转动时,凸轮在合适的时间打开和关闭气门。凸轮轴上加工有若干个轴颈,用于支撑凸轮轴。中部的铸造六角用于检修中通过活动扳手转动凸轮轴。凸轮轴的前端还安装有凸轮轴正时齿轮(或链轮、齿形带轮)。此外,老式发动机采用的下置式凸轮轴上还有用以驱动机油泵及分电器的螺旋齿轮和用以驱动机械式汽油泵的偏心轮。

凸轮轴工作时受到气门间歇性开启的周期性冲击载荷,凸轮与挺柱或者摇臂之间的接触应力很大,相对滑动速度也很高,凸轮工作表面的磨损比较严重。因此对凸轮表面要求有足够的硬度和耐磨性,对凸轮轴要求有足够的韧性和刚度。

凸轮轴的材料一般用优质钢模锻而成,也可采用合金铸铁或球墨铸铁铸造。凸轮与轴颈表面一般经热处理后磨光,使之具有足够的硬

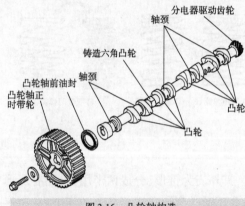

图 3-16 凸轮轴构造

度和耐磨性。

2)配气相位

进气门和排气门的打开和关闭时刻对充气效率有很大的影响,并直接影响发动机的工作性能。用曲轴转角表示的进、排气门开闭时刻和开启的持续时间,称为配气相位。通常将进、排气门的实际开闭时刻和持续时间用曲轴转角的环形图来表示,这种图形称为配气相位图,如图 3-17a)所示。

四冲程发动机的每一个行程,曲轴旋转 180°。由于发动机的转速很高,一个行程经历的时间是很短的。例如,当发动机转速为 2 800r/min,一个行程的时间只有 0.01s。为了在这样短的时间里使进气更充分,排气更彻底,现代发动机都是让气门早开晚关,以采用延长进、排气时间,并充分利用进、排气气流的动力效

应,以改善进、排气状况,提高发动机的动力性。

如图 3-17b)所示,进气门是在排气行程接近终了,活塞到达上止点前便开始开启,并一直到进气行程结束,在进气行程下止点之后才关闭。从进气门开始开启到上止点曲轴所转过的角度称作进气提前角,一般为 10°~30°,记作 α。从进气行程下止点到进气门关闭曲轴转过的角度称作进气迟后角,一般为 40°~80°,记作 β。整个进气过程持续的时间或进气持续角为 $\alpha + 180° + \beta$。由于进气门早开,在活塞到达上止点开始向下移动时,进气门已有一定的开度,可较快地获得较大的进气通过断面,减小进气阻力。进气门晚关则是为了充分利用气流的惯性和汽缸内的真空度,在进气迟后角内继续进气,以增加进气量。进气门迟后角对充气效率影响十分显著,也是对发动机性能影响最大的一个配气相位角。

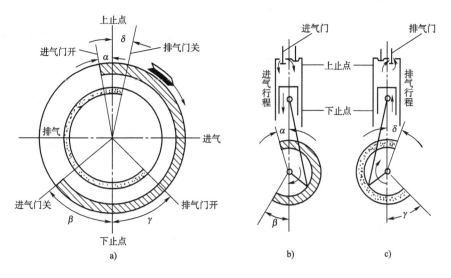

图 3-17 发动机配气相位图

同样,如图 3-17c)所示,排气门是在做功行程的后期,活塞到达下止点前便开始开启,并在排气行程结束之后,即活塞越过上止点之后才关闭。从排气门开始开启到下止点曲轴转过的角度称作排气提前角,一般为 40°~80°,记作 γ。从上止点到排气门关闭曲轴所转过的角度称作排气迟后角,一般为 10°~30° 记作 δ。整个排气过程持续的时间或排气持续角为 $\gamma + 180° + \delta$。在做功行程后期,汽缸内气体有较高的压力,由于排气门早开,废气能以很高的速度自由排出,并在极短的时间内排出大量废气。当活塞到达下止点,排气行程开始时,汽缸内的压力已大大下降,此时排气门已有一定的开度,从而使强制排气的阻力和排气消耗的功率大为减小。排气门晚关则是为了利用废气流动的惯性和汽缸内的残余压力,在排气迟后角内继续排气,以减少汽缸内的残余废气量。

由于进气门早开和排气门晚关,在上止点附近就出现了一段进、排气门同时开启的现象,称为气门叠开。叠开期间的曲轴转角称为气门叠开角,其值为进气提前角与排气迟后角之和,即 $\alpha + \delta$。

由于气门的早开晚关,气门叠开现象是不可避免的。但是由于新鲜气体和废气都有各自的流动惯性,只要气门叠开角选择适当,就不会出现废气倒流回进气道和新鲜气体随废气一起排出的现象。相反,进入汽缸内的新鲜气体可增加汽缸内的气体压力,有利于废气的排出。这样使进气更充分,排气更干净。

3)凸轮轮廓

进、排气门开启和关闭时刻、持续时间以及开闭的速度等分别由凸轮轴上的进、排气凸轮控制。因此,凸轮轮廓的曲线形状对发动机的工作影响极大,该曲线不仅影响配气相位,也影响气门的升程,影响气门的升降规律(如开闭的速度、关闭落座时对气门座的冲击力等)。转速较低的发动机,其凸轮轮廓由几段圆弧组成,这种凸轮称为圆弧凸轮。高转速发动机的凸轮轮廓由一些特殊的函数曲线构成,这种凸轮称为函数凸轮。

凸轮轮廓形状如图 3-18 所示,O 点为凸轮旋转中心,EA 是以 O 点为中心、半径为 r_0 的圆弧,称为凸轮的基圆,AB 和 DE 为凸轮的缓冲段,BC 为凸轮上升段,CD 为凸轮的下降段,BCD 统称为凸轮的工作段。当凸轮按图中箭头方向转过 EA 时,挺柱不动,气门关闭。凸轮转过 A 点后,挺柱开始上移。至 B 点,气门间隙消除(液压挺柱除外),气门开始开启,至 C 点时,气门开度最大,而后逐渐关小,到 D 点,气门闭合终了。ϕ 对应着气门开启持续角,ρ_1 和 ρ_2 则分别对应着消除和恢复气门间隙所需的转角。凸轮升程是凸轮轮廓型线上某点较基圆半径凸出的量,凸轮轮廓 BCD 段的形状,决定了气门的升程及其升降过程的运动规律。

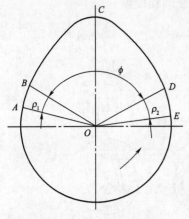

图 3-18　凸轮轮廓示意图

4)凸轮轴轴承

凸轮轴是通过轴颈支承在轴承孔内的,一般发动机的凸轮轴是每隔 2~4 个凸轮设置一个轴颈和轴承,以保证凸轮轴的刚度,防止凸轮轴工作时发生弯曲变形,影响配气相位。

中置式和下置式凸轮轴的轴承一般制成衬套压入整体式轴承座孔内,再加工轴承内孔,使其与凸轮轴轴颈相配合。为了安装方便,其各个轴颈和轴承的直径是做成从前向后依次减小的。

上置式凸轮轴的轴承多由上、下两片轴承对合而成,装入剖分式轴承座孔内。轴承材料多与主轴承相同,在低碳钢钢背上敷一层减摩合金。也有的凸轮轴轴承采用粉末冶金衬套或青铜衬套。许多轿车发动机的凸轮轴轴承采用无轴承的形式,上置式凸轮轴的轴颈直接与铝合金的剖分式轴承座孔相配合。

5)凸轮轴的轴向定位

为防止凸轮轴轴向窜动,凸轮轴必须有轴向定位装置。常用的轴向定位方法有:

(1)推力轴承定位。采用凸轮轴的第一轴承为推力轴承,如图 3-19a)所示。即控制凸轮轴的第一轴颈上的两端凸肩与凸轮轴承座之间的间隙 Δ,以限制凸轮轴的轴向移动。

(2)推力片轴向定位。推力片安装在正时齿轮与凸轮第一轴颈之间,且留有一定的间隙,从而限止了凸轮轴的轴向移动量,如图 3-19b)所示。

(3)推力螺钉轴向定位。推力螺钉拧在正时齿轮室盖上,并用锁紧螺母锁紧,如图 3-19c)所示,调整推力螺钉拧入的程度就可以调整凸轮轴的轴向移动量。车用内燃机凸轮轴的轴向间隙一般为 0.10~0.20mm。

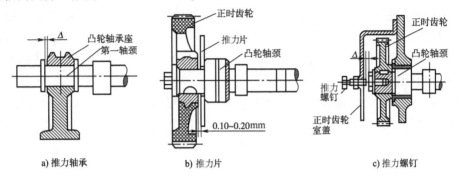

a) 推力轴承　　　　b) 推力片　　　　c) 推力螺钉

图 3-19　凸轮轴轴向定位方式示意图

3.3.2　凸轮轴的驱动和正时

凸轮轴不论是下置还是上置,都要通过一套传动系统由曲轴驱动,并严格按照 2∶1(四冲程发动机)的传动比来驱动,即曲轴转过 720°,凸轮轴转过 360°。为了使曲轴、活塞与气门的运动能完全符合配气相位的要求,在凸轮轴的驱动机构中要设置一些特殊的位置标记,在装配凸轮轴的驱动机构时,只要按照这些标记安装,就能保证配气相位正确,这些标记称为气门正时记号。

凸轮轴的驱动方式有多种,不同驱动方式的气门正时记号各不相同。

1) 齿轮传动

齿轮传动主要用于中、下置式凸轮轴的配气机构,由于凸轮轴位置与曲轴的距离较近,所以一般采用齿轮传动,如图 3-20 所示。汽油机一般只用一对正时齿轮,小齿轮和大齿轮分别用键装在曲轴与凸轮轴的前端,即曲轴正时齿轮和凸轮轴正时齿轮。柴油机由

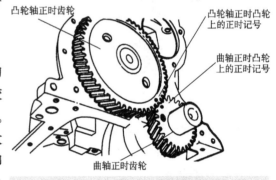

图 3-20　凸轮轴的齿轮传动及正时记号

于凸轮轴与曲轴的中心距较大,且需要同时驱动喷油泵,所以增加一个中间惰轮。为了保证齿轮啮合平顺,减小噪声和磨损,正时齿轮都是斜齿轮并用不同的材料制造。曲轴正时齿轮用中碳钢制造,凸轮轴正时齿轮则采用铸铁或夹布胶木制造。

齿轮传动方式的气门正时记号分别刻在曲轴正时齿轮和凸轮轴正时齿轮上。在装配曲轴与凸轮轴时,必须将曲轴正时凸轮上的正时记号与凸轮轴正时齿轮上的正时记号对准(图 3-20),以保证配气相位正确。

齿轮传动结构简单,工作比较平稳,配气正时控制精度高,又不需要张紧机构,摩擦损失

小,使用中也不需调整、维护,所以曾经是一种使用极为广泛的传动方式。目前,在车用柴油机上仍主要采用这种方式。

2) 链传动

链传动用于中、上置式凸轮轴的配气机构,如图 3-21 所示,由曲轴通过链条来驱动凸轮轴。为防止由于链条过长而产生链条抖动现象,设有链条导向器。在使用中由于链节的磨损,链条会逐渐变长,为此设有链条张紧器,它通过链条导向器使链条始终保持张紧状态。张紧装置有机械式和液压式两种。液压式是用发动机的机油进入液压腔,推动其内部的活塞向外移动,使链条导向器压向链条而张紧。

链传动方式的正时记号标在正时链轮和链条上,在装配时,应使曲轴正时链轮、凸轮轴正时链轮上的正时记号同时与链条上相应的正时记号对齐,以保证配气相位正确,如图 3-22 所示。

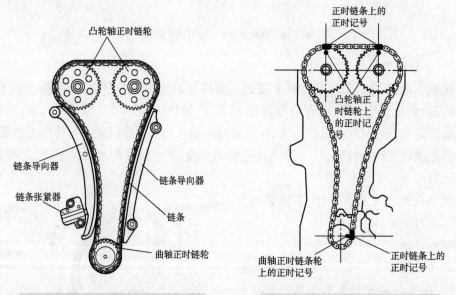

图 3-21 链传动机构　　图 3-22 链传动配气机构的正时记号

链传动的优点是结构简单,质量轻,安装精度低,可靠性好,使用寿命长。缺点是工作时噪声大,需要润滑,维护麻烦。

3) 齿形带传动

齿形带传动用于上置式凸轮轴的配气机构,如图 3-1 和图 3-23 所示,它靠齿形正时带的带齿传递动力。正时齿形带也称正时皮带,由氯丁橡胶制成,中间夹有玻璃纤维,齿面粘覆尼龙编织物。为确保传动的可靠性,齿形带传动也需要设置由张紧轮与自动张紧器(或张紧弹簧)组成的张紧装置。

齿形带传动方式的正时记号刻在正时带轮和汽缸体、汽缸盖上,在装配时,应先将凸轮轴正时带轮上的第一缸压缩上止点记号与汽缸盖上的记号对齐,同时将曲轴正时带轮上的第一缸上止点记号与汽缸体上的记号对齐,再安装正时齿形带,以保证配气相位正确,如图 3-23 所示。

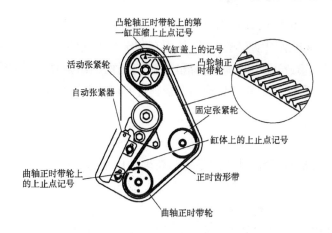

图 3-23 齿形带传动

与齿轮传动和链传动相比,齿形带传动具有工作噪声低、结构质量轻、制造成本低、不需要润滑等优点,被越来越多的汽车发动机特别是轿车发动机所采用。其缺点是齿形带有一定的使用寿命,一般要求汽车每运行 10 万 km 更换一次。如果过了使用期限而没有及时更换齿形带,则可能使齿形带在发动机运转中突然断裂,导致发动机不能运转,甚至出现气门被惯性上行的活塞碰撞而弯曲变形等严重后果。

3.3.3 气门的驱动方式

凸轮轴驱动气门开启的方式有两种,一种是利用摇臂驱动气门,称为摇臂驱动式;另一种是凸轮轴通过挺柱直接驱动气门,称为直接驱动式。

摇臂驱动式是在凸轮轴和气门之间布置 1 个摇臂(或摆臂),凸轮轴可以直接通过摇臂来驱动气门的开启,如图 3-24a)所示,也可以通过挺杆、推杆将运动传递给摇臂后再驱动气门,如图3-24b)所示。摇臂驱动式的一个优点是可以通过改变摇臂支点到两端的距离,使气门的打开程度(即气门升程)比凸轮的升程大;另一个优点是气门间隙调整方便。其缺点是机构比较复杂,要求汽缸盖尺寸较大,而且不利于发动机的高速运转。

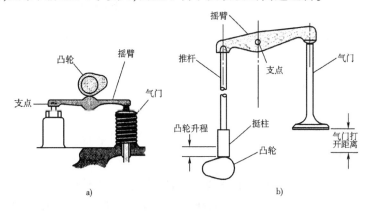

图 3-24 摇臂驱动式气门驱动机构

直接驱动式不使用摇臂之类的中间机构,凸轮轴通过挺柱直接推动气门,如图 3-25 所示。上置双凸轮轴发动机最适合采用这种驱动方式。这种驱动方式有很多优点:由于不采用摇臂,汽缸盖上的布置空间就宽松多了,从而有利于减小气门夹角。此外也减少了配气机构零件的数量,提高了配气机构的刚度,降低了配气机构的摩擦损失,有利于提高发动机的转速。其缺点是气门升程只能等于凸轮的升程,气门间隙调整困难。

3.3.4 挺柱

气门挺柱又称气门挺杆,安装在汽缸体上(下置凸轮轴式)或汽缸盖上(上置凸轮轴式),与凸轮轴上的凸轮相接触,其作用是将凸轮轴的旋转运动变为往复运动,并按凸轮轮廓线所决定的规律运动,打开和关闭气门。

挺柱常用碳钢、合金钢或合金铸铁制造。

挺柱的结构和形式有很多种,不同的发动机、不同的凸轮轴布置方式(上置凸轮轴式、下置凸轮轴式),其挺柱在结构和外形上往往有很大的不同。通常可将挺柱分为平面挺柱、滚轮式挺柱、液力挺柱等多种结构形式。

图3-26a)为下置凸轮轴式配气机构挺柱的布置方式,挺柱位于凸轮与推杆之间,通常采用实心的菌形、空心的桶形(平底或球形底)、底部有滚轮的桶形(可减少与凸轮的摩擦和磨损)等结构形式,如图3-26b)所示。

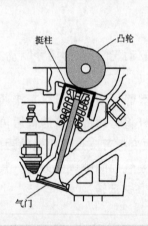

图3-25 直接驱动式气门驱动机构

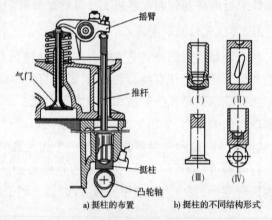

图3-26 下置凸轮轴式配气机构的挺柱

上置凸轮轴式配气机构的挺柱位于凸轮与气门之间,如图3-25所示,通常采用薄壁杯形结构,上部的调整垫片用于调整气门间隙,如图3-27所示。

3.3.5 推杆

推杆是下置凸轮轴式配气机构的一个零件,它处于挺柱和摇臂之间,其功用是将凸轮轴经挺柱传来的推力传给摇臂。

在下置凸轮轴式的配气机构中,推杆是一个细长杆件,加上传递的力很大,所以极易弯曲。因此,要求具有良好的纵向稳定性和较大的刚度。在高速发动机中,推杆应尽量做得短些。

推杆一般用冷拔无缝钢管制造,也可以用中碳钢或硬铝制造,两端焊上球头和球座,如图3-28a)所示。对于缸体与缸盖都是铝合金制造的发动机,其推杆最好用硬铝制造,并在其两端压入钢制球头和球座,其目的是当发动机温度变化时,不致因为材料热膨胀系数的不同而引起气门间隙的改变。

推杆的两端焊接或压配有不同形状的端头。下端头通常是圆球形,以便与挺柱的凹球形支座相适应;上端头一般制成凹球形,以便与摇臂上的气门间隙调整螺钉的球形头部相适应,另外还可以积存少量润滑油以减小磨损。推杆可以是实心或空心的。钢制实心推杆,如图3-28a)所示,两端的球头或球座与推杆锻成一个整体,然后进行热处理。如图 3-28b)所示,推杆是硬铝棒制成的,推杆两端配以钢制的支撑。也有的推杆是钢管制成的,如图 3-28c)、d)所示。前者的球头是直接锻成,然后经过精磨加工的。后者的球支撑则是压配的。推杆的上、下端头均经热处理并磨光,以提高其耐磨性。

图 3-27　上置凸轮轴式配气机构挺柱

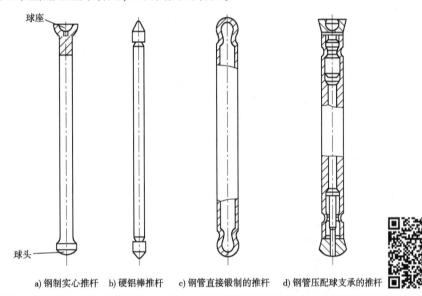

a) 钢制实心推杆　　b) 硬铝棒推杆　　c) 钢管直接锻制的推杆　　d) 钢管压配球支承的推杆

图 3-28　推杆

3.3.6　摇臂

气门摇臂的作用有两个:

(1)在下置凸轮轴式配气机构中,用于将凸轮及挺柱、推杆向上的运动和作用力改变方向,驱动气门向下开启;

(2)利用杠杆的原理,使气门的打开程度(即气门升程)大于凸轮的升程,如图 3-26 所示。

摇臂在摆动过程中承受很大的弯矩,因此应具有足够的强度和刚度以及较小的质量。摇臂常采用锻钢、可锻铸铁、球墨铸铁或铝合金制造。

摇臂的设计和安装有多种方式,图 3-29 是一种常见的下置凸轮轴式配气机构的摇臂布置方式。它是以摇臂中部的摇臂轴

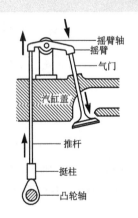

图 3-29　由摇臂轴支承的摇臂

为支撑,一端由推杆驱动,另一端推动气门。靠推杆一侧的臂较短;靠气门一侧的臂较长。这种结构方式要在汽缸盖上布置摇臂轴、摇臂轴支承座、各摇臂之间的定位装置等零件,结构较为复杂,如图 3-30 所示。

为了减少汽缸盖上的零部件,摇臂也可以在中部用螺栓和螺母来支撑,如图 3-31a)所示。这种摇臂通常用薄钢板冲压而成,中部凹陷部分制成球面支座。支承螺栓固定在汽缸盖上,支撑螺母是一种自锁螺母,底部有一个呈球面形的支座,如图 3-31b)所示。

上置凸轮轴式配气机构的摇臂可以和下置凸轮轴式配气机构一样,在中部用摇臂轴支撑的方式,凸轮轴靠压在摇臂的另一端,直接驱动摇臂,如图 3-32a)所示。有些上置凸轮轴式配气机构采用端部支撑的单臂式摇臂

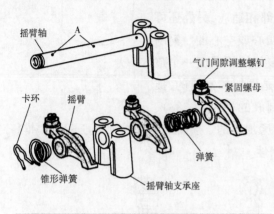

图 3-30 摇臂轴的零件

(也称为摆臂),这种摇臂的支点在摇臂的一端,其支撑方式可以是摇臂轴,如图 3-32b)所示,也可以是一个固定在汽缸盖上的球形支座,如图 3-24a)所示,凸轮靠压在摇臂中部,直接驱动摇臂。

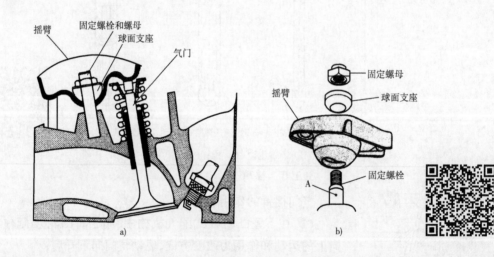

图 3-31 由螺栓和螺母支撑的摇臂

对于凸轮直接压靠在摇臂上的结构形式,为了减少凸轮和摇臂的摩擦和磨损,可以在摇臂上与凸轮的工作面相互摩擦的部位(称为滑动面)设置 1 个滚子,将原摇臂与凸轮的接触面由圆弧面改为可转动的圆柱面,其摩擦形式由滑动转变为滚动。这种结构具有摩擦阻力小,噪声低等优点,如图 3-33 所示。

单元三　汽缸盖与配气机构的检修

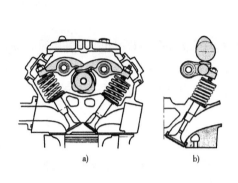
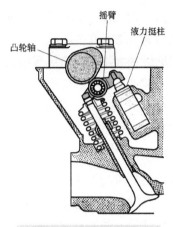

图 3-32　上置凸轮轴式配气机构的摇臂布置方式　　　图 3-33　带滚子的摇臂

3.3.7　气门间隙

发动机在冷态下,当气门处于完全关闭状态时,气门与传动件之间的间隙称为气门间隙,如图 3-34 所示。

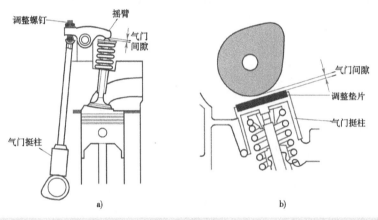

图 3-34　气门间隙

发动机工作时,气门等金属零件将因温度升高而膨胀。如果气门及其传动件之间在冷态时没有间隙或间隙过小,则在热态时,气门及其传动件的受热膨胀就会引起气门关闭不严,造成汽缸漏气,功率下降,甚至不易起动,还容易导致气门烧蚀。所以,发动机在冷态装配时,在气门与气门传动件之间应留有适当的间隙以补偿气门受热后的膨胀量。但如果气门间隙过大,则在气门开启和关闭时会产生很大的撞击响声,俗称"气门脚响",并加速配气机构零件的磨损,也会使气门开启的持续时间减少。

气门间隙的大小与发动机的结构形式、气门与气门传动组零件的材料和结构有关。

进、排气门受热情况不同,排气门温度高些,膨胀量大些,所以气门间隙也应大些。

下置凸轮轴式发动机,由于气门传动组的部件较多,从凸轮轴到气门的运动传递距离较长,如果采用钢质推杆,其受热膨胀较大,因而冷态时气门间隙要大些。一般进气门间隙为 0.25~0.35mm,排气门间隙为 0.30~0.35mm。

上置凸轮轴式发动机的气门间隙要小些,一般在冷态时,进气门间隙为 0.15~0.25mm,排气门间隙为 0.25~0.35mm。

气门间隙的大小由制造厂根据试验确定,装配时应将气门间隙调整至符合原厂规定。

气门间隙通常利用摇臂推杆一端的调节螺钉进行调整,如图 3-34a)所示。有些上置凸轮轴式发动机没有摇臂,其气门间隙是通过更换挺柱上不同厚度的垫片来调整的,如图 3-34b)所示。

3.3.8 液力挺柱

在发动机长时间工作后,由于气门杆端部和气门头部锥面的磨损,会使气门间隙发生变化,有可能使气门间隙过大或过小,因而必须适时予以调整。

液力挺柱是一种能自动调整气门间隙的挺柱,在轿车发动机中应用十分广泛。它利用发动机机油的液压力工作,可以自行调整或补偿气门间隙的变化,实现零气门间隙。采用液力挺柱,可降低发动机运转噪声,减少发动机检修和维护的工作量。

用于下置凸轮轴式配气机构的液力挺柱的构造如图 3-35 所示。在挺柱体中装有柱塞,柱塞上端紧靠着推杆支座。复位弹簧使柱塞和推杆支座上移,其极限位置由卡环限定。柱塞下端装有止回阀。

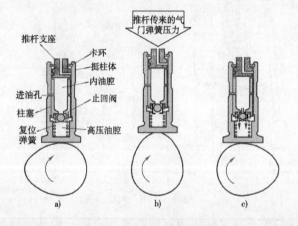

图 3-35 液力挺柱的工作过程

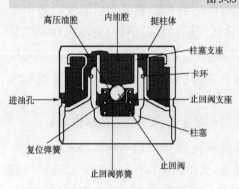

图 3-36 直接驱动式配气机构的液力挺柱

发动机工作时,润滑系统中的机油沿缸体上的油道进入气门挺柱座孔,经进油孔进入内油腔,并推开止回阀进入高压油腔,使液力挺柱内充满机油。当气门关闭时,复位弹簧使柱塞与推杆支座一起上移,使气门驱动机构各部件相互压紧而无间隙。

当凸轮顶起挺柱时,如图 3-35b)所示,气门弹簧压力便通过推杆作用在柱塞上,高压油腔内的机油压力骤然升高,使止回阀关闭,机油被封闭在高压油腔内。由于机油不能压缩,因此液力挺柱便如同机械挺柱一样向上移动,使气门开启。此过程中,由于高压油腔内油压较高,在柱塞与挺柱体的间隙处,将有少许油液泄漏,使挺柱产生微小的缩短。当气门关闭时,如图3-35c)所示,推杆对挺柱的压力消失,复位弹簧又推动柱塞上移,机油再次推开止回阀,向高压油腔内充油,以补充工作时的泄漏,同时使气门传动机构保持无间隙。

若气门、推杆受热膨胀,挺柱回落后高压油腔的补油量便会减少,使挺柱自动缩短。相反,若气门、推杆冷缩,则向高压油腔内的补油量便会增加,使挺柱自动伸长,从而始终保持配气机构无间隙传动。

凸轮轴上置式发动机常采用直接驱动式配气机构,其液力挺柱如图3-36所示。挺柱体是由上盖和圆筒经加工后再用激光焊接成一体的薄壁零件;止回阀采用钢球、弹簧式结构。

这种液力挺柱的工作原理与上述下置凸轮轴式发动机的液力挺柱基本相同:当凸轮压下液压挺柱时,止回阀(球阀)封闭,高压油腔内形成高压,液力挺柱犹如一刚性部件推动气门运动。当气门开启时,由于凸轮直接将力作用于液力挺柱上,会使高压油腔少量高压油沿配合间隙泄漏,挺柱的高度稍有减小,以保证气门能完全关闭。在气门关闭后,凸轮不再给液压挺柱作用力,高压油腔的油压随之下降,复位弹簧迫使挺柱伸长,止回阀开启,液压油从储油室进入高压油腔,直到凸轮与挺柱间无间隙为止。

除上述两种形式外,液力挺柱还有其他的布置形式,有些发动机将液力挺柱装置在摇臂内,其挺柱的尺寸很小,如图3-37所示。还有一些发动机将液力挺柱作为摇臂的支撑座,如图3-33所示。这种液力挺柱又称为气门间隙自动补偿器,其结构和工作原理与上述两种形式的气门挺柱基本相同。

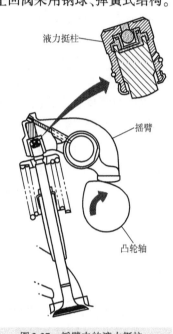

图3-37 摇臂内的液力挺柱

课堂讨论

(1)如何根据气门的开启和关闭状况,判定某一汽缸活塞是否处于压缩行程上止点位置?

(2)如何利用气门叠开现象,转动曲轴使第一缸活塞处于压缩行程上止点位置?

(3)在发动机的4个配气相位角中,哪个角度对发动机性能的影响最大,为什么?

(4)如果在安装发动机时,气门正时齿轮(或齿形带轮、链轮)与标准位置相差一个齿,会有什么后果?

(5)为什么进气门比排气门大?

(6)每个汽缸使用4个气门有什么好处?
(7)什么叫气门与气门座的干涉角?其作用是什么?
(8)描述液力挺柱的工作原理。

相 关 技 能

发动机配气机构在工作中往复运动和相互摩擦频繁,润滑条件相对较差,容易造成零件磨损和损伤,出现气门关闭不严、异响、配气相位失准、汽缸漏气、气门的开启时间和最大开度不足,导致发动机的充气系数降低,功率下降,燃油消耗量增加等一系列后果。

配气机构的维护与修理,就是要恢复配气机构各零件的工作性能,保证配气正时,使气门关闭严密,进气充分,排气彻底,工作平稳无异响,提高发动机的功率,降低燃油消耗。

3.4 气门组的检修

气门组零件在工作时,受高温气体的冲刷和零件往复运动的惯性力和冲击力的作用,同时润滑条件较差,容易造成气门头部工作锥面过度磨损、烧伤和腐蚀,使气门与气门座失去密封性。另外,气门杆与气门导管的磨损使二者的配合间隙增大,气门杆在气门导管中上下运动时发生摇晃,导致气门落座时不同心,还容易造成气门杆弯曲,同时易使机油窜入燃烧室,在气门座与气门导管口处烧结,阻滞气门的正常工作。

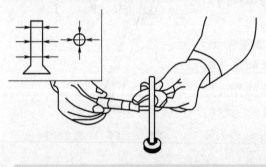

图3-38 测量气门杆磨损量

3.4.1 气门的检修

1)气门的损伤与检验

气门常见的损伤有头部工作锥面磨损、接触面变宽、烧蚀氧化出现斑点和凹陷,气门杆部磨损和弯曲变形等。

(1)如图3-38所示,用千分尺测量气门杆的磨损量,载货汽车气门杆的磨损量大于0.10mm,轿车气门杆的磨损量大于0.05mm或出现明显的台阶形磨损,应更换新件。

(2)如图3-39所示,测量气门头部边缘厚度,若小于1.0mm,应更换新件。

(3)气门杆尾端的磨损大于0.5mm(有不平或起槽),应更换新件。

(4)如图3-40所示,用百分表检查气门杆的弯曲,当气门杆的直线度误差和工作面径向圆跳动大于0.05mm时,应予更换或校直,校直后的直线度误差不得大于0.02mm。

(5)气门头部如有烧蚀、烧裂、烧损时,应更换气门。

2)气门头部工作锥面的修理

当气门头部工作锥面起槽、接触面变宽、烧蚀氧化出现斑点和凹陷不是很严重时,可在气门光磨机上进行修磨后继续使用,如图3-41所示。

单元三　汽缸盖与配气机构的检修

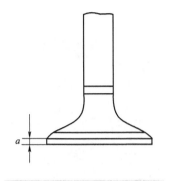

图3-39　测量气门头部边缘厚度

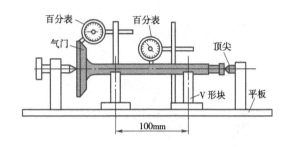

图3-40　气门杆弯曲的检验

气门的光磨工艺如下：

(1) 光磨前应先将气门杆进行校直，并检查砂轮面是否平整。

(2) 将气门杆紧固在夹架上，使气门头的伸出长度为 30~40mm。调整夹架的位置，使之与气门工作锥角相符。

(3) 先开动夹架电动机，观察气门是否摇摆，若摆动较大应先校正。

(4) 开动砂轮电动机和冷却液开关进行光磨。光磨进刀时，一手转动横向手柄慢慢移动夹架作横向进给，另一手转动纵向手柄，将砂轮移向气门工作面，并来回

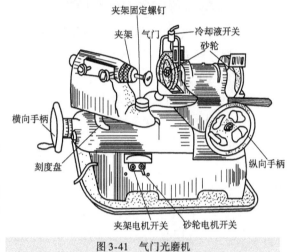

图3-41　气门光磨机

转动横向手柄，使转动着的气门工作面在砂轮工作面左右慢慢移动，但不能让气门移出砂轮工作面。光磨时进刀量要小，切削液要充足，以提高气门工作锥面的加工精度和降低表面粗糙度值，待到把旧痕、缺陷全部磨去，再进行 3~5 次走刀，直到没有火花为止。光磨后气门头部边缘厚度应不小于 1.0mm。

有些发动机的气门磨损后不允许修整光磨，只能更换。

3.4.2　气门导管的检修

气门导管的主要损伤是磨损，导致气门杆与导管间间隙增大，影响气门的密封性。

1) 气门导管与气门杆配合间隙的检查

气门导管的磨损情况可通过测量导管与气门杆间隙的方法来检查。测量气门导管与气门杆间隙的方法有两种：

(1) 用小孔内径百分表测量气门导管内径，用外径千分尺测量气门杆的外径，如图3-42 所示。气门导管内径与气门杆外径之差即为气门导管与气门杆的配合间隙。

(2) 将气门提起至高于气门座 15mm 左右，将百分表架固定于汽缸盖上，百分表杆顶触在气门顶部边缘处，来回推动气门，如图3-43 所示。百分表指针差值即为气门导管与气门杆的配合间隙。

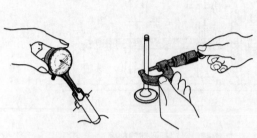
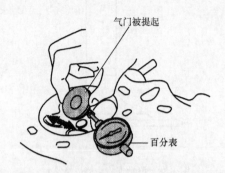

图3-42 测量气门导管与气门杆的配合间隙　　图3-43 用百分表测量气门导管与气门杆的配合间隙

气门导管与气门杆的配合间隙使用限度为：进气门不得超过1.0mm，排气门不得超过1.3mm。超过标准值，应更换气门导管。

2) 气门导管的更换

更换气门导管的方法如下：

(1) 将汽缸盖放置在平板上，接合面朝下，露出燃烧室，用最大外径略小于气门导管外径的阶梯形冲头插入气门导管孔内，用手锤或压床从燃烧室一侧将气门导管逐个小心压出。有些发动机的气门导管拆卸前需先用铜棒将气门导管打断，取出定位卡环，再将气门导管从燃烧室一侧压出。

(2) 选择外径尺寸符合要求的新气门导管。要求新气门导管的内径应与气门杆尺寸相配合，外径与承孔应有0.03～0.07mm的过盈量。在维修过程中，这一过盈量通常用比较法来判断，一般新气门导管的外径比相对应的旧气门导管的外径大0.01～0.02mm即可。

(3) 镶装气门导管。用细砂布打磨气门导管承孔口，翻转汽缸盖，使燃烧室向下，在气门导管外表面上涂少许机油，并放正气门导管，将阶梯形冲头插入气门导管内孔，用压床或手锤将气门导管从缸盖上方压入承孔内，直至台肩与承孔接触。无台肩气门导管压入后，气门导管上端高度（与缸盖基本平面的距离）应符合规定要求，这一高度过小（导管打入气道过多），会增加进、排气阻力，高度过大，会影响气门导管的散热性能，还容易使摇臂压坏气门油封。

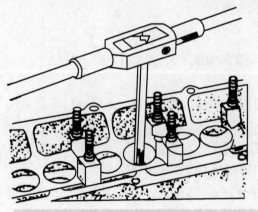

图3-44 气门导管的铰削

(4) 气门导管的铰削。气门导管镶入后，应检查气门杆与气门导管的间隙是否符合技术要求。如气门杆在运动中有阻滞感，说明间隙过小，在工作中可能卡死，可采用成型专用气门导管铰刀铰削，如图3-44所示。铰削时进给量要小（0.03～0.04mm），双手用力要均匀，转动要平稳，边铰边试配，直到间隙合适。

3.4.3 气门座的检修

气门座在工作中由于受到气门的高速频繁冲击,以及受高温燃气的腐蚀和烧蚀,使得密封带变宽或出现凹陷、斑点等,导致气门关闭不严,汽缸密封性降低。当气门座密封带宽度超过 3mm 或密封带表面出现凹陷、斑点时,一般可通过铰削和磨削加工法修复。若气门的下陷量(气门落座后,其顶面低于原标准位置的量)大于 2mm,或座圈松动、裂纹、烧蚀或磨损严重时,应更换气门座。

1) 气门座圈的镶换

(1) 取出旧气门座圈。取出旧气门座圈的方法有多种:

① 气门座圈下边沿与气道间形成台阶的,可用小撬杠撬出,但要注意在支点处加垫块,以免压坏汽缸盖平面;用气门座圈专用拉具拉出,如图 3-45 所示。

② 用电焊沿座圈工作面轻轻地均布点焊几点,待座圈冷却收缩后轻轻一撬即可取出。

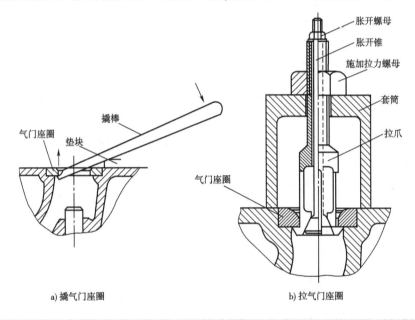

a) 撬气门座圈　　b) 拉气门座圈

图 3-45　气门座圈的取出方法

(2) 选择新气门座圈。用千分尺测量座圈外径,用内径量表测量座圈孔内径,选择合适过盈量(汽油机一般为 -0.05~-0.125mm,柴油机一般为 -0.10~-0.15mm)。如承孔材料为铝合金,则需选择较大的过盈量。

(3) 镶装气门座圈。

① 冷镶法:将检验合格的新座圈放入液氮中冷却至 -195℃(1~2min),用长柄镊子取出迅速放入干净的座孔中(导角一端朝下,下同),待温度正常后即能紧密配合。也可将新座圈放入冰箱冷冻室内冷冻,镶配时,先用喷灯将座孔周边均匀加热至 100℃左右,将座圈取出后迅速压入座孔中。

② 热镶法:将汽缸盖置于机油中或烘干箱内加热至 100~150℃,保温 2h 取出,将气门座

压入座孔中。

若将座圈冷缩和汽缸盖加热同时进行,则更加容易镶装。此外,无条件时也可用阶梯形冲头直接将气门座圈压入座孔中。

2)气门座的铰削

气门座的铰削是用成套的气门座铰刀手工操作的,铰刀有高速钢整体式和镶硬质合金刀片式两种。铰削的作业方法如下,铰削顺序如图3-46所示。

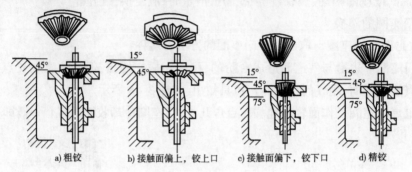

图3-46 气门座的铰削顺序

(1)选择铰刀导杆。根据气门导管内径选择,一般以导杆插入气门导管后滑动自如又无旷动量为宜。

(2)去除座口硬化层(旧气门座)。把砂布垫在铰刀下进行砂磨,以防止铰刀在铰削时打滑和延长铰刀使用寿命。

(3)粗铰工作锥面。用与气门锥角相同的粗铰刀铰削工作锥面,直到凹陷、斑点全都去除并形成2.5mm以上的完整锥面为止。铰削时两手用力要均衡并保持顺时针方向转动,以免起棱。新座圈可直接用与气门锥角相同的细刃铰刀铰出2.5mm宽度的工作锥面。

(4)气门座和气门试配。用相配的气门进行涂色试配,查看接触面的位置及宽度是否合适。接触面应在气门工作锥面中部偏下(锥面小端)处,若接触面偏上,用75°锥角的铰刀铰削气门座上口,使接触面下移;若接触面偏下,用15°锥角的铰刀铰削气门座下口,使接触面上移。接触面宽度应符合原厂规定,一般进气门为1.0~2.0mm,排气门为1.5~2.5mm。

(5)精铰工作面。用与工作面角度相同的细刃铰刀进行最后精铰,并在铰刀下垫细砂布磨修,以减小气门座口表面粗糙度值,同时可缩短下一工序的研磨时间。

3)气门座的磨削

对于材质坚硬不易铰削的气门座,可用气门座光磨机进行磨削。气门座的磨削方法与铰削相仿,只是将铰刀换成了成型的角度砂轮,同样是以气门导管孔为加工基准,选择合适的定心导杆,以保证同轴度和垂直度。磨削加工速度快,质量好,劳动强度低。注意磨削时间不宜太长,要边磨边检查。若磨削后的气门座与气门接触良好,可不再进行研磨。

4)气门与气门座的研磨

更换气门导管,修磨过气门工作锥面,铰削过气门座后,均需进行气门与气门座的研磨,以保证正确的配合与可靠的密封。在检测汽缸压力中发现气门漏气时也需对气门和气门座进行研磨。气门的研磨,可用手工操作或气门研磨机进行。

(1)手工研磨。研磨前用汽油或煤油将气门、气门座和气门导管清洗干净,并在气门头部顶面按缸位打上顺序号,以免错乱。手工研磨气门可分三步:

①在气门工作锥面上涂薄薄一层粗研磨砂,同时在气门杆上涂机油,插入气门导管内(严禁研磨砂进入气门导管),然后利用橡胶捻子吸住气门研磨,如图3-47所示。

研磨时以2~3次/s的频率使气门与气门座相拍击,在提起气门的同时旋转气门(角度以10°~30°为宜),以保证研磨均匀。研磨时不应过分用力,也不要提起气门用力在气门座上撞击;否则,会将气门工作面磨宽或磨成凹槽。

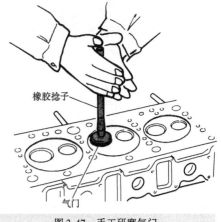

图3-47 手工研磨气门

当气门工作面磨出一条比较整齐、无斑痕、宽度一致的接触带时,停止研磨,洗去粗研磨砂。

②换用细研磨砂,继续研磨。重复拍击、捻转动作,直至气门工作面出现一条整齐、清晰的灰色环带时为止,洗去细研磨砂。

③在气门工作锥面上涂上机油,继续研磨几分钟即可。

待全部气门研磨合格后,用汽油或煤油冲洗气门、气门导管及气门座,并擦干吹净,注意编号不准错位。气门研磨后不得再更换气门导管,否则应重新研磨气门。

(2)气动研磨机研磨。将汽缸盖清洗干净。放在工作台上。在气门工作锥面上涂一层研磨砂,同时在气门杆上涂机油,插入气门导管内。连接好气动研磨机气管,用研磨机端头的橡胶捻子吸住气门,开动研磨机进行研磨。先粗磨,再清洗掉粗研磨砂,换成细研磨砂研磨,直至合格为止。

5)气门与气门座的密封性检验

气门与气门座经研磨后,应对密封性进行严格的检查,方法有以下几种。

(1)用软铅笔画线检查。将气门及气门座洗干净,用软铅笔在气门工作锥面上顺轴向均匀地画上直线,如图3-48a)所示,然后将气门放回相配的气门座中插入气门导管,用橡胶捻子吸住气门顶面,将气门上下拍击数次取出,观察铅笔线条,若铅笔线条均被切断,如图3-48b)所示,则表示密封良好。如发现有未被切断的线条,可将气门再插入原座,转动1~2圈后取出,若线条仍未被切断,说明气门工作锥面有缺陷,若线条被切断,则说明气门座工作锥面有缺陷。

(2)用红丹涂色检查。将红丹涂在气门工作锥面上(薄薄一层),然后用橡胶捻子吸住气门在气门座上旋转1/4圈,再将气门提起,若红丹整齐、均匀地布满气门座工作面一周而无间断,即表示气门与气门座密封良好。

(3)用汽油或煤油渗漏法检查。将汽油或煤油倒入装好气门的燃烧室,从气道观察气门

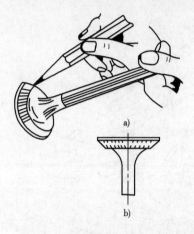

图3-48 用软铅笔画线检查气门密封面

与座接触处，若5min内无渗漏现象，表示气门与气门座密封良好。

3.4.4 气门弹簧的检验

气门弹簧的常见损伤有裂纹折断、歪斜变形、自由长度缩短、弹力减弱等，这些损伤将导致气门关闭不严，并可能出现异响，影响发动机的正常工作。

1）外观检查

目测检查气门弹簧，如有折断或明显变形，应更换。

2）变形的检查

气门弹簧的外圆柱面在全长上对底面的垂直度应不大于1.5mm，可用90°角尺检查，如图3-49a）所示，不合格应更换新弹簧。

3）自由长度的检查

一般可用游标卡尺进行测量，如图3-49b）所示，也可用新的气门弹簧相比较。气门弹簧的自由长度一般可允许缩短3%~4%（减小值一般不得超过2.0mm），超过时应予更换。

4）弹力的检查

在弹簧弹力试验器上进行，如图3-49c）所示。将弹簧压缩到规定的长度，观察相应的弹力值应符合原厂规定。当弹簧弹力的减小值大于原厂规定10%时，应予更换。

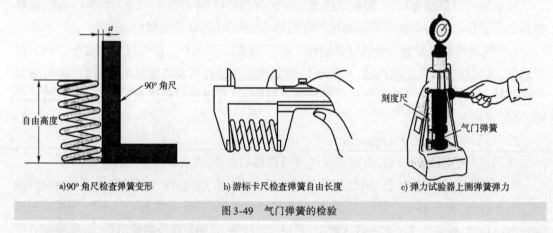

a）90°角尺检查弹簧变形　　b）游标卡尺检查弹簧自由长度　　c）弹力试验器上测弹簧弹力

图3-49 气门弹簧的检验

3.5 气门传动组的检修

气门传动组的检修主要包括：凸轮轴的检修、挺柱的检修、气门推杆的检修、正时链条与链轮的检修、正时同步带的检修等作业。

3.5.1 凸轮轴的检修

1）凸轮轴的常见损伤与原因

（1）凸轮的轮廓磨损。凸轮轴的主要损伤是凸轮轮廓的磨损。由于凸轮与挺柱的接触面积小,单位压力大,相对滑动速度又很高,因此使用中常出现凸轮轮廓表面磨损、拉毛和点蚀等现象,尤其是凸轮顶部附近的磨损最大。凸轮轮廓的磨损将直接影响气门的开启规律,使气门升程减小,造成气门开启时间和气流通道截面的减小,从而使气流阻力增大,进气不足,排气不畅,残余气体量增加,使发动机充气效率下降、功率下降、燃油消耗增加,还会使发动机噪声增大。

(2)凸轮轴的轴颈磨损。凸轮轴轴颈的磨损一般较小,但如果发动机的润滑系统出现故障,机油压力不足,常会导致上置式凸轮轴的轴颈润滑条件变差,出现磨损。轴颈磨损会使轴颈与轴承的配合间隙增大,出现振动和异响。

(3)凸轮轴的弯曲变形。凸轮轴在正常工作中不会产生弯曲变形。但由于凸轮轴的抗弯强度较差,常由于拆装中的错误操作而导致其弯曲。此外,若因润滑不良导致凸轮轴轴承出现高温卡死时,也会造成凸轮轴弯曲的后果。凸轮轴弯曲变形后,会影响发动机的正常工作,使配气相位和气门间隙失准,凸轮轴颈和轴承的偏磨,还会加剧正时齿轮和机油泵、分电器的驱动螺旋齿轮磨损。

2)检修方法

凸轮轴的检修包括:凸轮轴弯曲变形的检查、凸轮轮廓的磨损检查、凸轮轴轴颈磨损的检查、凸轮轴裂纹的检查。

(1)凸轮轴弯曲的检查和校正。凸轮轴的弯曲是以凸轮轴中间轴颈相对两端轴颈的径向圆跳动来衡量的。将V形块和百分表座放置在平板上,凸轮轴两端轴颈架在V形块上,如图3-50所示,使百分表的触头与凸轮轴中间轴颈垂直接触。转动凸轮轴,观察百分表的摆差(径向圆跳动量),若摆差大于一定值时,则应在压力机上进行校正修复或更换凸轮轴。

(2)凸轮磨损的检查和修理。凸轮磨损一般以凸轮的最大升程减小值来衡量,也可以直接测量凸轮的高度来判断。

凸轮高度可用千分尺测量,如图3-51a)所示,若凸轮的高度低于允许值,应更换凸轮轴。

凸轮最大升程的检查,是先用千分尺测量凸轮的高度值 H,此值减去凸轮的基圆直径 D,即为凸轮的最大升程,如图3-51b)所示。当凸轮的最大升程减小0.40mm或凸轮表面累积磨损量超过0.80mm时,应更换凸轮。

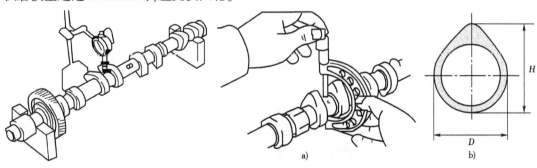

图3-50 凸轮轴弯曲的检查　　　　图3-51 凸轮磨损的测量

(3)凸轮轴轴颈的检修。用千分尺测量凸轮轴轴颈的直径,计算圆度和圆柱度,如图 3-52 所示,若凸轮轴轴颈的圆度、圆柱度和各轴颈的同轴度超过规定值时,应更换凸轮轴。

(4)凸轮轴轴向间隙的检查和调整。凸轮轴轴向间隙的检查,应在不装气门及气门挺柱的情况下进行;用支架百分表的测头触在凸轮轴的前端,轴向推拉凸轮轴,百分表的摆动量即为凸轮轴的轴向间隙,如图 3-53 所示。如果轴向间隙过大,应更换凸轮轴的推力轴承或卡块式止推垫片。

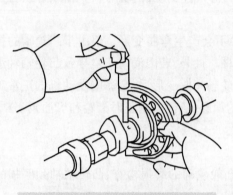

图 3-52 凸轮轴轴颈的测量

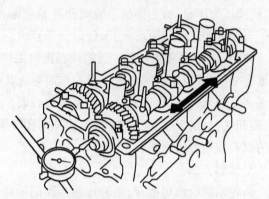

图 3-53 凸轮轴轴向间隙的检查

3.5.2 液力气门挺柱的检修

液力挺柱在工作时,要求供给足量干净的润滑油,以保证挺柱中柱塞与液压缸的正常工作,因此使用中应经常检查润滑油的质量,按规定行驶里程或时间更换润滑油。

检修液压挺柱的配气机构时,应将拆卸下来的气门挺柱浸泡在干净的机油中,以防止空气进入挺柱中。如有空气进入挺柱中,会使挺柱变软(可压缩),导致气门升程变小,发动机运转中出现气门脚异响。在维护时,可拆下挺柱,用专用工具排除液力挺柱内渗入的空气,以恢复气门的最大升程。

在发动机起动时,气门发出不规则噪声属于正常现象,因发动机静止起动时挺柱高压腔内还未得到润滑油的补充,在凸轮与液力挺柱之间存在间隙,发动机起动后,挺柱液压缸反复充油,噪声将逐渐消失,发动机温度达到正常后不应出现噪声。若发动机起动后在 2 500r/min 的转速下运转 2min,液力挺柱还有噪声,可停机用下述方法检查液力挺柱。

拆下气门室罩,顺时针转动曲轴,直到待查挺柱的凸轮凸尖朝上(气门关闭时),用带有楔形尖端的木棒或塑料棒轻轻压下挺柱,用塞尺检查凸轮与挺柱之间的间隙,若间隙大于 0.1mm,则需更换液力挺柱。液力挺柱不能调整和修理,只能整体更换。更换新的液力挺柱后 30min 内不得起动发动机,以免液力补偿元件未沉下而导致气门碰到活塞。

检查液力挺柱偶件的密封性。将液力挺柱浸泡在机油中,将油孔向上,轻轻转动并推拉柱塞,使其腔内的空气排出。把排除空气后的液力挺柱放在降漏试验台上,调整负载臂,在柱塞上施加 200N 的压力,当柱塞滑下 2mm 左右后,测量它再滑降 1mm 所用的时间,如图 3-54 所示。如果测得的时间低于标准值 7s 时,应当更换液力挺柱。

3.5.3 气门推杆的检修

气门推杆在工作中容易发生弯曲和两端球面磨损。推杆的直线度误差应符合规定要求,杆身应平直,不得有锈蚀和裂纹。检查推杆的直线度时,将推杆放在平板的一角,使杆身与平板接触,两端悬空,滚动推杆,用厚薄规测量推杆与平板的间隙,如图 3-55 所示。

3.5.4 正时链条和链轮的检修

采用链传动的上置凸轮轴式配气机构,在发动机工作中,由于正时链条的磨损,会造成节距变长,工作噪声增大,严重时还会使配气正时失准。因此,在维修中应对链条和链轮进行检查。

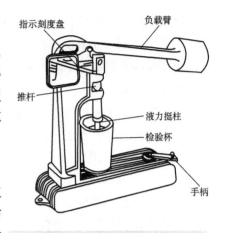

图 3-54 液力挺柱的降漏测试

1) 正时链条的检查

按图 3-56 所示方法将链条的一端固定,另一端用弹簧秤拉住,在拉力为 50N 时,测量链条长度。若链条长度大于极限值,应更换链条。

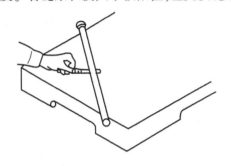

图 3-55 推杆直线度的检查

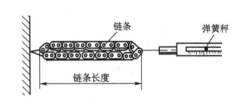

图 3-56 链条长度的测量

2) 正时链轮的检查

正时链轮磨损程度的检查方法是:将链条套在正时链轮上,用手指捏紧链条后,用游标卡尺测量其直径,如图 3-57 所示。如直径小于允许值,则应更换链轮和链条。

3.5.5 正时齿形带和带轮的检修

正时齿形带为帘布层或玻璃纤维层结构,具有较高的使用寿命,正常情况下,一般在汽车行驶 10 万 km 时才需要更换。正时齿形带经过一段时间的使用后,会发生老化和损伤,因此使用中应该经常检查和维护,避免发生折断、滑齿,造成活塞与进、排气门相撞,从而使活塞与气门损坏,严重时还会造成气门摇臂、摇臂

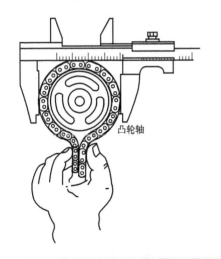

图 3-57 链轮最小直径的测量

轴、凸轮轴、汽缸盖的损坏。

1) 正时齿形带张紧度的检查

许多车型发动机的正时齿形带的张紧度是自动调整的,使用和维修中无需调整。部分车型发动机的正时齿形带需要人工调整,其调整方式和张紧度检查因车型而各不相同。有些车型的发动机正时齿形带张紧度的检查方法是:用拇指和食指捏住两带轮之间齿形带的中间部位,用力翻转,若刚好能翻转90°,即为张紧度合适;否则,应松开张紧轮紧固螺母,将张紧轮压紧齿形带,保持适当张紧力后紧固张紧轮固定螺母,然后复查,直至合适,如图3-58所示。

2) 正时齿形带的更换

如果在检查正时齿形带时发现有表面剥离、断齿、齿面磨损、开裂、边缘磨损、帘线外露等损坏现象(图3-59),则应予以更换。

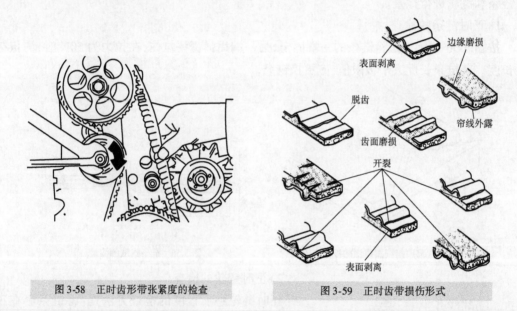

图3-58 正时齿形带张紧度的检查　　图3-59 正时齿带损伤形式

安装齿形带时,应认准其旋转方向。先将凸轮轴正时带轮上的正时记号与汽缸盖上的正时记号对准,再转动曲轴使正时带轮上的第一缸上止点记号与缸体或正时齿形带护罩上的正时记号对正,然后才能安装正时齿形带,并安装好正时齿形带张紧轮,调整好齿形带张力。

安装后,应按发动机旋转方向转动曲轴2圈,再让第一缸活塞处于压缩上止点位置,再重新检查凸轮轴正时带轮和曲轴带轮上的气门正时记号位置是否正确;否则,说明安装有误,应重新安装。

3) 正时齿形带张紧轮的检修

正时齿形带张紧轮的常见损坏形式是表面磨损和轴承有异响。检查时可用手转动张紧轮,通过手感和声响判断轴承有否卡滞现象和非正常响声,并检查齿形带张紧轮与齿形带的接触表面有无磨损和损伤。如有不正常现象,应更换轴承或张紧轮。

3.6 气门间隙的检查与调整

在发动机的维护与修理中,气门间隙的检查与调整是一项重要的作业内容。由于发动机使用中配气机构零件的磨损,或在分解检修中更换零部件等原因,会导致原有气门间隙的变化,应检查和调整气门间隙,使之符合技术要求(除了采用液力挺柱的发动机不需要调整气门间隙以外)。

气门间隙必须在该气门处于完全关闭的状态下才能进行调整。不同的汽车生产厂家对气门间隙的调整都有具体的规定和不同的技术要求,如是否在冷态或热态下调整,调整的间隙值应多大等。大多数汽车是在冷态(即冷车)调整的。但也有部分汽车要求在热态(即热车,水温达正常工作温度后)调整。还有部分汽车在冷态、热态时均可进行调整,但气门间隙值在冷态、热态时有所不同。

气门间隙的调整部位取决于配气机构的结构形式,有摇臂的配气机构,其气门间隙是用摇臂上的调节螺钉进行调整(图3-60)。调整时,先松开锁紧螺母和调整螺钉,将与气门间隙规定值相同厚度的塞尺插入所调气门脚与摇臂之间的间隙中,通过旋转调整螺钉调整气门间隙,并来回拉动塞尺,当感觉塞尺有轻微阻力时即可。拧紧锁紧螺母后还要复查,如间隙有变化需重新进行调整。没有摇臂的上置凸轮轴式发动机,其气门间隙通常是通过更换挺柱上的不同厚度的垫片来调整的,参见图3-34b)。

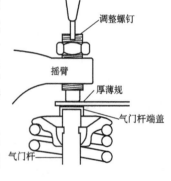

图3-60 气门间隙的调整

由于发动机各缸气门不可能同时处于关闭状态,因此气门间隙不能一次性全部调整,通常可采用逐缸调整法或二次调整法。

1)逐缸调整法

逐缸调整法的调整步骤如下。

(1)转动发动机曲轴,使某一汽缸处于压缩行程上止点位置,此时该缸的进、排气门均处于关闭状态。判定某一汽缸处于压缩行程上止点位置的方法很多,例如:

①根据曲轴带轮上的第一缸上止点位置记号判定。先转动曲轴使第一缸活塞处于压缩行程上止点位置,此后每转动720°/i(汽缸数),根据发动机各缸的做功次序,即可使另一个汽缸处于压缩行程上止点位置。

②通过观察对应汽缸的气门是否处于叠开状态判定。转动曲轴,同时观察所要调整气门间隙汽缸的对应缸(即活塞与其同时上下的汽缸)的气门,当其排气门快要完全关闭且进气门开始打开时,该缸即处于气门叠开状态,此时所要调整气门间隙的汽缸即处于压缩行程上止点位置。

(2)检查与调整该缸进、排气门的间隙。如果是有摇臂的配气机构,可使用梅花扳手和螺丝刀,松开摇臂上的气门调整螺钉锁紧螺母,将塞尺插入气门杆与摇臂之间,拧动调整螺钉,使塞尺被轻轻压住,抽出时稍有压力即可,如图 3-60 所示。调好后拧紧锁紧螺母,然后用塞尺复查一次。

(3)转动曲轴,以同样方法检查调整其余各缸的气门间隙。

由此可见,对于多缸发动机而言,用逐缸调整法时需摇转曲轴数次,总的时间花费较多。但此法调整气门间隙较为准确。

2)两次调整法

两次调整法就是把发动机上所有气门分两次调整完毕,此法操作简单,工作效率高。所有的发动机,不论汽缸数目多少,都只需调整两次就可以将所有气门全部调完。

两次调整法是先让发动机的第一缸处于压缩行程上止点,此时以点火顺序为 1-3-4-2 的四缸发动机为例分析:1 缸处于压缩行程上止点,其进、排气门均关(均可调整);3 缸处于进气行程下止点,其排气门关闭(可调),进气门由于有迟闭角尚未完全关闭(不可调);4 缸处于排气行程上止点,其进、排气门处于叠开状态(均不可调);2 缸处于做功行程下止点,其排气门开启(不可调),进气门关闭(可调)。即可调整的气门有 4 个,其余 4 个气门不可调。

当第 4 缸位于压缩行程上止点时,按上述方法分析,可知原来不可调的 4 个气门均为可调。

再以点火次序为 1-5-3-6-2-4 的六缸发动机进行分析:当第 1 缸位于压缩上止点时,进、排气门均关闭(可调)。第 5 缸则处于压缩过程约 1/3 时,由于存在进气门迟闭角,所以不能确定进气门是否完全关闭(不可调),而排气门在前一个行程中就已经关闭了(可调)。第 3 缸此时处于进气行程约 2/3 处,可确定此缸排气门已关闭(可调)。第 6 缸此时处于排气上止点,处于气门叠开状态,所以进、排气门均开(均不可调)。第 2 缸此时处于排气行程约 2/3 处,因为进气门是关闭的(可调),而排气门开启(不可调)。第 4 缸此时正处于做功行程约 2/3 处,此时因有排气提前角,所以排气门是否关闭不能确定(不可调),而进气门可以确定是关闭的(可调)。综上所述可归纳为:1 缸进、排气门均可调,5 缸排气门可调,3 缸排气门可调,6 缸进、排气门均不可调,2 缸进气门可调,4 缸进气门可调。同样,当曲轴旋转一周使第 6 缸位于压缩上止点时,用上述相同的方法对各缸工作情况进行具体分析后,就可知原来不可调的气门均为可调。

以上分析方法较为烦琐,实际工作中常采用"双排不进法"进行分析。

"双排不进法"是根据发动机汽缸的工作状况,把气门的调整分成四种情况。即:"双"表示某缸进、排气门均可调整;"排"表示某缸只可调整排气门;"不"表示某缸进、排气门均不可调整;"进"表示某缸只可调整进气门。

采用"双排不进法"时,应根据发动机的做功顺序进行分析,例如:

(1)工作次序为 1-3-4-2 的四缸发动机,当第 1 缸活塞处于压缩行程上止点位置时,第 1 缸进、排气门均可调整;第 3 缸可调整排气门;第 4 缸进、排气门都不可调整;第 2 缸可调整进气门。第一次调整完后,旋转活塞,使第 4 缸处于压缩行程上止点位置,此时第 1 缸进、排气门均不可调整;第 3 缸可调整进气门;第 4 缸进、排气门均可调整;第 2 缸可调整排气门。

(2)工作次序为1-5-3-6-2-4的六缸发动机:当第1缸活塞处于压缩行程上止点位置时,第1缸进、排气门均可调整;第5、3缸可调整排气门;第6缸进、排气门都不可调整;第2、4缸可调整进气门。第一次调整完后,旋转活塞,使第6缸处于压缩行程上止点位置,此时第1缸进、排气门均不可调整;第5、3缸可调整进气门;第6缸进、排气门均可调整;第2、4缸可调整排气门。

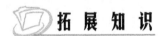 小 组 工 作

(1)每6名学生组成1个工作小组,确定小组长,接受工作任务,做好工作准备。

(2)阅读工作单,查阅维修手册(或实训指导书),观察待检修的发动机,讨论汽缸盖和配气机构的拆卸方法和步骤,确定小组人员工作分工。向实训指导教师汇报讨论结果,经指导教师同意后,开始下一步的工作。

(3)按照工作单的引导,完成发动机汽缸盖和配气机构的拆卸、分解、组装和调整工作。

(4)完成工作单要求的配气机构主要零部件的检测,将检测结果记录在工作单的相应栏目,并对检测结果作出分析。

(5)在完成工作任务的过程中,根据工作单的要求,完成配气机构零部件认识、作用和工作原理描述等学习任务。

(6)回答指导教师的现场提问,接受指导教师的技能考核。

(7)完成工作任务后,对工作过程进行自我评价和小组互评,听取指导教师的点评。

(8)清洁工作场所,清点维护工具设备,完成任务交接。

拓 展 知 识

3.7 配气机构中的特殊结构

3.7.1 气门旋转器

为了改善气门与气门座密封锥面的工作条件,可设法使气门在工作中相对气门座缓慢旋转,这样可使气门头部沿圆周方向温度均匀,减小气门头部的热变形。气门旋转时,在密封锥面上产生轻微的摩擦力,有阻止沉积物形成的自洁作用。

气门旋转器有多种类型,目前最常用的是强制式气门旋转器,如图3-61所示。它是将气门弹簧座圈分成上、下两部分,两者之间有一个碟形弹簧和几个钢球。当气门弹簧被压缩时,旋转器中的小钢球会沿着倾斜的表面向上滚动,这样使气门每开启一次就转动一定角度。气门旋转时,在气门密封锥面和气门座之间产生轻微的摩擦作用,可以保持气门密封锥面和气门座的清洁,还可使气门头部沿圆周方向温度均匀,减小气门头部的热变形;同时,还可以减小

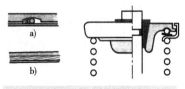

图3-61 气门旋转机构

气门杆上的积炭,改善气门杆与气门导管之间的润滑,并使气门杆顶部磨损均匀。

3.7.2 无间隙齿轮传动

在大部分双上置凸轮轴(DOHC)式发动机中,都是采用一根链条或一根齿形带来同时驱动进、排气两根凸轮轴。由于凸轮轴的转速要比曲轴的转速低一半,所以两个凸轮轴上的正时链轮(或齿形带轮)的外径都较大。有些 DOHC 式发动机由于空间布置的限制,或为了使燃烧室形状紧凑,从而减小气门夹角和汽缸盖宽度,必须减小两个凸轮轴的距离。这种设计不能采用在两个凸轮轴上都装用大直径正时链轮(或齿形带轮)的方式,只能在 1 个凸轮轴上装用大直径正时链轮,由曲轴带动,再由另一套传动机构带动另 1 个凸轮轴。两个凸轮轴之间的传动方式可以是链传动,见图 3-62a),也可以是齿轮传动,如图 3-62b)所示。

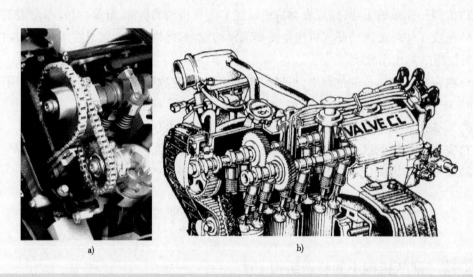

图 3-62 双上置凸轮轴的运动传递方式

当两个凸轮轴之间用齿轮传递运动时,由于这对齿轮位于汽缸盖上,其润滑条件较差(只能由发动机机油润滑),因此必须采用无间隙齿轮机构,以减小齿隙所产生的齿轮噪声。

无间隙齿轮传动机构由装在主动轴上的主动齿轮和装在从动轴上的从动齿轮和副齿轮组成,如图 3-63 所示。从动齿轮和副齿轮齿形相同,两者互相贴合;在从动齿轮与副齿轮的相贴面上开有环形槽,槽中装有非封闭环状弹性体;在从动齿轮和副齿轮的相贴面上均固定有一个销子,弹性体位于两销子之间,且弹性体两端紧贴两销子。从动齿轮和副齿轮组装在一起并与主动齿轮啮合后,在弹性体的弹力作用下,从动齿轮和副齿轮产生错位,使从动齿轮和副齿轮上的轮齿始终与主动齿轮的轮齿相啮合,从而消除了齿隙,减小了齿轮传动噪声。

无间隙齿轮传动的正时记号标注在主、从动齿轮的端面上,在安装时,应使两个正时记号对齐。

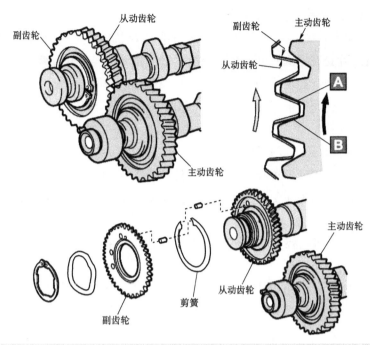

图 3-63 无隙齿轮传动机构

3.8 可变气门机构

3.8.1 可变气门机构原理

在传统的发动机上,进气门和排气门的开闭时刻是固定不变的,气门叠开角也是固定不变的,是根据试验而取得的最佳配气相位,在发动机运转过程中是不能改变的。然而发动机转速和负荷不同时,其进气量、排气量、进排气流的流速、进气及排气行程的持续时间、汽缸内燃烧过程等都不一样,对配气相位和气门升程的要求也不同。例如,转速高时,进气气流流速高,惯性能量大,所以希望进气门早些打开,晚些关闭,以便充分利用进气气流的惯性,使新鲜气体尽量多一些充入汽缸;反之,在发动机转速较低时,进气流速低,惯性能量也小,如果进气门迟闭角过大,会使已进入汽缸的新鲜气体被压缩行程中上行的活塞挤出汽缸;同样,如果进气门过早开启,由于此时活塞正上行排气,很容易把废气挤到进气管中,使进气中的残余废气增多,新鲜气体反而少了,会使发动机工作不稳定。因此,没有任何一种固定的配气相位设置能让发动机在高低转速时都能获得令人满意的性能,只能根据其匹配车型的需求,选择最优化的固定配气相位。

同样,传统发动机的气门升程也是固定不变的,是以满足发动机高速、大负荷运转的需要而设计的。但是在发动机低速、小负荷状态下,进气量很少,无需太大的气门升程,此时较小的气门升程还能使进入汽缸的气流产生较好的涡流效果,并减少配气机构的运转阻力。

可变气门机构就是通过技术手段,使发动机的配气相位和气门升程能随发动机转速和负荷的变化而变化,始终保持最佳,从而保证发动机在任意转速和负荷情况下都有良好的燃料经济性、动力性、运转稳定性,减少排放污染。

可变气门机构有多种结构形式,不同厂家、不同发动机的可变气门机构往往有很大的不同。按控制内容,可变气门机构可分为可变配气相位和可变气门升程两大类,有些发动机只配置可变配气相位机构,如丰田的 VVT-i 发动机;有些发动机既配置可变配气相位机构,又配置可变气门行程机构,如丰田的 VVTL-i、本田的 i-VTEC。

按是否同时控制进、排气门,可变气门机构又分为只控制进气门的单可变气门机构和同时控制进、排气门的双可变气门机构两种。

按控制过程,可变气门机构可分为分段可变和连续可变两种,分段可变气门机构的配气相位或气门升程只有 2~3 种变化,连续可变气门机构可以在一个范围内使配气相位或气门升程产生连续的变化。

按控制方法,可变气门机构又可以分为变换凸轮式、变换凸轮轴转角式和变换摇臂支点式等几种。

为了提高可变气门机构的效果,有些发动机往往将上述几种形式混合运用,例如:将连续可变配气相位、分段可变配气相位及可变气门升程混合运用。

3.8.2 分段可变气门机构

分段可变气门机构通常是采用变换凸轮的方式。这种机构是在一根凸轮轴上布置 2~3 组凸轮,每组凸轮的大小、形状、配气相位和气门升程都各不相同。当发动机处于不同的运转工况时,ECU 利用液压控制方式,通过摇臂上的控制机构来选择不同的凸轮驱动气门,从而实现配气相位和气门升程的改变。采用这种方式的有本田汽车发动机的 VTEC 机构、三菱发动机的 MIVEC 机构等。

图 3-64 为本田汽车发动机上采用的三段式 VTEC(Variable valve Timing & lift Electronic Control system)可变气门机构。这是一种四气门、单上置凸轮轴(SOHC)的可变进气门机构。

这种发动机的凸轮轴上对应于每个汽缸有 2 个排气凸轮和 3 个进气凸轮。这 3 个进气凸轮的大小和形状各不相同,如图 3-64c)所示:中间为高速凸轮,其轮廓线是以满足发动机高速、大负荷运转需要而设计的,升程最大,并有较大的进气门迟后角和气门叠开角;右边为中速凸轮,其轮廓线是以满足发动机最常用工况的中速、中小负荷运转需要而设计的,所以又称为主凸轮,其升程次之,进气门迟后角和气门叠开角也较小;左边的凸轮升程最小(只能使气门产生一个微小的开度),称为次凸轮。

与 3 个进气凸轮相对应的 3 个摇臂按其所对应的凸轮分别称为中摇臂、主摇臂、次摇臂,如图 3-64b)所示,3 个摇臂内有两组受油压控制的插销(上面一组插销分为两段;下面一组插销则分成三段),插销的移动可控制 3 个摇臂是各自独立运动或互相连成一体运动。控制插销移动的油压来自发动机润滑系统,并受控于发动机 ECU。

当发动机处于低转速或者低负荷时,摇臂中的上、下两组插销的油压室内都没有油压,3 个摇臂互相分离。主凸轮和次凸轮各自通过左边和右边的摇臂分别驱动两个进气门,使两者具有不同的配气相位及升程。左边由次凸轮驱动的气门基本上没有打开,只是有个微小

单元三 汽缸盖与配气机构的检修

的动作,以防止气门在高温下不动作而卡死,同时防止进气歧管壁上凝结的汽油聚集在进气门背面。此时只有 1 个气门进气,如图 3-65a)所示,以形成挤气作用,使进气气流在汽缸内产生涡流,促使燃烧完全。此时中摇臂虽然也随中凸轮运动,却没有驱动气门,只是在摇臂轴上作无效的运动。

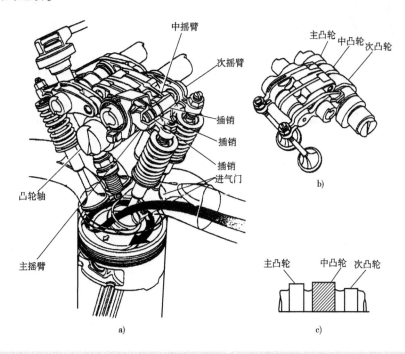

图 3-64 本田 VTEC 可变配气机构

当发动机处于中速、中负荷运转工况时,ECU 通过电磁阀使发动机润滑系统的压力机油进入摇臂中上面一组插销的油压室,推动插销移动,将左右两边的主、次摇臂相连,两个进气门同时受最右边的主凸轮控制,按中速模式工作,如图 3-65b)所示。而中摇臂仍是独立的,所以中间的中凸轮仍没有起作用。

当发动机转速升高到需要变换为高速模式时,ECU 通过电磁阀使压力机油同时进入摇臂上、下两组插销的油压室,下面一组插销的移动将 3 个摇臂连接成一体,由于中间的凸轮较大,使其他两个凸轮碰不到摇臂,故此时两个气门都受中间的高速凸轮控制,如图 3-65c)所示,气门开启的持续时间和升程都比中速模式大。

同理,当发动机转速降低时,ECU 通过电磁阀将摇臂中油压室内的压力机油泄出,使气门回到中速或低速工作模式。

本田汽车公司开发的这种分段可变气门机构能根据发动机运转工况,自动改变气门配气相位和升程,从而达到增大功率、降低油耗及减少污染的目的。但由于其控制过程是分段有级的(早期只有 2 段,目前最新的也只有 3 段),当控制模式从低速段转换到中、高速段时,由于进气流量突然增大,使得发动机的输出功率也突然增大,导致发动机在整个转速范围内输出功率的变化不够柔和。

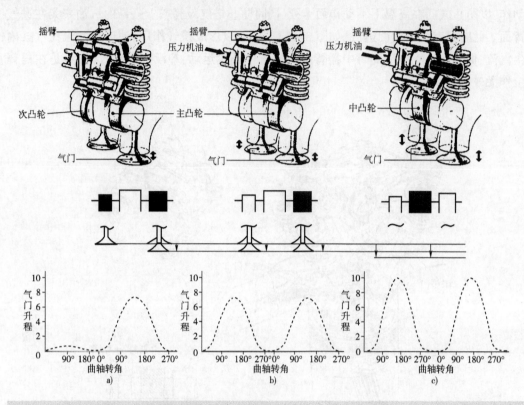

图 3-65　三段式 VTEC 可变气门驱动机构工作过程

3.8.3　连续可变气门机构

连续可变气门机构包括连续可变配气相位和连续可变气门升程两种机构。

1）连续可变配气相位机构

目前所采用的连续可变配气相位机构都是通过使凸轮轴和曲轴的相位改变一个角度,从而使该凸轮轴所决定的所有配气相位角同时提前或推迟,达到配气相位的连续可变。

常见的连续可变气门驱动机构有两种,分别采用可变正时齿轮控制器和可变正时链条控制器来控制配气相位。

(1)可变正时齿轮控制器。可变正时齿轮控制器位于凸轮轴前端的正时链轮(或带轮)内,如图 3-66 所示,它利用发动机润滑系统的机油压力,可使凸轮轴与其前方的正时链轮之间的相对角度发生连续的变化。可变正时凸轮控制器的壳体与正时链轮结合为一体,壳体中有一呈十字形的叶片式转子与凸轮轴连接,如图 3-67 所示。转子的每个叶片与壳体的内腔之间形成两个封闭的油压室,由电磁阀控制的发动机润滑系统的压力机油通过凸轮轴上的油道进入或流出油压室,从而改变转子与壳体之间的相对角度,使该凸轮轴所决定的配气相位发生变化。电磁阀由发动机的 ECU 控制,当 ECU 控制电磁阀内的滑阀向左移动时,如图 3-68a)所示,进入油压室的压力机油使转子相对于壳体向顺时针方向旋转,使配气相位角提前。与此相反,当 ECU 使电磁阀内的滑阀向右移动时,如图 3-68b)所示,进入油压室的压力机油使转子相对于壳体朝逆时针方向旋转,使配气相位角推迟。

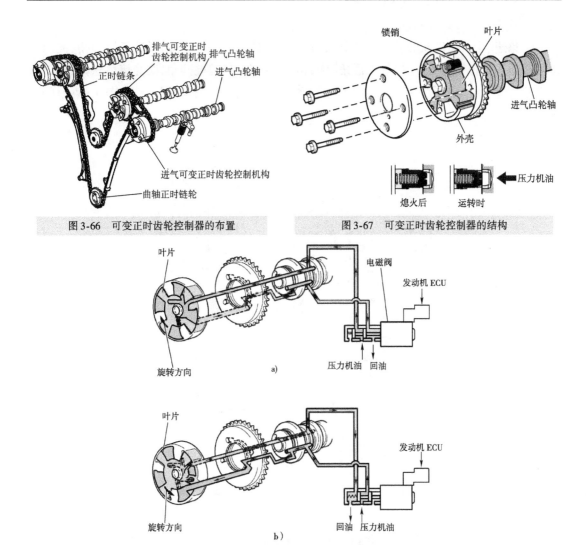

图 3-66　可变正时齿轮控制器的布置

图 3-67　可变正时齿轮控制器的结构

图 3-68　可变正时齿轮控制器的工作原理

转子中的锁销可以在发动机熄火后机油压力为 0 时自动将转子和壳体相互连接（图 3-67），使发动机起动时的配气相位能保持为某一固定的角度，防止起动时因机油压力不足而使气门正时失去控制。

可变正时齿轮控制器是目前较为成熟的连续可变配气相位机构，具有结构紧凑、布置方便的特点。根据不同发动机的具体设计要求，可以仅在进气凸轮轴上设置可变正时齿轮控制器，只对进气门的配气相位进行控制（称为单可变气门机构），在不增加太多成本的情况下获得较大的性能改善；也可以在进气凸轮轴和排气凸轮轴上都设置可变正时齿轮控制器，使进气门和排气门的配气相位同时可变（图 3-66，称为双可变气门机构），使发动机的动力性、燃油经济性、排放性都得到最大的改善。

ECU 根据各个传感器检测得的发动机工况，决定配气相位的数值，以使控制效果达到最佳。通常按以下方式控制进、排气门的配气相位：

①怠速、小负荷以及起动、暖机期间，将进气门配气相位延迟，减小进气提前角；同时将排气门配气相位提前，减小排气迟后角，从而减小或消除气门叠开角，防止废气进入进气道，以稳定燃烧过程，提高怠速运转的稳定性和燃油经济性，并降低排放污染，如图3-69a)所示。

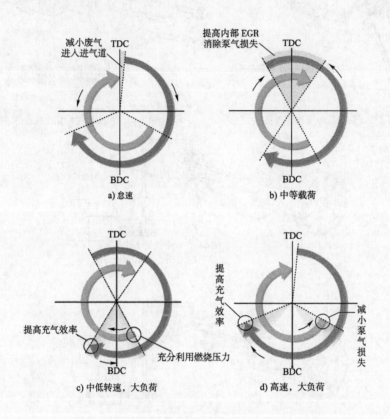

图3-69 可变气门机构的控制方式

②中小负荷时，增大进气提前角和排气迟后角，以增大气门叠开角，产生缸内废气再循环（这种设计可以取消EGR装置），降低排放污染，并减小排气行程后期和进气行程早期的泵气损失，如图3-69b)所示。

③中低转速、大负荷时，保持适当的进气迟后角，以充分利用进气惯性，提高充气量；同时将排气门配气相位推迟，减小排气提前角，以充分利用燃烧气体的压力做功，提高燃油经济性，如图3-69c)所示。

④高速大负荷时，尽量增大进气迟后角，以充分利用进气惯性，提高充气量；同时适当增大排气提前角，以减小排气行程后期的泵气损失，提高发动机的输出功率，如图3-69d)所示。

(2) 可变正时链条张紧器。可变正时链条张紧器布置在进气凸轮轴和排气凸轮轴之间的链条张紧机构内。在这种机构中，发动机曲轴的正时链轮只通过正时链条驱动排气凸轮轴，进气凸轮轴则由排气凸轮轴通过另一根链条驱动，如图3-70a)所示。该链条的长度比正常的长度要长几节，并用自动链条张紧器保持张紧，如图3-70b)所示。该张紧器在使链条保持张紧状态的同时,还可以在压力机油的控制下作整体的上下移动,使进、排气凸轮轴之间两侧链条的长度发生变化,以改变两凸轮轴之间的相对角度,从而达到使进气凸轮轴的配气相位角发生变化的目的,如图 3-71 所示。这种可变气门驱动机构结构简单,成本低,但只能在 1 个凸轮轴上(通常为进气凸轮轴)实现配气相位的变化,而且变化的角度范围较为有限。

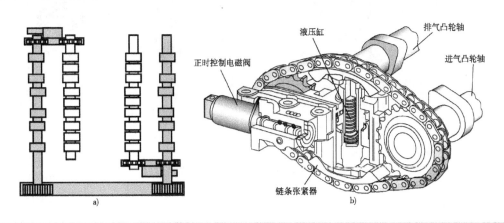

图 3-70　可变正时链条张紧机构

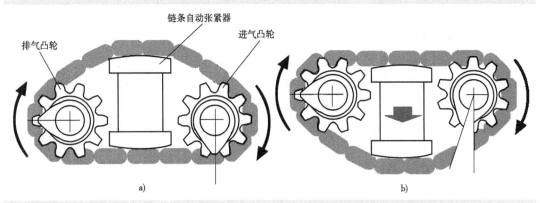

图 3-71　可变正时链条张紧机构工作原理

2) 连续可变气门升程机构

目前在汽车发动机上采用连续可变气门升程机构的只有宝马汽车公司,该公司设计并应用在宝马汽车发动机上的连续可变气门升程机构称为 Valvetronic 系统。该机构的凸轮没有直接驱动气门,而是先驱动偏心轴摇臂,使其以偏心轴为支点摆动。偏心轴摇臂摆动时,其下端斜面顶动气门摇臂,从而将气门打开,如图 3-72 所示。发动机的 ECU 通过一个电机转动偏心轴,使其保持在不同的位置上,以改变偏心轴摇臂支点的位置,从而使偏心轴摇臂顶动气门摇臂打开气门的程度发生变化,达到改变气门升程的目的。这种机构可使气门的升程从全开的最大升程到最小升程(约 0.8mm)之间连续变化,从而可以取消原来的节气门,改由气门升程的变化来直接控制进气量。这种连续可变气门升程机构通常和连续可变正时齿轮控制机构配合使用,从而使发动机的配气相位和气门升程都能在一定范围内连续变化。

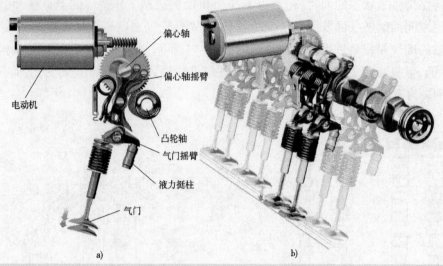

图 3-72 Valvetronic 连续可变气门升程机构

思考题

(1) 配气机构的功用是什么？试述顶置气门式配气机构的工作过程。

(2) 配气机构有哪些布置形式？各包括哪些主要零件？

(3) 配气机构为什么要有气门间隙？气门间隙过大、过小各有什么危害？

(4) 什么叫配气相位？请画出配气相位图。什么叫气门叠开？叠开出现在什么区域？

(5) 配气机构中，进、排气门为什么要早开晚关？

(6) 发动机在实际工作过程中，排气门在哪一个行程开始开启，在哪一个行程完全关闭，其目的是什么？

(7) 气门头部有哪些形状？各有何特点？

(8) 气门弹簧起什么作用？为什么有的发动机气门采用两个气门弹簧？

(9) 气门座有哪些形式？各有何特点？

(10) 凸轮轴的构造是怎样的？如何进行轴向定位？

(11) 试述液力挺柱的工作原理，它是如何保证气门无间隙传动的？采用液力挺柱有哪些优点？

(12) 气门导管的作用是什么？

(13) 凸轮轴有几种布置方式？各有何特点？

(14) 简述本田汽车可变气门驱动机构(VTEC)的工作原理。

(15) 已知某型号发动机的进气提前角为 20°，气门叠开角为 39°，进气持续角为 256°，排气持续角为 249°，画出其配气相位图。

单元四 冷却系统与润滑系统的检修

学习情境

一辆已行驶了 15 万 km 的轿车进厂修理,客户反映该车最近冷却液温度表常常指示温度过高,特别是在高速公路行车一段时间后,会产生散热器沸腾现象。冷却液经常减少,每星期都要补充一次冷却液。在冷却液温度过高时,还经常发现机油警告灯在怠速运转时会点亮。

生产任务　发动机冷却液温度过高故障的检修

1)工作对象

待检修冷却系统和润滑系统的发动机 1 台。

2)工作内容

(1)领取所需的工具,做好工作准备。

(2)检查发动机冷却系统、润滑系统工作性能。

(3)从发动机上拆除节温器、水泵、机油泵等冷却系统和润滑系统部件。

(4)检查冷却系统、润滑系统各部件,对主要部件进行检测,分析检测结果,制订修复方案。

(5)安装冷却系统、润滑系统各部件。

(6)调整水泵和风扇皮带张紧度。

(7)检查、评价工作质量。

(8)整理工具,清洁工作场地。

3)工作目标与要求

(1)学生应以小组工作的方式,完成本项工作任务。

(2)学生应当能在小组成员的配合下,利用汽车维修手册(或实训指导书),制订工作计划,实施工作计划。

(3)能通过阅读资料和现场观察,辨别所检修发动机冷却系统、润滑系统主要部件的位置及类型。

(4)能认识所拆卸的冷却系统和润滑系统部件,口述冷却系统、润滑系统的工作原理和各部件的作用。

(5)能向客户解释所修冷却系统、润滑系统的损伤情况,故障原因和修复方案。

(6)能按规范的步骤,完成发动机冷却系统和润滑系统的工作性能检查,主要部件的拆装和部件的更换,恢复发动机的使用性能。

(7)在工作过程中,注意工作安全,做好废料的处理,保持工作环境整洁。

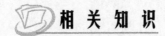

相 关 知 识

发动机工作时,各运动零件均以一定的力作用在另一个零件上,并且发生高速的相对运动,有了相对运动,零件表面必然要产生摩擦,加速磨损。因此,为了减轻磨损,减小摩擦阻力,延长使用寿命,发动机上都必须有润滑系统。

同时,燃料在燃烧时会释放出大量的热量,有部分热量会被缸体所吸收,使得缸体的温度上升,零件的表面温度上升,零件发生膨胀。零件的受热膨胀变形破坏了零件的正常间隙和配合精度,使得零件不能正常工作,甚至出现卡死;另外,还会造成零件局部磨损剧烈,润滑不良,降低了发动机的使用寿命,所以,必须要有冷却系统对发动机进行冷却,以使发动机有正常工作的温度。

4.1 冷却系统概述

冷却系统的功用就是使发动机尽快地达到正常的工作温度,并在发动机工作过程中能很好地控制发动机温度。

发动机冷却要适度。若冷却不足,会使发动机过热,从而造成充气效率下降,早燃和爆燃倾向加大,致使发动机功率下降;运动零件间隙变小,导致零件不能正常运动,甚至卡死、损坏;零件因力学性能下降而导致变形和损坏;润滑油黏度减小,润滑油膜易破裂而使零件磨损加剧。

若冷却过度,会使发动机过冷,进入汽缸的混合气或空气温度低而点燃困难,造成发动机功率下降、油耗上升;润滑油黏度增大,造成润滑不良而加剧零件磨损;因温度低而未汽化的燃油冲刷汽缸、活塞等摩擦表面上的油膜;同时,因混合气与温度较低的汽缸壁接触,使其中原已汽化的燃油又重凝结而流入曲轴箱内,不仅增加了油耗,而且使机油变稀而影响润滑,从而导致发动机功率下降,磨损加剧。

4.1.1 冷却系统的类型和组成

冷却系统按照冷却介质的不同可以分为风冷式和水冷式。把发动机中高温零件的热量直接散入大气而进行冷却的装置称为风冷系统；而把这些热量先传给冷却液，然后再散入大气而进行冷却的装置称为水冷系统。

现在市场上出售的汽车中，几乎都使用水冷式的发动机，所以，本单元重点介绍水冷式发动机冷却系统。

1）风冷式冷却系统

风冷系统中冷却介质是空气，利用气流使散热片的热量散到大气中。它主要由风扇、导流罩、散热片、汽缸导流罩和分流板组成，如图 4-1 所示。

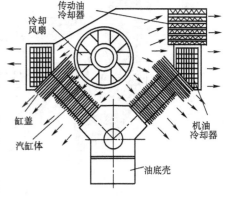

图 4-1 风冷系统

风冷式发动机的缸体、缸盖均布置了散热片，汽缸、缸盖都是单独铸造，然后组装到一起。缸盖最热，采用铝合金铸造，且散热片比较长；为了加强冷却，保证冷却均匀，装有导流罩、分流板。当采用一个风扇时，装在发动机前方中间位置；采用两个风扇时，分别装在左右两列汽缸前端。

风冷系统的特点是结构简单、工作可靠、质量较小、升温较快、经济性好，特别适用于沙漠等高温地区和极地等严寒地区。缺点是冷却效果难以调节、消耗功率大、工作噪声大等，仅用于部分小排量及军用汽车发动机。

2）水冷式冷却系统

水冷却系统是以水作为冷却介质，把发动机受热零件吸收的热量散发到大气中去。目前汽车发动机上采用的水冷系统大都是强制循环式水冷系统，利用水泵强制水在冷却系统中进行循环流动。它由散热器、水泵、风扇、冷却水套和节温器等组成，如图 4-2 所示。

水冷发动机的汽缸盖和汽缸体中都铸有相互连通的水套。在水泵的作用下，散热器内的冷却液被加压后通过汽缸体进水孔进入发动机，流经汽缸体及缸盖的水套而吸收热量，然后从汽缸盖的出水口沿水管流回散热器。利用汽车行驶的速度及风扇的强力抽吸，空气流由前向后高速通过散热器。因此，受热后的冷却液在流过散热器芯的过程中，热量不断地散发到大气中去，冷却后的水流到散热器的底部，又被水泵抽出，再次压送到发动机的水套中，如此不断循环，把热量不断地送到大气中去，使发动机不断地得到冷却，从而保证发动机的正常工作。

为使发动机在低温时减少热量损失，缩短暖机时间，而在高温大负荷情况下则加快散热，冷却系统中设有调节温度的装置，如节温器、风扇离合器等。为便于驾驶员能及时掌握冷却系统的工作情况，还设有冷却液温度表和高温警告灯等。

由于水冷系统冷却均匀，效果好，而且发动机运转噪声小，被广泛用在汽车发动机上。

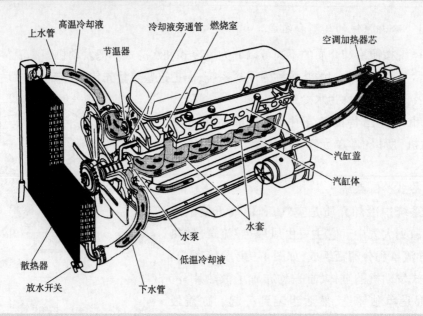

图 4-2 水冷式冷却系统

4.1.2 冷却水与防冻液

发动机中使用的冷却水应该是清洁的软水,如雨水、自来水等。井水、矿泉水等因含有大量的矿物质而称为硬水,在长期的高温下会生成水垢附在水套内壁,容易造成高温零件散热困难而使发动机过热。

在冬季寒冷地区,往往因冷却水结冰而发生散热器、汽缸体、汽缸盖变形或胀裂的现象。为了适应冬季行车的需要,可在冷却水中加入一定量的防冻液,以达到降低冰点、提高沸点的目的。最常见的防冻液是乙二醇。冷却液中水与乙二醇的比例不同,冰点也不同,其关系见表4-1。

冷却液的冰点与乙二醇质量分数的关系　　　　表 4-1

冷却液冰点(℃)	乙二醇的质量分数(%)	水的质量分数(%)	密度(kg/m³)
-10	26.4	73.6	1.034 0
-20	36.4	63.8	1.050 6
-30	45.6	54.4	1.062 7
-40	52.6	47.7	1.071 3
-50	58.0	42.0	1.078 0
-60	63.1	36.9	1.083 3

在优质的防冻液中还常含有水泵润滑剂、防尘剂、防腐剂和酸度中和剂,可降低冷却液对发动机冷却系统中金属零件的腐蚀,减少水垢的生成,延长冷却液的使用周期。从而减少了维护修理的工作量,延长了发动机的使用寿命。

目前,汽车发动机的冷却系统中都是使用加注了防冻液的冷却水,通常称其为冷却液。因防冻液的膨胀系数比水受热时膨胀系数略高,为避免因为膨胀而造成冷却液溢流损失,冷却液不能加得太满。在带有膨胀水箱的冷却系统中,冷却液的液面高度应与膨胀水箱的标记对齐。

4.2 冷却系统主要部件的构造

4.2.1 散热器

散热器俗称"水箱",安装在发动机前的车架横梁上。其作用是将冷却液在水套中所吸收的热量散发至外界大气,使冷却液温度下降。散热器需要用导热性能良好的材料制造,并在结构上保证足够的散热面积,以加速水的冷却。冷却液经过散热器后,其温度可降低10~15℃,为了将散热器传出的热量尽快带走,在散热器后面装有风扇与散热器配合工作。

散热器主要由上、下水箱,散热器芯和散热器盖等组成,如图4-3所示。

散热器上水室顶部有加水口,冷却液由此注入整个冷却系统。加水口用散热器盖盖住。在上水室和下水室分别装有进水管和出水管,进水管和出水管分别用橡胶软管和汽缸盖的出水口和水泵的进水口相连,这样,既便于安装,而且当发动机和散热器之间产生少量位移时也不会漏水。在散热器下面一般装有减振垫,防止散热器受振动损坏。在散热器下水室或出水管上还装有放水开关,必要时可将散热器内的冷却液放掉。

散热器芯由许多冷却管和散热片组成,采用散热片是为了增加散热器芯的散热面积。早期的散热器芯多采用导热性好、焊接性好和耐腐蚀的黄铜制造。为减小质量,节约铜材,铝制散热器芯目前广泛用于许多使用条件较好的轿车上。也有些汽车发动机的散热器芯,其冷却管仍用黄铜,而散热片则改用铝锰合金材料制造。

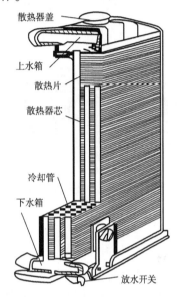

图4-3 散热器结构图

散热器一般为纵流式,即冷却液从顶部流向底部如图4-4a)所示。为降低汽车发动机罩轮廓的高度,有些轿车采用了横流式散热器,即冷却液从一侧的进水口进入散热器,然后水平横向流到另一侧的出水口,如图4-4b)所示。

汽车上广泛采用的是封闭式水冷系统,这种水冷系统的散热器盖具有空气—蒸气阀门,如图4-5所示,可自动调节冷却系统内部压力,提高冷却效果。

发动机热态工作正常时,两阀门在弹簧弹力的作用下均关闭,将冷却系统与大气隔开。而水蒸气的产生使冷却系统内的压力稍高于大气压力,从而可增高冷却液的沸点,改善了冷却效果。当散热器内蒸气压力达到126~137kPa时,蒸气阀打开,部分蒸气从蒸气排出管外泄,以防止冷却系统中压力过高而损坏散热器和水管。当发动机熄火后冷却液的温度下降,蒸气压力降到99~87kPa时,冷却系统内部产生一定的真空度,空气阀被大气压力压开,部分空气从空气阀口被吸入冷却系统,以防散热器及芯管被大气压瘪。

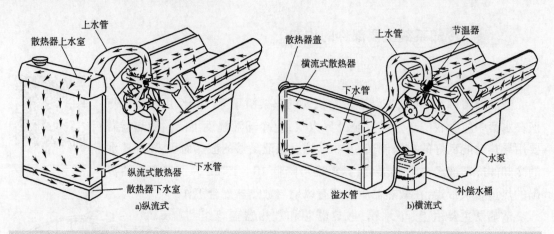

图 4-4 散热器类型

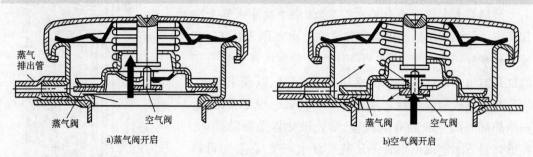

图 4-5 空气—蒸气阀门

4.2.2 补偿水桶

加注防冻液的汽车发动机,为了减少冷却液的损失,保证冷却系统的正常工作,通常采用散热器+补偿水桶(膨胀水箱)的结构,如图 4-6 所示。补偿水桶建立的封闭系统,使水、气分离,减少空气对冷却系统内部的氧化。同时,检查液面和加注冷却液可以在补偿水桶上进行,安全方便。

当发动机运转中散热器内的蒸气压力过高时,散热器盖内的蒸气阀开启,排出的蒸气和部分冷却液经溢流管流入补偿水桶;当发动机熄火后冷却液温度下降使散热器内出现一定的真空度时,散热器盖内的空气阀开启,将补偿水桶内的冷却液吸入,以保证冷却系统内有充足的冷却液,如图 4-7 所示。

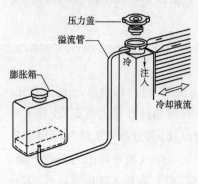

图 4-6 补偿水桶

补偿水桶多用透明的塑料制成,以便检查液面的高度。补偿水桶上标有上、下两条液面高度标记线。冷却液温度在 50°以下时,补偿水桶内液面高度不应低于下面的标记线(一般有"DI"或"MIN"的标记)。若低于此标记线,需要补充冷却液。补充的冷却液可以从补偿水桶口加入,添加冷却液后补偿水桶内液面高度不应超过上面的标记线。

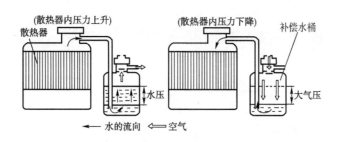

图 4-7　补偿水桶作用原理

4.2.3　风扇

冷却系统中的散热风扇是用来提高通过散热器芯的空气流速，增加散热效果，加速冷却液的冷却，同时对发动机其他附件也有一定的冷却作用。纵置发动机冷却系统的散热风扇通常安装在散热器的后面，并与水泵同轴，由发动机的皮带轮驱动，如图 4-8 所示。

横置发动机的散热器布置在发动机的侧面，其冷却风扇无法用发动机的曲轴皮带轮来驱动，只能采用以蓄电池电能为动力的电动风扇。电动机的运转由位于散热器或汽缸体上的水温开关控制，当冷却液温度过高时，水温开关的触点闭合，使风扇运转，如图 4-9 所示。

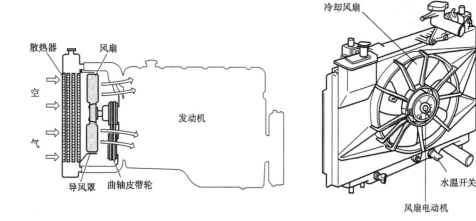

图 4-8　冷却风扇的作用　　　　图 4-9　电动冷却风扇

有些发动机的电动冷却风扇采用双速控制，当冷却液温度高于 75℃ 时，热敏开关将风扇电动机低速挡接通，风扇以约 1600r/min 的转速运转；当冷却液温度高于 105℃ 时，热敏开关将风扇电动机高速挡接通，风扇以约 2400r/min 的转速运转；当冷却液温度下降到 93~98℃ 时，高速挡停止工作。当冷却液温度下降到 84~93℃ 时，低速挡停止工作。

还有一些高级轿车发动机的冷却风扇采用液压马达驱动，以液压转向系统中的转向液压泵产生的液压油为动力，由发动机电控系统的 ECU 根据冷却液温度、发动机转速以及空调器发来的信号，调节液压马达的液压油流量，以此来控制风扇的转速，如图 4-10 所示。

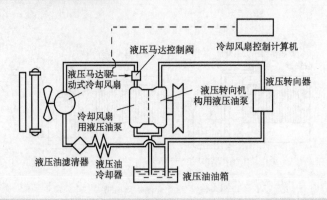

图 4-10 液压马达驱动的冷却风扇

4.2.4 风扇离合器

纵置发动机的冷却风扇由发动机曲轴皮带轮驱动,只要发动机运转,风扇就一直运转。为减少发动机功率的损失,减小风扇的噪声,改善低温起动性能,节约燃料及降低排放,在纵置发动机上普遍采用了风扇离合器,它可以通过发动机温度来控制风扇的转速,自动调节冷却强度。风扇离合器主要有硅油式、电磁式等多种。

硅油风扇离合器(图 4-11)安装在风扇皮带轮和风扇叶片之间,它是利用硅油黏性将皮带轮的动力传给风扇叶片。硅油风扇离合器前端盖上有一双金属片卷簧,能根据温度变化产生扭转,通过传动销转动离合器内部的阀片,控制硅油的流动以改变离合器的接合力。当发动机温度较低时,双金属片卷簧使风扇离合器处于半分离状态,这时风扇随同离合器壳

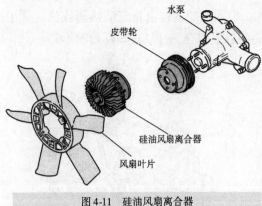

图 4-11 硅油风扇离合器

体一起在主动轴上空转打滑,转速很低。当发动机升温后,双金属片卷簧会使离合器的接合力随温度的升高而逐渐加大,风扇叶片的打滑程度逐渐减小,转速得到提高以适应发动机增强冷却的需要。

4.2.5 水泵

水泵安装在发动机前端(图 4-2),纵置发动机的水泵通常与风扇同轴,一起由曲轴皮带轮驱动。水泵的功用是对冷却液加压,加速冷却液的循环流动,保证冷却可靠。

汽车用发动机上多采用离心式水泵,它具有结构简单、尺寸小、排水量大、维修方便和因故障停止工作时不妨碍冷却液在冷却系统内部自然循环等优点。

离心式水泵主要由水泵壳体、叶轮、水泵轴、水封、水泵轴承等组成,如图 4-12 所示。

当叶轮旋转时,水泵中的冷却液被叶轮带动一起旋转,在离心力作用下,冷却液被甩向叶轮边缘,然后经外壳上与叶轮成切线方向的出水口压送到发动机水套内,如图 4-13 所示。与此同时,叶轮中心处的压力降低,散热器中的冷却液便经进水口被吸进叶轮中心部分。如

此连续的作用,使冷却液在水路中不断地循环。如果水泵因故停止工作时,冷却液仍然能从叶轮叶片之间流过,进行循环,不至于很快产生过热。

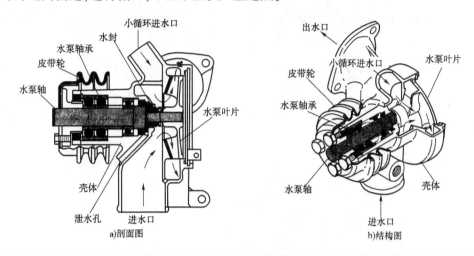

图 4-12 水泵

水泵轴用 2~3 个滚动轴承支承在壳体上,轴承由润滑脂润滑。在水泵叶轮与轴承之间装有水封,以防止水泵内的冷却液沿水泵轴漏入前方的轴承中,破坏轴承的润滑。水泵壳体下方有一泄水孔,它位于轴承和水封之间,如有少量冷却液漏过水封,可从泄水孔泄出,不会进入轴承。如果发动机使用中或停机后不断有冷却液从小孔中漏出,说明水封已经损坏。现代汽车发动机都是采用整体式水泵,无法分解修理,水封损坏后只能更换水泵总成。

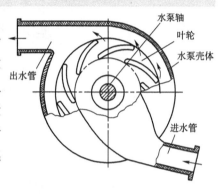

图 4-13 离心式水泵工作原理

4.2.6 节温器

节温器一般安装在发动机汽缸盖的出水口外或水泵进水口处。其功用是控制通过散热器的冷却液流量,调节冷却强度,保证发动机在最适宜的温度下工作。

目前,各种汽车发动机基本都采用蜡式节温器,有双阀式和单阀式两种,如图 4-14 所示。节温器的核心部分为蜡质感温体。推杆的一端固定在上支架上,另一端插入感温体中橡胶套的中心孔内。橡胶套与感温体金属外壳之间的空腔里装有石蜡,利用石蜡受热后由固态变为液态时体积膨胀的特性进行控制,如图 4-15 所示。下面以双阀式节温器为例,说明节温器的工作原理。

当发动机冷却液温度较低时,石蜡呈固态,弹簧将主阀门压在阀座上,关闭了通往散热器的水路。此时副阀门处于开启状态,来自发动机缸盖出水口的冷却液只能经旁通管进入水泵,又经水泵压入汽缸体水套,不经散热器而进行循环流动,这种情况称为小循环,如图 4-16a)所示。

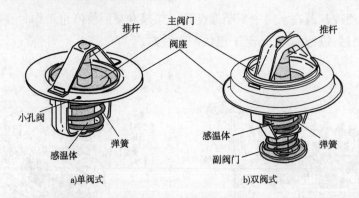

图 4-14 节温器

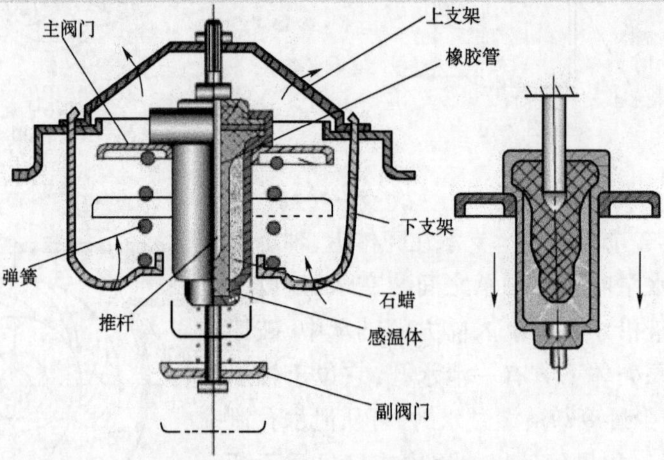

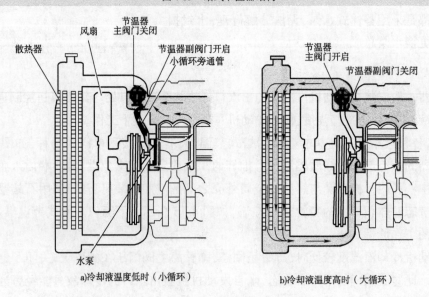

图 4-15 蜡式节温器结构

图 4-16 水冷系冷却液的循环

当发动机冷却液温度升高时,石蜡逐渐变成液态,体积随之增大,迫使橡胶管收缩,从而对推杆产生向上的推力。由于推杆上端固定,故推杆对橡胶管、感应体产生向下的反推力,当发动机冷却液温度超过某一限值(通常为80℃左右)时,反推力超过主阀门弹簧的预紧力,使主阀门开始开启,副阀门随之开始关小;当冷却液温度达到发动机的正常工作温度时(通常为85~95℃),主阀门完全打开,此时副阀门完全关闭。来自汽缸盖出水口的冷却液流向散热器,经散热器散热后流回水泵,这种情况称为大循环,如图4-16b)所示。

冷却液温度在80℃至正常工作温度之间时,节温器主阀门和副阀门均处于半开状态,发动机冷却液一部分经旁通管进入水泵进行小循环,另一部分经散热器流回水泵进行大循环,这种情况称为混合循环。

单阀式节温器的工作原理和双阀式基本相同,只是这种节温器只有控制大循环的主阀门,小循环的旁通管始终处于开启状态,在节温器主阀门全开时,仍然存在部分小循环。为了防止小循环流量过多,其小循环旁通管通常较小。

如果节温器出现故障而失灵,主阀门会在弹簧的作用下一直处于关闭状态,使冷却系统只有小循环,导致发动机温度迅速升高而过热。此时应及时更换节温器。

节温器是冷却系统中用来调节冷却温度的重要机件,它的工作是否正常,对发动机工作温度影响很大。如果不安装节温器,会使发动机的暖机时间延长,甚至使发动机达不到正常的工作温度,间接地影响了发动机的动力性能和耗油量,因此,使用中,不允许任意拆卸节温器。

早期汽车发动机的节温器都是布置在汽缸盖出水管路中,称为出水口温控式。这种布置方式的优点是结构简单,有利于排除冷却系统中的气泡,其缺点是节温器在发动机暖机过程中会产生振荡现象。

出水口温控式的发动机在寒冷天气冷车起动时,由于冷却液温度低,节温器主阀门关闭,冷却液进行小循环,温度很快升高,使节温器主阀门开启。在节温器刚打开的一段时间内,流经节温器进入散热器的是发动机水套中的高温冷却液,从而使节温器保持开启状态,如图4-17a)所示。而此时从散热器内流入发动机的是原来未参加循环的低温冷却液,使水套内的冷却液温度大幅度下降,当这些温度较低的冷却液到达汽缸盖出水口时,节温器又会重新关闭。等到冷却液温度再度升高,节温器阀门又再次打开。直到全部冷却液的温度稳定之后,节温器才趋于稳定而不再反复开闭。这种在短时间内节温器反复打开和关闭的现象称为节温器的振荡现象。这种现象不仅会发生在发动机冷车起动时,在寒冷地区高速行驶时,也很容易发生。当这种现象出现时,将增加发动机的燃油消耗量和污染物排放量。

为了降低燃油消耗量和污染物排放水平,现代车用高性能发动机的工作温度通常较高,可达95~105℃。为了防止出现节温器的振荡现象,可将节温器布置在发动机进水管路中,称为进水口温控式,如图4-17b)所示。这种布置方式在暖机过程中节温器刚打开时,流经节温器的是散热器内的低温冷却液,从而使节温器立即关闭,防止发动机水套中的冷却液温度出现过大的波动,因而能精确地控制冷却液温度,降低节温器的振荡现象。但由于节温器布置在汽缸盖下方,添加冷却液时很难消除气泡。为了解决这个问题,必须在冷却液循环通道中设置几处排气孔。这种布置方式虽然结构复杂,成本高,但由于其优点较多,目前大部分轿车发动机都是采用这种方式。

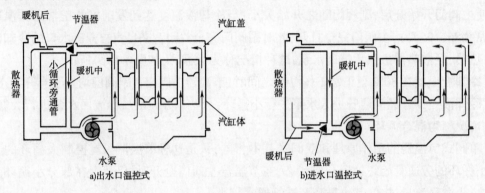

图 4-17 节温器的布置方式

许多节温器的主阀座上有一个小孔阀(图 4-14),其作用是在加注冷却液时,让冷却系统中的空气得以排出。在安装节温器时,应使小孔阀位于上方位置,涂抹密封胶时不要将小孔堵住。

4.3 润滑系统概述

4.3.1 润滑系统的功用

润滑系统的功用是在发动机工作时,连续不断地把数量足够、温度适当的洁净机油输送到全部运动件的摩擦表面,并在摩擦表面之间形成油膜,实现液体摩擦,从而减小摩擦阻力、降低功率消耗、减轻机件磨损,以达到提高发动机工作可靠性和耐久性的目的。总体有下面几个方面。

润滑作用:润滑运动零件表面,减小摩擦阻力和磨损,减小发动机的功率消耗。
清洗作用:机油在润滑系统内不断循环,清洗摩擦表面,带走磨屑和其他异物。
冷却作用:机油在润滑系统内循环还可带走摩擦产生的热量,起冷却作用。
密封作用:在运动零件之间形成油膜,提高它们的密封性,有利于防止漏气。
防锈蚀作用:在零件表面形成油膜,对零件表面起保护作用,防止腐蚀生锈。
液压作用:润滑油还可用作液压油,起液压作用,如液力挺柱。
减振缓冲作用:在运动零件表面形成油膜,吸收冲击并减小振动,起减振缓冲作用。

4.3.2 发动机的润滑方式

由于发动机各运动零件的工作条件不同,对润滑强度的要求也就不同,因而要相应地采取不同的润滑方式。

1)压力润滑

利用机油泵,将具有一定压力的润滑油源源不断地送往摩擦表面。例如,曲轴主轴承、连杆轴承及凸轮轴轴承等处承受的载荷及相对运动速度较大,需要以一定压力将机油输送到摩擦面的间隙中,方能形成油膜以保证润滑。这种润滑方式称为压力润滑。

2）飞溅润滑

利用发动机工作时运动零件飞溅起来的油滴或油雾来润滑摩擦表面的润滑方式称为飞溅润滑。这种润滑方式可使裸露在外面承受载荷较轻的汽缸壁,相对滑动速度较小的活塞销,以及配气机构的凸轮表面、挺柱等得到润滑。

3）润滑脂润滑

发动机辅助系统中,有些零件则只需定期加注润滑脂(黄油)进行润滑,例如水泵及发电机轴承就是采用这种方式润滑。

4.3.3 润滑系统的组成和油路

润滑系统一般由机油泵、油底壳、机油滤清器、机油散热器、限压阀、旁通阀等各种控制阀组成。

现代汽车发动机润滑系统的组成及油路基本相同,只是由于发动机类型、工作条件和具体结构的不同而稍有差别,例如:汽油机和柴油机、增压发动机和非增压发动机等,其润滑系统往往有较大的差异。

汽油机润滑系统一般由机油泵、集滤器、机油滤清器、限压阀、旁通阀和机油管道等组成,有些汽油机润滑系统中还设有机油冷却器。图4-18所示为典型的汽油机润滑系统结构。

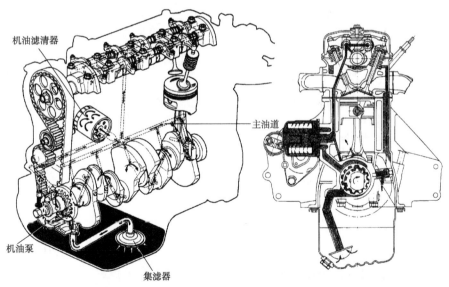

图4-18　汽油机润滑系统

当发动机工作时,机油泵将油底壳中的机油经集滤器吸入,集滤器可防止大的机械杂质进入机油泵和润滑油路中。被机油泵压出的机油经机油滤清器过滤后流入缸体上的主油道中，并通过曲轴箱中的横向油道进入曲轴主轴颈，再通过曲轴中的斜向油道从主轴颈处流向连杆轴颈，进入连杆轴颈中的小部分机油通过连杆大头上的机油喷孔喷向活塞和汽缸壁，以润滑活塞和汽缸。另有一部分机油经缸体上的油道到达汽缸盖油道，进入凸轮轴轴承，润滑凸轮轴轴颈。此外，润滑油还经过相关的油道或喷嘴到达正时链条和正时链条自动张紧器（使用正时链条配气机构的发动机）、凸轮轴的凸轮表面、液力挺柱（使用液力挺柱的发动机）等，执行润滑任务或作为液压部件的工作介质。

由于柴油机的机械负荷与热负荷较大，其润滑系统除了机油泵、集滤器、机油滤清器、限压阀、旁通阀和机油管道之外，通常都设有机油冷却器，并在汽缸壁的下边缘处设置一个机油喷嘴，将润滑系统的压力机油喷向活塞内壁上，以冷却活塞。中型以上汽车柴油机还在全流式机油滤清器的基础上增加一个分流式机油滤清器，以保证机油的过滤效果。图4-19所示为典型的柴油机润滑系统结构。

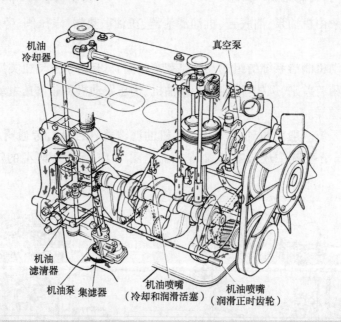

图4-19 柴油机润滑系统

4.4 润滑系统主要部件的构造

4.4.1 机油泵

机油泵的功用是保证机油在润滑系统内循环流动，并在发动机任何转速下都能以足够高的压力向润滑部位输送足够数量的机油。

机油泵结构形式可分为齿轮式和转子式两类。齿轮式机油泵又分内啮合齿轮式和外啮合齿轮式。

1）外啮合齿轮式机油泵

外啮合齿轮式机油泵壳体内装有一个主动齿轮和一个从动齿轮，如图4-20所示。齿轮与壳体内壁之间的间隙很小。壳体上有进油口。发动机工作时,齿轮按图中所示箭头方向旋转,进油腔的容积由于轮齿向脱离啮合方向运动而增大,腔内产生一定的真空,机油便从进油口被吸入并充满进油腔。齿轮旋转时把齿间所存的机油带至出油腔内。由于出油腔一侧轮齿进入啮合,出油腔容积减小,油压升高,机油便经出油口被送到发动机油道中。机油泵通常由凸轮轴上的螺旋齿轮或曲轴前端齿轮驱动。在发动机工作时,机油泵不断工作,从而保证机油在润滑油路中不断循环。

当齿轮进入啮合时,啮合齿之间的机油由于容积变小,在齿轮间产生很大的推力,为此,在泵盖上铣出一条卸压槽,使轮齿啮合时齿间挤出的机油可

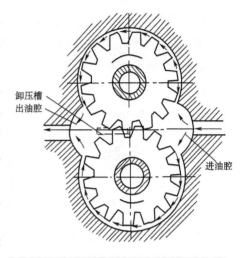

图 4-20　外啮合齿轮式机油泵工作原理

以通过卸压槽流向出油腔。在机油泵盖上装有限压阀,它可将主油道的油压控制在正常范围内(0.15~0.9MPa)。在限压阀的柱塞端头开有一个径向环槽,用来储存进入配合表面的磨屑和杂质,以保证柱塞运动灵活。

齿轮式机油泵由于结构简单,制造较容易,并且工作可靠,所以应用广泛。

2)内啮合齿轮式机油泵

内啮合齿轮式机油泵工作原理与外啮合齿轮式机油泵基本相同。内啮合齿轮泵的内齿轮为主动齿轮,套在曲轴前端,通过花键由曲轴直接驱动。外齿圈是从动齿轮,装在机油泵体内,泵体固定在机体前端,如图 4-21 所示。

3)转子式机油泵

转子式机油泵的内转子固定在主动轴上,外转子在油泵壳体内可自由转动,二者之间有一定偏心距,如图 4-22 所示。当内转子旋转时,带动外转子旋转。转子齿形齿廓设计得使转子转到任何角度时,内外转子每个齿的齿廓线上总能互相成点接触。这样,内外转子间便形成若干个工作腔。某一工作腔从进油孔转过时容积增大,产生真空,机油便经进油孔吸入。转子继续旋转,当该工作腔与出油孔相通时,腔内容积减小,油压升高,机油经出油孔压出。

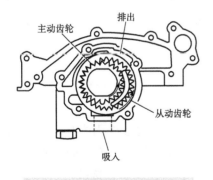

图 4-21　内啮合齿轮式机油泵结构图

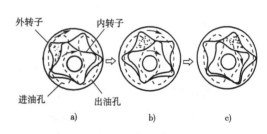

图 4-22　转子式机油泵工作原理

转子式机油泵结构紧凑,吸油真空度较高,泵油量较大,且供油均匀。当机油泵安装在曲轴箱外且位置较高时,用此种油泵较为合适。

4.4.2 安全阀

机油泵必须在发动机各种转速下都能供给足够数量的机油,以维持足够的机油压力,保证发动机的润滑。机油泵的供油量与其转速有关,而机油泵的转速又与发动机转速成正比。因此,在设计机油泵时,都是使其在低速时有足够大的供油量。但是,在高速时机油泵的供油量明显偏大,机油压力也显著偏高。另外,在发动机冷起动时,机油黏度大,流动性差,机油压力也会大幅度升高。为了防止油压过高,在润滑油路中设置安全阀或限压阀。一般安全阀装在机油泵或机体的主油道上。当油压升高到规定值时,安全阀开启,多余的机油返回机油泵进口,如图 4-23 所示,或直接流回油底壳。

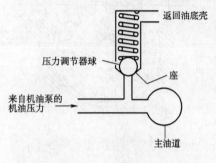

图 4-23　机油安全阀

4.4.3 机油滤清器

机油滤清器的功用是滤除机油中的金属磨屑、机械杂质和机油氧化物。如果这些杂质随同机油进入润滑系统,将加剧发动机零件的磨损,还可能堵塞油管或油道。

机油滤清器有安装在机油泵之前和机油泵之后两种。安装在机油泵之前的称为机油集滤器。安装在机油泵之后的又根据其布置方式,有全流式和分流式两种。

1)集滤器

集滤器一般是滤网式的,装在机油泵之前,防止粒度大的杂质进入机油泵。集滤器有浮式和固定式两种。

浮式集滤器能吸入油面上较清洁机油,但油面上泡沫易被吸入,使机油压力降低,润滑欠可靠。

固定式集滤器如图 4-24 所示,装在油面下面,吸入的机油清洁度稍逊于浮式,但可防止泡沫吸入,润滑可靠,结构简单,目前汽车发动机都是采用这种集滤器。

2)全流式机油滤清器

全流式机油滤清器串联于机油泵和主油道之间,因此进入主油道的全部机油都经过它滤清,如图4-25a)所示。目前在轿车发动机上普遍采用全流式机油滤清器。

全流式机油滤清器的滤芯有多种形式,目前大部分汽车发动机都采用纸质滤芯。纸质滤芯的机油滤清器有两种结构形式,一种是可分解式,更换时只要把纸滤芯换掉即可,如图 4-26所示;另一种是整体式,更换时要整个更换。

全流式机油滤清器有一定的使用期限,到期应更换。当机油滤清器在使用期限内滤芯被杂质严重堵塞时,滤清器进油口处的机油压力会升高,当压力达到规定值时,会打开机油滤清器中的旁通阀,如图 4-27 所示,此时机油不通过滤芯的过滤而直接进入主油道。虽然这时机油未经过滤就被输送到各个润滑表面,但这总比缺少润滑油要好得多。

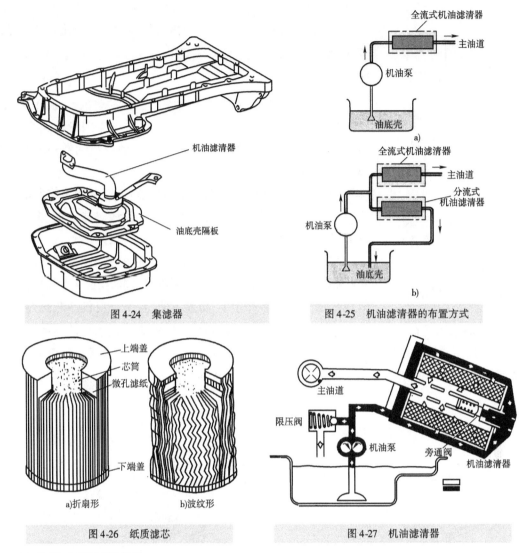

图 4-24 集滤器

图 4-25 机油滤清器的布置方式

图 4-26 纸质滤芯

图 4-27 机油滤清器

3) 分流式机油滤清器

货车特别是重型货车的发动机一般采用全流式+分流式的机油滤清器布置方式,如图 4-25b) 所示。其全流式滤清器也称为细滤器,用于过滤机油中粒径为 0.05mm 以上的杂质;分流式滤清器也称为细滤器,用来滤除粒径为 0.001mm 以上的细小杂质,而且只过滤机油泵供油量的 5%~10% 的机油。

分流式细滤器有过滤式和离心式两种类型。目前离心式机油细滤器应用较多,这种滤清器内有一个转子,通过滚动轴承支承在一根轴上,如图 4-28 所示。转子内有两个喷射方向相反的喷嘴,它是利用润滑系统本身的压力能,当机油进入转子从喷嘴上喷出时,产生一个反作用力矩,驱动转子飞快地转动。转子内的油在离心力作用下,分离出固态杂质,积聚在转子内壁上。转子中心部分的油变得清洁,从喷嘴流回油底壳。

离心式机油滤清器的特点是性能稳定,结构可靠,没有需要更换的滤芯,只要定期拆卸

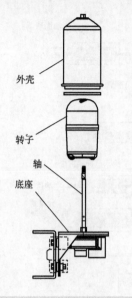

图 4-28 离心式机油滤清器

转子,清洁沉积在转子壁上的污垢后又可重新使用,使用寿命很长。它的不足在于结构复杂、价格较高、笨重等,对维护人员有较高的技术要求。

4.4.4 机油散热器

在增压发动机等高性能大功率的强化发动机上,由于热负荷大,必须装设机油散热器。机油散热器布置在润滑油路中,其工作原理与冷却系统中的散热器相同。发动机机油散热器分为风冷式和水冷式两类。

风冷式机油散热器很像一个小型散热器,利用汽车行驶时的迎面风对机油进行散热。这种机油散热器散热能力大,多用于赛车及热负荷大的增压发动机汽车上,如图 4-29 所示。

风冷式机油散热器在发动机起动后需要很长的暖机时间才能使机油达到正常的工作温度,所以普通轿车上很少采用。水冷式机油散热器外形尺寸小,布置方便,且不会使机油散热过度,机油温度稳定,因而在轿车上应用较广。水冷式机油散热器多数安装在机油滤清器的上方,如图 4-30 所示,通过冷却系统中流过的冷却液进行冷却。水冷式机油散热器不需要太大的散热面积,体积较小。在起动暖车期间油温较低时,可从冷却液吸热迅速提高机油温度。

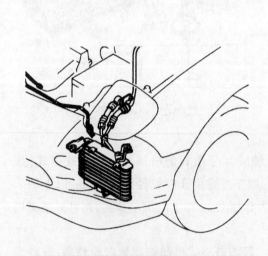

图 4-29 风冷式机油散热器

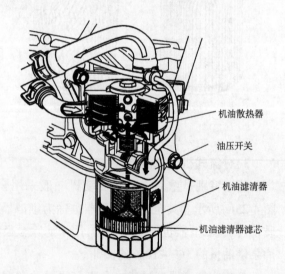

图 4-30 水冷式机油散热器

4.4.5 机油压力警告灯

现在的轿车都在仪表板上设有一个机油压力警告灯,它由安装在发动机油道上的机油压力开关控制,可以在机油压力不足的时候,点亮警告灯,如图 4-31 所示,并提示驾驶员要停车检查,有的轿车甚至还设有压力保护,一旦压力不足,发动机马上熄火。

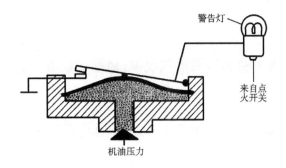

图 4-31 机油压力警告灯

(1) 解释发动机温度过低和过高各有什么害处？
(2) 发动机的冷却液中为什么要加入防冻液？
(3) 描述冷却液在发动机和散热器中的流动方向。
(4) 描述散热器盖的构造，说明为什么要对冷却系统加压？
(5) 列出导致发动机冷却液温度过高的常见原因。
(6) 解释机油滤清器旁通阀的作用。
(7) 描述发动机机油是通过哪些部件和油道到达汽缸盖润滑气门组零件的。
(8) 列出导致机油警告灯亮的常见原因。

4.5 冷却系统主要部件的检修

冷却系统的主要故障是发动机过热，其现象主要有：冷却液充足但发动机过热，冷却液不足引起发动机过热，发动机突然过热等。造成这些过热现象的原因有很多，有的是由于冷却系统本身造成的，有的可能是其他系统造成的，所以，在检修过程中，应注意区分排除。

冷却系统本身因素造成的发动机过热主要原因有：风扇皮带打滑(发动机驱动式风扇)、散热器漏水或堵塞、散热器盖阀门失效、风扇或硅油离合器损坏、节温器损坏、水泵损坏、汽缸套及冷却水管漏水等。

4.5.1 冷却水泵的检修

水泵的常见损伤形式有：泵壳裂纹，叶轮松脱或损坏，泵轴磨损或变形，水封损坏和轴承磨损等，各种损伤的检修方法简述如下。

1) 泵壳的检修

检查泵壳和带轮有无损伤。泵壳裂纹可进行焊接或更换。壳与盖接合面变形大于

0.05mm,应予修平。

2)水泵轴的检修

检查水泵轴有无弯曲和轴颈的磨损程度,轴端螺纹有无损坏。水泵轴弯曲大于0.05mm,轴颈磨损严重,应予更换。

3)水泵叶轮的检修

检查水泵叶轮的叶片有无破损,叶轮上的轴孔与轴的配合是否松旷。叶片破损,应予焊修或更换。

4)水封装置的检查

水泵泄水孔漏水,则为水封密封不严,应更换水泵总成。

4.5.2 电动风扇的检修

当风扇叶片出现破损、弯曲、变形后,应及时更换。由于风扇连接板强度不足或其他原因使风扇叶片弯曲或扭曲变形,破坏了风扇叶片原设计的角度,使其丧失平衡性能,不但影响通过散热器的空气流速和流量,降低散热器的冷却能力,甚至打坏散热器,加速水泵轴承、水封的损坏,还会大幅度地增加风扇的噪声。

双速式电动风扇的检测内容主要为低、高速时的打开及切断温度是否符合要求。低速挡的切断温度为357~366K(84~93℃)。在发动机熄火后,如散热器的温度仍高于357~366K(84~93℃),风扇还继续运转是正常的;如果温度低于357K(84℃),风扇还在运转是不正常的,应先检查温控开关。高速挡的切断温度为366~371K(93~98℃)。通过直接连接温控开关接插件内的12V电源线和电动机两接线,可判断出温控开关的好坏。若将这两线头连接后风扇便开始运转,而在高温时接上温控开关接插件后风扇却不转,则为温控开关损坏,应换用新件。若将这两线头连接后风扇仍不转,应检查散热风扇电动机及其熔断丝等。

4.5.3 散热器和散热器盖的检修

散热器在使用过程中,会因腐蚀和积垢等原因影响冷却效果。清洗散热器,去除水垢,是恢复散热器散热能力的有效方法。清洗水垢采用化学法,即利用酸或碱类物质与水垢的化学反应,生成可溶于水的物质将水垢清除。清洗时,最好采用循环法,即先用酸性溶液洗涤,再用碱性溶液冲洗中和。清洗时,除垢剂以一定的压力(一般为0.01MPa),在汽缸体水套或散热器内循环,一般经3~5min后即可清洗完毕。

发动机停止运转时,在散热器注入口装上散热器压力检测器,如图4-32所示。在散热器内充入0.1MPa以上压力的压缩空气,观察压力检测器的压力下降值,若2min内压力下降超过0.015MPa,则散热器以及冷却水道等有泄漏。

散热器盖可用专用的压力检测器检查其工作性能,如图4-33所示。蒸气阀的开启压力应在0.073~0.103MPa,空气阀的开启压力应在0.0098~0.0118MPa。

4.5.4 硅油风扇离合器的检查

硅油风扇离合器在日常维护时,应进行就车检查,其方法是:当汽车停放12h后,在发动机起动前用手指拨动风扇叶片,此时应感到转动阻力很小;将发动机起动运转 10~20min 后熄火,此时拨转风扇叶片应感到有明显的转动阻力,则可认为硅油风扇离合器工作正常,如图 4-34 所示。

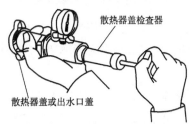

图 4-32　散热器以及冷却水道检测图　　　图 4-33　散热器盖检测图

4.5.5　节温器的检测

节温器在使用中的常见故障形式有:主阀门开启和全开的温度过高,甚至不能开启;节温器关闭不严。前者将造成冷却液不能有效地进行大循环,致使发动机过热;后者将造成发动机升温缓慢,出现发动机温度过低现象。此外,随着节温器性能逐渐衰退,主阀门的开度将逐渐减小,造成进入大循环的冷却液流量减少,发动机将逐渐过热。

检查节温器的方法是:把节温器放在盛有水的器皿中,然后加热,检查主阀门开始开启和完全开启时的温度,以及全开时主阀门的升程,如图 4-35 所示。如丰田卡罗拉轿车 1ZR 发动机的节温器主阀门开启温度为 80~84℃,全开温度为 95℃左右。节温器的主阀门在全开时最大升程为 10mm 或以上。使用限度为 6mm,如升程减小到上述限度时,冷却液的循环量将减少 1/10 左右,这将影响发动机的散热效果。节温器的性能检验若不符合上述要求时,一般应予更换。

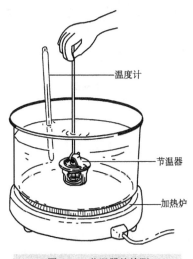

图 4-34　硅油风扇离合器的检查　　　图 4-35　节温器的检测

4.5.6　膨胀水箱的检查

膨胀水箱应无渗漏、箱盖密封良好、与散热器盖连接的软管无渗漏,通气孔应保持畅通,否则就会破坏冷却液的回流，必须立即更换。

4.6 润滑系统主要部件的检修

润滑系统的常见故障是机油压力过高或过低、机油消耗过多和机油容易变质等。造成这些故障的原因有的是曲柄连杆机构与配气机构的机械故障引起的，有的是润滑系统本身故障引起的。

润滑系统本身的故障主要有：机油的油量和黏度不正常，安全阀和旁通阀损坏，机油滤清器失效，机油泵损坏，机油压力表或传感器失效，油路堵塞或漏油等。

4.6.1 机油泵的检修

机油泵主要损伤形式是零件的磨损，造成泄漏，使泵油压力降低和泵油量减少。机油泵的端面间隙、齿顶间隙、齿轮啮合间隙以及轴与轴承间隙的增大，各处密封性和限压阀的调整都将影响泵油量和泵油压力。由于机油泵工作时，润滑条件好，零件磨损速度慢，使用寿命长，故可以根据它的工作性能确定是否需拆检和修理。

齿轮式机油泵各部检测的方法如下所述：

（1）用直尺和塞尺检查齿轮端面到泵盖端面的距离，即检验端面间隙，如图4-36a）所示，一般为0.05～0.15mm。

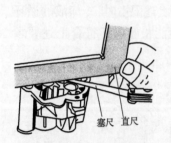  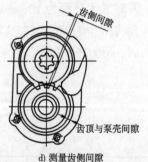

a) 测量泵盖与齿轮端面间隙　　b) 测量主、从动齿轮啮合间隙　　c) 测量齿顶与泵壳间隙　　d) 测量齿侧间隙

图4-36　齿轮式机油泵的检测

（2）用直尺和塞尺检查泵盖端面的平面度，平面度误差大于0.05mm应修磨平面。

（3）用塞尺检查齿顶与泵体之间的间隙，如图4-36c）所示，间隙值一般为0.05～0.15mm。

（4）用塞尺测量齿轮的啮合间隙，如图4-36b）所示，同时在相邻120°的三点上进行测量，间隙值一般为0.05～0.20mm，三点齿隙相差不应超过0.1mm。

转子式机油泵应检查端面间隙、啮合间隙和外转子与泵壳之间的间隙，其检测方法同上，如图4-37所示。

机油泵磨损后，各部间隙大于使用限度时，应更换零件或更换总成。机油泵检修后，可将机油泵放入清洁的机油中，用手转动机油泵轴，应有机油从出油孔中排出，如用拇指堵住出油孔,继续转动机油泵时,应感到有压力。

4.6.2 机油滤清器的检修

机油滤清器应按原厂的规定定期清洗或更换滤芯,以保证润滑油的清洁,减少发动机的磨损。

1)集滤器的维护

其损坏形式有油管和滤网堵塞,应用柴油或煤油清洗后用压缩空气吹干。

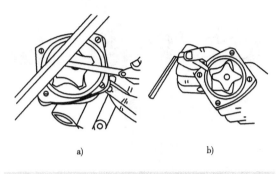

图4-37 转子式机油泵的检测

2)全流式机油滤清器的维护

全流式机油滤清器应根据汽车生产厂家的要求定期更换,其更换周期一般为汽车每行驶5 000~12 000km。可分解式机油滤清器在维护时应拆洗壳体,更换滤芯,检查各密封圈,若有老化、损坏应予更换。整体式机油滤清器应更换整个滤清器。安装滤清器或滤芯时,应先将滤清器或滤芯内充满机油。

3)离心式细滤器的检修

在发动机的机油压力高于0.15MPa时,运转10s以上(油压较低时机油不会进入细滤器),然后立即熄火。在熄火后的2~3min内,若在发动机旁听不到细滤器转子转动的"嗡、嗡"声,则说明细滤器不工作。若机油压力正常,细滤器的进油止回阀也未堵塞,则为细滤器故障,应拆检清洗细滤器。拧开压紧螺母,取下外罩,将转子转到喷嘴对准挡油板的缺口时,取出转子。清除转子内壁上的污物,清洗转子并疏通喷嘴,经调整或换件后再组装。

4.6.3 发动机润滑油道的清理

发动机大修时,必须彻底清除润滑油道里的油泥、磨屑、杂质与润滑油胶质等,包括曲轴上的油道均应清洗干净,以使洁净的润滑油不受污物污损,畅通地流向各运动副的工作表面。清理油道时,可用专用容器盛上10%的苛性钠溶液,将油道各堵头拆除,浸泡在溶液中,加热到100℃,一般0.5h便可清除干净,再用压力油冲洗,最后用压缩空气吹净吹干。

也可用手工方法清洗,选用煤油或金属清洗剂,用直径为4mm左右约800mm长的铁丝,一端围成圆圈状作手柄,另一端锤扁,加工成一长的孔,在长孔内穿上布条捅入油道内,来回抽动摩擦油道,反复清洗并更换布条,直到布条上无明显脏物为止。再用压力油冲洗干净,最后用压缩空气吹通,观察有无脏物吹出,必要时须重新擦洗油道。

4.6.4 机油压力的测量

发动机工作时,其润滑系统内必须保持正常的机油压力。如果机油压力过低时,各润滑表面会因得不到足够的润滑油而加剧磨损。如果机油压力过高,会过多地消耗发动机的动力,也容易使油封漏油,甚至使机油滤清器脱出,造成机油大量泄漏。因此,在检修发动机时,经常要对润滑系统的机油压力进行检测,以确定机油压力是否正常。

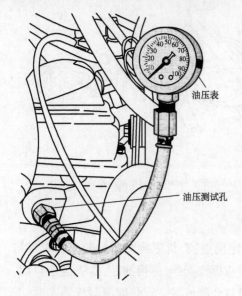

图4-38 测量机油压力

发动机上一般没有专门的机油压力测量孔,检测机油压力通常是利用发动机缸体上的机油压力开关螺孔,其方法是(图4-38):

(1)在发动机熄火状态下,将机油压力开关卸下。

(2)将专用的转换接头旋入机油压力开关的螺孔内,接上机油压力表。

(3)运转发动机并使之达到正常工作温度,分别在急速和高速下检查机油压力表的读数。

一般发动机的机油压力应保持在 $0.2\sim0.5$ MPa 范围内,急速时最低的机油压力应不小于 0.15 MPa,高速时最高油压应不大于 0.60 MPa。

如果机油压力不正常,应进一步检修润滑系统或发动机其他系统。

机油压力过低的原因主要有:机油泵磨损、机油黏度太低、曲轴主轴承和连杆轴承磨损间隙过大等。

机油压力过高的原因主要有:机油黏度过大、主油道堵塞、安全阀或限压阀调整不当等。

小组工作

(1)每6名学生组成1个工作小组,确定小组长,接受工作任务,做好工作准备。

(2)阅读工作单,查阅维修手册或(实训指导书),观察待检修发动机的冷却系统和润滑系统,讨论检修方法和步骤,确定小组人员工作分工。向实训指导教师汇报讨论结果,经指导教师同意后,开始下一步的工作。

(3)按照工作单的引导,完成待拆装发动机冷却系统和润滑系统的性能检查、主要部分拆卸、分解、检查和装复工作。

(4)在完成工作任务的过程中,根据工作单的要求,完成冷却系统、润滑系统零部件认识、作用和工作原理描述等学习任务。

(5)完成工作单要求的冷却系统和润滑系统主要零部件的检测,将检测结果记录在工作单的相应栏目,并对检测结果作出分析。

(6)回答指导教师的现场提问,接受指导教师的技能考核。

(7)完成工作任务后,对工作过程进行自我评价和小组互评,听取指导教师的点评。

(8)清洁工作场所,清点维护工具设备,完成任务交接。回答指导教师的现场提问,接受指导教师的技能考核。

拓展知识

4.7 强制式曲轴箱通风装置

强制式曲轴箱通风装置又称 PCV 装置,其作用是将发动机汽缸中窜入油底壳的部分可燃混合气和燃烧产物吸入进气道,使之进入汽缸参加燃烧,以防止其漏入大气而产生污染,或聚集在油底壳中加速机油的变质并使机件受到腐蚀或锈蚀。

PCV 装置由 PCV 阀和相关的管道组成,如图 4-39 所示。它利用发动机工作时节气门后方进气管内的真空吸力,将空气滤清器过滤后的干净空气吸入气门室罩,再由汽缸盖和机体上的孔道进入曲轴箱,与曲轴箱内的气体混合后,经气门室罩上的 PCV 阀和软管进入进气管,最后进入燃烧室燃烧。

PCV 阀的作用是可以根据进气管内真空度的大小,自动调整进入进气管的曲轴箱气体。其工作特点是:进气管的真空度越大,阀门的开度越小。因此,PCV 阀可以使通风气体随节气门开度的增大而增大,随节气门的开度减小而减小。从而防止了发动机怠速时,过大的进气管真空度使通气量过大,影响怠速时混合气的形成和燃烧。

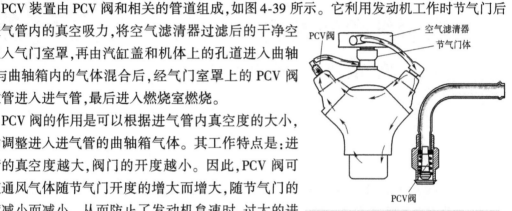

图 4-39 强制式曲轴箱通风装置

思考题

(1)发动机为什么要冷却?最佳冷却液温度范围一般是多少?
(2)水冷却系统中为什么要装节温器?什么叫大循环?什么叫小循环?
(3)为什么要采用风扇离合器?试述硅油风扇离合器的工作原理。
(4)一般润滑油路中有哪几种机油滤清器?它们应该串联,还是并联?为什么?
(5)润滑油路中如不装限压阀将引起什么后果?
(6)转子式和齿轮式机油泵结构与工作原理各有什么特点?
(7)画出所拆发动机的润滑油路示意图。
(8)曲轴箱为什么要强制通风?其通风装置由哪些部件组成?

单元五 Unit 5

汽油机燃油系统与点火系统的检修

学习情境

一辆一汽丰田威驰轿车进厂修理,客户反映该车发动机运转不稳,经维修技师检查,发现该发动机怠速不稳,急加速时进气管有回火现象,且加速迟缓。因此判断故障可能是在燃油系统或点火系统,需对燃油系统和点火系统进行检修。

生产任务 汽油发动机进气管回火故障的检修

1) 工作对象

待检修燃油系统和点火系统的汽油发动机1台。

2) 工作内容

(1) 领取所需的工具,做好工作准备。

(2) 检查燃油系统油压和喷油器的工作。

(3) 检查点火系统的高压火花,测量、调整点火正时。

(4) 拆卸、检查燃油系统、点火系统主要零部件并进行检测,分析检测结果,制订修复方案。

(5) 安装燃油系统、点火系统零部件,确定系统工作正常。

(6) 检查、评价工作质量。

(7) 整理工具,清洁工作场地。

3) 工作目标与要求

(1) 学生应以小组工作的方式,完成本项工作任务。

（2）学生应当能在小组成员的配合下，利用汽车维修手册（或实训指导书），制订工作计划，实施工作计划。

（3）能通过阅读资料和现场观察，辨别所检修发动机燃油系统、点火系统的结构类型。

（4）能认识所检修发动机燃油系统和点火系统的零部件，口述燃油系统、点火系统的工作原理和各零部件的作用。

（5）能向客户解释所修发动机燃油系统、点火系统的故障原因和修复方案。

（6）能按规范的步骤，完成发动机燃油系统、点火系统主要零部件的拆装和安装。

（7）在工作过程中，注意工作安全，做好废料的处理，保持工作环境整洁。

5.1 汽油机燃油系统概述

汽油机燃油系统的功用是：根据发动机不同工况的要求，将一定量的汽油送入发动机进气管或汽缸，使之与进入发动机的空气混合成浓度合适的可燃混合气，以供燃烧。

汽油机燃油系统的技术主要经历了机械控制的化油器式、电子控制的缸外喷射式和电子控制的缸内直喷式等发展过程（图5-1）。

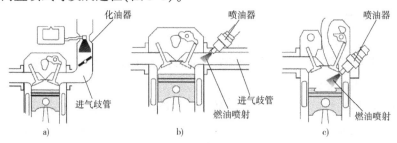

图5-1 汽油机燃油系统发展过程

早期的汽油发动机采用化油器式燃油系统（图5-1a），这种燃油系统是利用进气管气流的作用，将化油器中的汽油吸出并与空气混合雾化，在流经进气管时进一步蒸发而形成可燃混合气，进入各个汽缸。随着汽车排放法规的日趋严格，20世纪80年代以后，这种燃油系统逐渐被电控燃油系统所取代。

现代汽油发动机均采用电控燃油系统，包括电控缸外喷射式燃油系统和电控缸内喷射式燃油系统。电控燃油系统是在发动机ECU的控制下，用喷油器将一定数量和压力的汽油直接喷射到进气歧管中［缸外喷射式，如图5-1b）所示］或汽缸内［缸内直喷式，如图5-1c）所示］，与进入的空气混合而形成可燃混合气的。本教材主要讲述电控缸外喷射式燃油系统（以下简称电控燃油系统）。

5.1.1 汽油及其使用性能

汽油发动机所用的燃料一般是汽油，有时也可以使用酒精、甲醇等作为代用燃料。有些汽油发动机通过一定的改造,可以使用压缩天然气(CNG)或液化石油气(LPG)作为燃料。汽油是由石油提炼而得的密度小又易于挥发的液体燃料。汽油的基本成分是烷烃、烯烃和芳香烃等各种碳氢化合物,以及少量含氧的有机化合物,如醇类和醚类等有机化合物。

汽油的使用性能指标主要有抗爆性、挥发性、铅含量、硫含量、防腐性、机械杂质及水分、诱导期等,它们对发动机的使用性能有很大的影响。汽油的许多特性可在提炼和调和时得到控制,以便给发动机提供合适的性能。

1)汽油的抗爆性

汽油的抗爆性是指汽油在发动机汽缸中燃烧时,避免产生爆燃的能力。爆燃是汽油发动机的一种不正常燃烧现象,它会引起发动机过热、油耗增大、动力下降等不良后果。如果发动机长期出现爆燃,还会损坏发动机,甚至打坏活塞、缸体等。汽油的抗爆性一般用辛烷值表示,也就是汽油的牌号。因此,牌号越高的汽油,其辛烷值越高,抗爆性越好。发动机的压缩比也是影响汽油燃烧时产生爆燃的因素之一,压缩比越大,汽油燃烧时越容易产生爆燃,因此应根据发动机的压缩比大小来选择汽油。目前市场上常见的车用汽油牌号的主要是92号、95号。一般压缩比高的汽油发动机要选择高牌号的汽油,才能保证汽缸内的正常燃烧。如使用比规定要求牌号低的汽油,发动机将出现爆燃现象,一般在急加速及爬坡时出现,这时汽缸会出现过热现象,发动机功率降低,油耗增加。但如果压缩比不高的发动机盲目使用高标号汽油,其高抗爆性的优势也无法发挥出来,在当前的高油价情况下也是一种浪费。

2)汽油的挥发性

汽油是一种易挥发的液体,汽油的挥发性是指汽油由液体状态转化为气体状态的能力。汽油进入发动机进气管或汽缸后,必须完全由液态蒸发成气态,并与空气混合成为可燃混合气,才能在汽缸中正常燃烧。汽油挥发性好,容易汽化,与空气混合均匀,燃烧的速度就快,燃烧完全,可提高发动机动力性、经济性,而且保证起动容易,加速及时,各种工况转换柔和。汽油挥发性不好,汽油汽化不完全,会造成燃烧不完全,增加油耗及排放污染,并导致发动机冷车起动困难、暖车运转不平稳等后果。但汽油的挥发性也不能太好,否则在热天里很容易蒸发的汽油可能在油路中产生蒸气泡,从而导致气阻,造成供油不正常,同样会影响发动机的正常工作。

汽油的挥发性可用馏程和馏出温度表示。所谓馏程是指燃油在规定条件下,蒸馏出某一百分比的温度范围,通常用10%馏出温度、50%馏出温度、90%馏出温度、终馏点等馏程来评价汽车的挥发性。10%馏出温度表示汽油中含轻质馏分的量。该温度低,发动机低温起动性好,起动时间短,油耗少,要求不高于70℃,但也不宜过低,过低时,夏季易产生燃油系统"气阻"。50%馏出温度表示汽油的平均挥发性。该温度低,可改善发动机加速性、工作稳定性和起动后暖车升温性能,要求不高于120℃。90%馏出温度和终馏点表示汽油中含重质馏分的数量。该温度高,汽油挥发性差,液态燃油冲刷汽缸壁、稀释机油严重,加速磨损。由于燃烧不完全,使油耗大,污染增加。90%馏出温度要求不高于190℃,终馏点不高于205℃。

3)汽油的铅含量

车用汽油又分为含铅汽油和无铅汽油两种。含铅汽油是指炼油厂为提高汽油的抗爆性,出厂前在汽油中加入了一定量的四乙基铅抗爆剂。四乙基铅是一种带水果香味、具有剧毒的无色油状液体,能通过呼吸道、食道以及皮肤进入人体,而且很难排泄出来。而当进入人体内的铅积累到一定量时,便会使人中毒甚至死亡,同时对发动机排气管中安装的氧传感器和三元催化转换器均有损害。由于环保的要求,目前我国只能使用无铅汽油,国家标准《车用汽油》(GB 17930—2006)规定,每升汽油的含铅量不大于 0.005g。

4) 汽油和硫含量

汽油中的硫含量来自原油,在提炼汽油时应尽可能降低汽油中的硫含量,以减少对环境的污染以及对发动机和排气系统的损害。当残存在汽油中的硫被燃烧时,它会和氧一起形成二氧化硫,产生排放污染。此外,由于燃油中的氢分子和空气中的氧气一起燃烧时,会生成少量的水分,这些水分和二氧化硫混合后会生成腐蚀性很强的硫酸,从而可能导致排气门点蚀并使排气管腐蚀。如果排气管中装备有三元催化转换器,二氧化硫会在发动机预热时,产生一种类似臭鸡蛋一样的味道。汽油中硫的存在还会引起催化转化器中毒,直接影响到催化转化器的转化效率。因此,控制汽油中的硫含量,使催化转化器中催化剂的活性保持在较高的水平,可以保证催化剂净化作用的有效发挥。同时,汽油中硫的存在还直接影响着二氧化硫、硫酸盐以及硫化氢等这些对酸雨形成有着重要作用的污染物的排放量。国家标准《车用汽油》(GB 17930—2006)规定,汽油中的硫含量的质量分数不大于 0.05%。

5) 汽油的防腐性

汽油的防腐性是指汽油阻止其接触的金属被腐蚀的能力。主要用硫含量、硫醇硫含量和铜片腐蚀试验等指标评价。汽油的硫含量及其对发动机金属零件的腐蚀作用已如上述,应严格控制。石油中还存在一些活性硫化物,如硫化氢(H_2S)和低分子硫醇(RSH),这些硫化物中都含有硫,同元素硫一样,都能腐蚀金属,在汽油中不允许存在。铜片腐蚀试验是在规定的条件下,测定油品对铜的腐蚀倾向。以此表示汽油的防腐性。此外,还有酸度、水溶性酸和碱等指标。

6) 汽油的机械杂质及水分

汽油中所含的机械杂质和水分会造成油路堵塞、磨损加剧等严重后果,对其也要严加限制。国家标准《车用汽油》(GB 17930—2006)规定,汽油应无任何可见机械杂质及水分。

7) 汽油的诱导期和实际胶质

诱导期和实际胶质两项指标相互关联,是汽油产品最重要的两项指标。其中,诱导期是一种氧化指标,诱导期过短可导致汽油储存一段时间后颜色加深、杂质增多、实际胶质增高;而实际胶质是评定汽油安定性,判断汽油在发动机中生成胶质的倾向,判断汽油能否使用和能否继续储存的重要指标。实际胶质过高则会致使汽车发动机喷油器堵塞、电动汽油泵卡死、气门黏结关闭不严,并出现不同程度的黏缸、拉缸等现象。时间长了,还容易在火花塞、气门、活塞环和燃烧室内形成积炭,导致发动机工作不正常,发生怠速不稳、加速不良甚至无法起动等现象。按照国家标准,诱导期的指标为不小于 480min;在国家标准《车用汽油》(GB 17930—2006)中规定,实际胶质应不大于 5mg/100mL。

5.1.2 汽油机的燃烧过程

汽油机的燃烧过程是将燃料的化学能转变为热能的过程,是发动机整个工作循环中的主要过程。燃烧进行得好坏,直接关系到能量转换的效率,也直接影响发动机动力性、经济性、排放污染、噪声及可靠性。

1) 汽油机的正常燃烧过程

火花塞跳火点燃可燃混合气,形成火焰中心,火焰按一定速度呈球面状连续地传播到整个燃烧室的空间,火焰前锋到达未燃混合气时将其点燃,直至燃烧完毕。在此期间,火焰传播速度以及火焰前锋的形状均没有急剧变化,这种状况称为正常燃烧。

汽油机的正常燃烧过程分为着火延迟期、急燃期和补燃期3个阶段,图5-2所示为汽油机燃烧过程的展开示功图。图中横坐标为发动机曲轴转角 φ,纵坐标为汽缸内气体压力,实线表示点火后汽缸压力变化的情况,虚线表示不点火时的情况。

(1) 着火延迟期。从火花塞跳火(图5-2中点1)开始到形成火焰中心(图5-2中点2)为止这段时间,称为着火延迟期(图5-2中第Ⅰ阶段)。

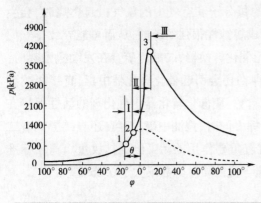

图5-2 汽油机燃烧过程

(2) 急燃期。从火焰中心形成(图5-2中点2)到汽缸内出现最高压力(图5-2中点3)为止这段时间称为急燃期(图5-2中第Ⅱ阶段)。

(3) 补燃期。从最高燃烧压力点(图5-2中点3)开始到燃料基本上燃烧完全为止称为补燃期。

2) 汽油机的不正常燃烧

汽油机的不正常燃烧主要有爆震燃烧和表面点火。

(1) 爆震燃烧。爆震燃烧又称为爆燃。汽油机在燃烧过程中,火焰前锋以正常的传播速度向前推进,使得火焰前方未燃的混合气(末端混合气)受到已燃混合气强烈的压缩和热辐射作用,加速其先期反应,并放出部分热量,使本身的温度急剧升高。如果火焰前锋及时到达将其引燃,直到燃烧完为止,属正常燃烧。如果在火焰前锋未到达前,末端混合气温度达到了自燃温度,则在其内部最适宜发火的部位产生一个或数个新的火焰中心,引发爆炸式的燃烧反应,发出尖锐的金属敲击声,这种现象称爆燃。

汽车重载上坡时,允许有轻微的短时间的爆燃,因为轻微的爆燃可以使燃烧过程缩短,膨胀功得到充分利用,有利于提高有效热效率。

当发生强烈爆燃时,未燃混合气在瞬间一起燃烧,局部温度、压力猛烈增加,形成强烈的压力冲击波。冲击波以超音速传播并撞击燃烧室壁,发出尖锐的金属敲击声。这种强烈爆燃时的冲击波会使缸壁、缸盖、活塞、连杆、曲轴等机件的机械负荷增加,使机件变形甚至损坏。强烈爆燃时的冲击波还会破坏汽缸壁上的气体附面层,使机件直接与高温燃气接触,导致活塞头部和气门等机件烧损。汽缸壁上的气体附面层被破坏还会使燃烧气体向缸壁的传热量大大增加,引起发动机过热,并使热效率下降,功率降低,耗油率增加。爆燃时的局部高温还会引起热分解现象严重,使燃烧产物分解为 CO、H_2、O_2、NO 及游离碳的现象增多,排气冒烟严重。因此,爆震燃烧是一种危害较大的不正常燃烧现象。

发动机点火提前角和汽油的品质都对爆燃的产生有很大的影响。牌号高的汽油抗爆性好,可以避免爆燃的产生;适当的推迟点火提前角也会减少爆燃的发生。

(2)表面点火。在汽油机中,凡是不靠电火花点火而由燃烧室炽热表面(如过热的火花塞绝缘体和电极、排气门、炽热的积炭等)点燃混合气而引起的不正常燃烧现象,称为表面点火。表面点火的着火时刻是不可控制的,按其是在火花塞点火之前或之后产生,可分为早火和后火两种。表面点火出现时,会使发动机运转不平稳并发生沉闷的敲击声,容易使发动机过热,有效功率下降,甚至会引起机件损坏。

5.1.3 可燃混合气

汽油机所用的燃料是汽油。汽油进入发动机进气管后必须先喷散成雾状,并按一定的比例与空气均匀混合,然后进入汽缸燃烧。这种按一定比例混合的汽油与空气的混合物,称为可燃混合气。可燃混合气中燃料含量的多少称为可燃混合气浓度。

1)可燃混合气浓度的表示方法

可燃混合气浓度可以用空燃比(A/F)或过量空气系数(α)来表示。

空燃比就是可燃混合气中所含空气和燃料的质量的比,即:

$$A/F = 空气质量(kg) / 燃料质量(kg) \tag{5-1}$$

理论上,1kg 汽油完全燃烧需要空气 14.7kg,因此,空燃比为 14.7 的可燃混合气称为理论混合气(又可称为标准混合气)。若可燃混合气的空燃比小于 14.7,则称为浓混合气;若可燃混合气的空燃比大于 14.7,则称为稀混合气。应当指出,若使用除汽油之外的其他燃料,其理论空燃比数值是不同的。

过量空气系数是在燃烧过程中,实际供给的空气质量与理论上燃料完全燃烧时所需的空气质量之比,也等于实际空燃比与理论空燃比之比,即:

$$\alpha = 燃烧过程中实际供给的空气质量 / 理论上燃料完全燃烧时所需要的空气质量$$
$$= 实际空燃比 / 理论空燃比 \tag{5-2}$$

由式(5-2)可知:无论使用何种燃料,凡过量空气系数 $\alpha = 1$ 的可燃混合气即为理论混合气;$\alpha < 1$ 的为浓混合气;$\alpha > 1$ 的则为稀混合气。

2)可燃混合气浓度对发动机性能的影响

可燃混合气浓度对发动机的燃烧过程以及发动机的动力性、燃油经济性都有很大的影响。

(1)理论混合气($\alpha = 1$)。它是理论上燃料完全燃烧的混合气浓度。但实际上,由于时间和空间条件的限制,汽油不可能及时与空气绝对均匀混合,实现完全燃烧。因此,理论混合气既不能实现最佳的燃油经济性,也不能获得最高的动力性。但理论混合气燃烧后的排气能在排气管中的三元催化转化器中获得最佳的综合净化效果。

(2)稀混合气($\alpha>1$)。要使混合气中的汽油都能完全燃烧,混合气必须是 $\alpha>1$ 的稀混合气。当混合气适当稀时,可使发动机的经济性最好,这种混合气称为经济混合气。对于不同的汽油机,经济混合气一般在 $\alpha=1.05\sim1.15$ 的范围内。但这种混合气中由于氧气充分,剩余的氧分子在燃烧过程中容易和空气中的氮气产生反应,造成废气中氮氧化物(NO_x)含量增多,不利于排放污染的控制。

如果混合气过稀($\alpha>1.15$),虽然混合气中的汽油可以保证完全燃烧,但是,由于过稀的混合气燃烧速度低,在燃烧过程中,有很大一部分混合气的燃烧是在活塞向下止点移动时进行的,会使发动机的动力性和经济性都相应变坏。在混合气严重过稀的情况下,燃烧过程甚至可能拖延到排气行程结束以后,此时残存在汽缸中含氧过剩并仍在燃烧的高温废气将通过开启着的进气门,将进气道内的可燃混合气点燃,造成进气管回火。当 $\alpha=1.3\sim1.4$ 时,由于燃料热值过低,混合气不能传播,造成缺火或熄火现象,同时使废气中碳氢化合物(HC)含量增多,此时混合气浓度为火焰传播的下限。

(3)浓混合气($\alpha<1$)。过量空气系数 $\alpha=0.85\sim0.95$ 时,由于混合气中汽油分子相对较多,燃烧速度快,压力大,热损失小,发动机输出功率最大,因此称其为功率混合气。但是,这种混合气中空气含量不足,将有一部分汽油不可能完全燃烧,因而发动机的经济性较差,同时废气中排出的 CO 和 HC 含量较多。

混合气过浓时($\alpha<0.85$),由于燃烧很不完全,汽缸中将产生大量的 CO 和 HC,并在高温高压的作用下析出游离的炭粒,导致发动机排气冒黑烟,燃烧室和火花塞积炭,发动机动力性和经济性变差,排放污染加剧,严重时还会由于废气中的 CO 和 HC 在排气管中被高温废气引燃,发生排气管"放炮"现象。当 $\alpha=0.4\sim0.5$ 时,由于严重缺氧,火焰不能传播,混合气不能燃烧。因此,$\alpha=0.4\sim0.5$ 的混合气浓度称为火焰传播上限。

3)发动机工况对可燃混合气浓度的要求

发动机的工况是其工作情况的简称,一般是指发动机的转速和负荷的情况。发动机的负荷是指汽车施加给发动机的阻力矩,即发动机为平衡阻力矩而应输出的转矩。由于发动机的转矩随节气门的开度而变化,所以也可以用节气门的开度代表负荷的大小。

作为车用汽油机,其工况是复杂的,例如,起步或急速运转、加速超车、高速行驶、制动、汽车满载爬坡等,工况变化范围很大,负荷可以从0到100%,转速可以从急速的 700r/min 到最高速的 6000~7000r/min。发动机在不同工况时对混合气的数量和浓度都有不同要求,以保证发动机具有良好的经济性、动力性,并符合相关法规要求的排放标准,具体要求如下。

(1)急速与小负荷工况。急速工况是指发动机不对外输出动力,在节气门全关的情况下以最低稳定转速运转。在急速工况下,由于进入汽缸内的混合气很少,而上一循环残留在汽缸中的废气(残余废气)在汽缸内气体中所占的比例相对较多,不利于燃烧,因此必须供给较浓的可燃混合气。

当节气门略开而转入小负荷工况时，混合气数量逐渐增加，残余废气对混合气的稀释作用逐渐减弱，因而混合气浓度可以略为减小。

(2) 中等负荷工况。中等负荷工况是指节气门开度在 25% ~ 85% 之间的各种转速工况。在此工况下，由于节气门有足够的开度，进入汽缸的混合气数量增多，燃烧条件好，如果只考虑发动机的燃料经济性，应供给较稀的经济混合气。但在当前发动机压缩比较大的情况下，稀混合气容易产生过多的氮氧化物(NO_x)排放，为控制发动机的排放污染，同时保证排气管中的三元催化转换器能正常发挥作用，在中等负荷工况下应供给理论混合气。

(3) 大负荷和全负荷工况。当汽车上坡或加速时，驾驶员常将加速踏板踩下，使节气门全开或接近全开，这种工况称为大负荷或全负荷工况。此时为保证发动机能发出尽可能大的功率，应供给较浓的功率混合气。

(4) 冷起动工况。冷起动是指发动机在冷车状态下的第一次起动。由于在起动过程中，发动机是由起动机带动，转速极低(约 150r/min)，进气流速和温度都非常低，不利于汽油在空气中的蒸发混合，汽缸内压缩行程终了的温度也比较低，导致火花塞周围混合气太稀而无法点燃。只有供给很浓的混合气，才能保证进入汽缸内的混合气中有足够的汽油蒸气，以利于发动机起动。发动机温度越低，冷起动时所要求的混合气越浓。

(5) 暖机工况。暖机工况是指发动机冷起动后，冷却液温度尚未达到能让发动机稳定急速运转之前的工况。在暖机工况下，为保证发动机能稳定运转，应提供足够浓的混合气。暖机运转时，发动机冷却液温度越低，混合气应越浓。随着发动机温度逐渐升高，混合气浓度应逐渐减小，直至达到热车后正常稳定急速所要求的浓度为止。

(6) 加速工况。加速工况是指驾驶员猛踩加速踏板，使节气门突然开大的过程。此时，进入发动机汽缸的空气突然增加，由于汽油的运动惯性比空气大，其雾化和蒸发也需要一定的时间，为保证进入汽缸的混合气不至于瞬时变稀，使发动机的转速和功率能迅速增大，应在节气门急剧开大的过程中，向进气管内多供入一些汽油，以及时加浓混合气，满足发动机加速的需要。

综上所述，车用发动机在不同工况下对混合气的要求各不相同，只有满足这些要求，才能使发动机运转稳定、加速灵敏，动力性、经济性和排放性都能达到要求。

5.2 电控燃油系统

5.2.1 电控燃油系统的组成

汽油机电控燃油系统主要由汽油箱、汽油泵、汽油滤清器、汽油管(进油管和回油管)、喷油器、油压调节器等组成，如图 5-3 所示，有些发动机在燃油管路上还装有脉动缓冲器。

5.2.2 电控燃油系统的工作过程

燃油箱内的汽油被电动汽油泵吸出并加压，压力燃油经汽油滤清器滤去杂质后，被送至发动机上方的分配油管。分配油管与安装在各缸进气歧管上的喷油器相通。喷油器是一种电磁阀,由发动机电控系统的电脑(又称ECU)控制。通电时喷油器开启,压力燃油以雾状喷入进气歧管内,与空气混合,在进气行程中被吸进汽缸。分配油管的末端装有油压调节器,用来调整分配油管中汽油的压力,使油压保持某一定值(250~300kPa),多余的燃油从油压调节器上的回油口经回油管返回汽油箱。混合气浓度由ECU控制。ECU控制喷油器在每次进气行程开始之前喷油一次,由每次喷油持续时间的长短来控制喷油量。ECU根据安装在发动机上的各种传感器,测得发动机的进气量、冷却液温度、进气温度、节气门开度、发动机转速等运转参数,根据ECU中设定的控制程序,在不同的工况下按不同的模式来控制喷油量。例如,在节气门全闭的急速工况下,提供较浓的混合气;在节气门中小开度的一般运转工况下,提供理论混合气;在节气门全开或接近全开的满负荷、大负荷工况下,提供较浓的功率混合气。总之,使发动机在各种工况下都能获得所需的最适宜浓度的混合气,以达到既降低油耗,又保证发动机发出最大功率,同时使发动机的排放污染尽可能低的目的。

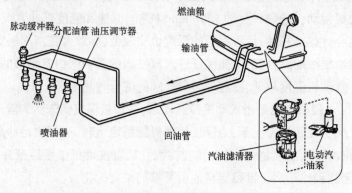

图5-3 汽油机燃油系组成

5.2.3 电控燃油系统的主要部件

1)燃油箱

燃油箱用于储存汽车行驶所需的燃油,一般是用两条钢带固定在底盘上,除了发动机后置的车辆外,客车的油箱一般安装在汽车后部以保证安全性。燃油箱可以用防腐蚀的薄钢板、薄铝板冲压而成,或用工程塑料压模而成。为了减少车辆的总质量,目前大部分轿车采用薄铝板和压模塑料的油箱。燃油箱内部有隔板,以阻止汽车行驶时油箱内的燃油液面晃动。油箱上方有加油管和通气管,通气管的设计应保证油箱在加油时,只能加注到油箱容积的90%,油箱上方剩下的10%空间用于储存汽油蒸气,并让夏天汽油受热时有膨胀的余地,如图5-4所示。

2)电动汽油泵

汽油机燃油系统的电动汽油泵是一种由小型直流电动机驱动的油泵,它为喷油器提供所需的压力燃油。电动机和油泵做成一体,密封在一个泵壳内。有些车型的电动汽油泵安装在油箱外,但大部分车型的电动汽油泵安装在油箱内。一些早期的少数车型在油箱内和油箱外各安装一个电动汽油泵,两者串联在油路上。

常见的电动汽油泵是叶轮式电动汽油泵。

叶轮式电动汽油泵泵壳的一端是进油口,另一端是出油口。电源插头在出油口一侧。

进油口一侧的叶轮式油泵由泵壳中间的直流电动机高速驱动。油泵的转子是一块圆形平板叶轮,平板圆周上开有小槽,形成泵油叶片,如图5-5所示。

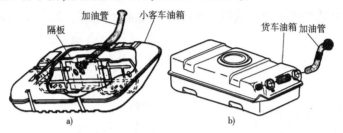

图5-4 燃油箱

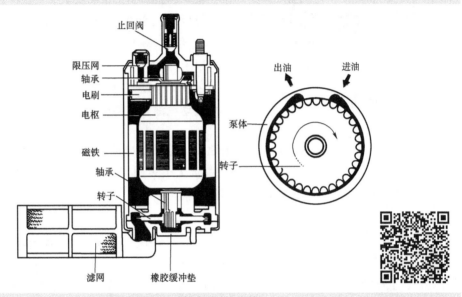

图5-5 叶轮式电动汽油泵

油泵在运转时,转子周围小槽内的燃油跟随转子一同高速旋转。由于离心力的作用,使燃油出口处油压增高,同时在进口处产生一定的真空,使燃油经过入口的滤网被吸入油泵,加压后经过电动机周围的空间由出口泵出。油泵出口处有一止回阀,在油泵不工作时阻止燃油倒流回油箱,以保持发动机停机后的燃油压力,便于再次起动。油泵的最大泵油压力一般设计为500~600kPa,若因汽油滤清器堵塞等原因使油泵出口一侧油压过高,达到最大泵油压力时,与油泵一体的限压阀即被顶开,使部分燃油回到进油口一侧,以保护电动汽油泵。这种电动汽油泵的运转噪声小,出油压力脉动小,转子无磨损,使用寿命长,是目前使用最多的一种电动汽油泵。

电动汽油泵中的油泵和电动机都是浸在汽油中。在泵油过程中,燃油不断穿过油泵和电动机,油泵本身及电动机中的线圈、电刷、轴承等部位都靠燃油来润滑和冷却。因此,要绝对禁止在无油的情况下运转电动汽油泵,也不要等油用完后才去加油,以免烧坏电动汽油泵。

3)汽油滤清器

汽油滤清器的作用是过滤燃油中的杂质,防止污物堵塞喷油器等精密零件。通常在电动汽油泵进口处装有一个滤网,滤去汽油中较大的杂质,而汽油滤清器则装在电动汽油泵之后的输油管上。它可以安放在燃油箱内,也可以安放在燃油箱外靠近燃油箱的地方,或安放在发动机附近。它的外壳为密封式铁壳或较厚的尼龙外壳,有一定的耐压能力,内部有较大的滤芯,如图5-6所示,通常是采用纸质滤芯,也有使用尼龙布、高分子材料做滤芯的。这种滤清器过滤效果很好,使用寿命较长,一般汽车行驶40 000km后,才需更换。

现在大部分轿车将汽油滤清器布置在燃油箱中,与电动汽油泵安装在一起(图5-7),这样可以不受空间的限制,将汽油滤清器设计得更大,使其使用寿命更长,通常可以达到80 000km以上,从而使汽油滤清器的使用寿命与电动汽油泵基本一致,在更换汽油滤清器的同时,通常将电动汽油泵一同更换。

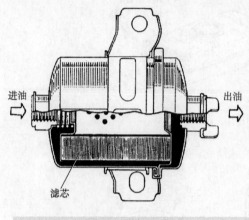

图5-6 汽油滤清器

4)分配油管

分配油管的作用是将燃油均匀、等压地输送给各缸喷油器。分配油管的截面一般都较大,其容积油量相对于发动机的喷油量来说,要大很多,如图5-8所示。它能起到储油蓄压,防止燃油压力波动,保证供给各喷油器等量燃油的作用。

5)喷油器

喷油器安装在各缸进气歧管上,头部的喷嘴朝向进气门,如图5-9所示,在发动机ECU的控制下喷油。喷油器的进油口与分配油管连接,压力燃油从进油口经过喷油器中的油道,到达喷嘴针阀周围的环状空间。喷油器内部有一个电磁线圈,经线束与ECU连接。喷油器头部的针阀与衔铁连接为一体,当ECU使电磁线圈通电时,便产生磁力,将衔铁和针阀吸起,打开喷孔,一定压力的燃油经针阀头部的轴针与喷孔之间的环形间隙高速喷出,并被粉碎成雾状,与空气混合,在进气行程中被吸入汽缸,如图5-10所示。电磁线圈不通电时,磁力消失,弹簧将衔铁和针阀下压,关闭喷孔,停止喷油。喷油器针阀的升程很小,一般为0.10~0.20mm,以保证针阀反应快捷,在数毫秒之内开启和关闭。

发动机ECU利用电脉冲的宽度来控制喷油

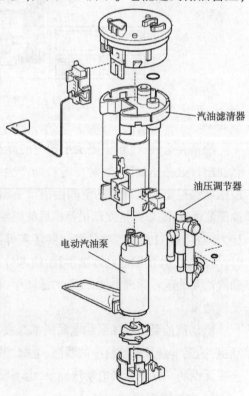

图5-7 汽油泵和汽油滤清器总成

器每次打开喷油的时间,从而达到控制喷油量的目的。一般喷油器每次打开喷油的时间为 2～15ms。时间越长,喷油量就越大。

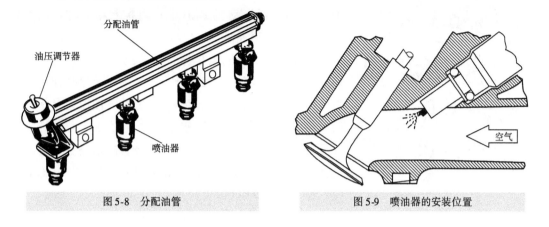

图 5-8　分配油管　　　　　　　　　图 5-9　喷油器的安装位置

大部分喷油器的喷嘴都是朝下布置,进油口在上方,喷嘴在下方。在喷油器与分配油管的连接处有一 O 形密封圈防止漏油,如图 5-11a)所示。

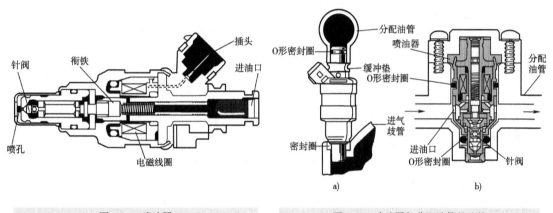

图 5-10　喷油器　　　　　　　　　　图 5-11　喷油器与分配油管的连接

有些发动机喷油器的进油口布置在喷油器侧面的中下部,整个喷油器穿过分配油管,其进油口上下方各有一个 O 形密封圈,以保持密封,防止分配油管的燃油外漏,如图 5-11b)所示。在发动机运转时,由于电动汽油泵的供油量大大超过喷油量,回流的燃油不断穿过喷油器内部,可以带走因高温而产生的燃油气泡,从而防止了燃油管路中气阻的产生,提高了炎热气候条件下发动机热车运转时喷油量的稳定性,也改善了发动机的热起动性能。

喷油器按内部电磁线圈的电阻值可分为高阻抗型和低阻抗型两种。低阻抗型喷油器的电磁线圈的电阻较小,为 3～4Ω;不能直接和 12V 电源连接,否则会烧坏电磁线圈。高阻抗型喷油器是用 12V 电压驱动;其电磁线圈电阻较大,为 12～16Ω;在检修时,可直接和 12V 电源连接。

6)油压调节器

油压调节器一般安装在分配油管的一端,它的一个进油口和分配油管相通,下方的出油

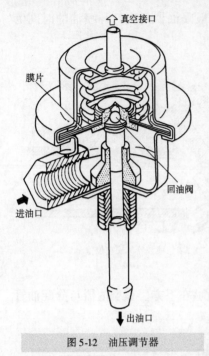

图 5-12 油压调节器

口接回油管,上方的真空接口通过一根软管和进气歧管相通,如图 5-12 所示。油压调节器的作用是调整燃油管路中油压,以保证发动机 ECU 能通过控制喷油时间的长短来精确地控制喷油量。

喷油器喷油量的大小,除了取决于针阀开启时间的长短外,还取决于喷油压力的大小。在同样的开启时间内,喷油压力越大,喷油量也越多。这里的喷油压力是指喷油器喷孔内外的压力差,即:喷油压力 = 燃油压力 – 进气歧管压力。由于发动机工作时,进气歧管内始终有一定的真空度,即进气歧管压力为负值,因此:喷油压力 = 燃油压力 + 进气歧管真空度。

油压调节器壳体内腔被膜片分成两个小室。上方为真空气室,内有一弹簧紧压在膜片上,使回油阀关闭。当膜片下方的燃油压力超过膜片上方的压力时,就推动膜片向上压缩弹簧,打开回油阀,使超压的燃油经回油管流回油箱。由于膜片上方除了弹簧压力之外还作用着进气歧管真空吸力,因此燃油向上推动膜片打开回油阀所需的压力等于弹簧压力与进气歧管真空度之差。进气歧管真空度越大,膜片上方的压力越小,回油阀越容易打开,所调节的燃油压力就越低;相反,进气歧管真空度越小,所调节的燃油压力就越大。由于弹簧压力 – 进气歧管真空度 = 燃油压力,而弹簧压力为定值,因此喷油压力 = 燃油压力 + 进气歧管真空度 = 弹簧压力(定值)。也就是说,不论进气歧管真空度如何变化,油压调节器都能使燃油压力和进气歧管压力之差(也就是喷油器喷孔内外的压力差)始终保持不变,如图 5-13 所示,从而使喷油器的喷油量唯一地取决于喷油时间的长短,保证了发动机 ECU 控制喷油量的精确度。

不同车型的燃油压力调节器所调节的喷油压力(即燃油压力 + 进气歧管真空度)不完全相同,一般为 300~350kPa,相应的燃油压力为 200~250kPa。

近几年来,由于发动机电控系统的控制方式和控制精度不断提高,燃油压力对喷油量控制精度的影响越来越小。为了降低成本、简化燃油管路结构,许多新型轿车发动机的燃油系统采用无回油管的形式,如图 5-14 所示。这种燃油系统的油压调节器布置在油箱内,与电动汽油泵或燃油滤清器的出油口直接连接,超压的燃油直接流向油箱底部。其内部结构和上述有回油管的油压调节器基本相同,如图 5-15 所示,只是将原来连接发动机进气歧管的真空接口直接暴露在燃油箱内。由于燃油箱内的气压基本保持不变,这种油压调节器所调节的燃油压力也是基本保持不变。由于没有回油管,发动机上方分配油管中的燃油没有回流,为了防止发动机的高温使燃油管路中的燃油蒸发而产生气阻,这种油压调节器所调节的燃油压力较高,通常为 320~350kPa。

单元五 汽油机燃油系统与点火系统的检修

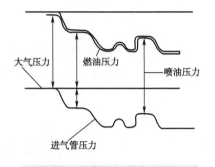

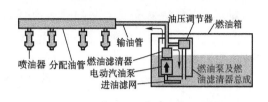

图 5-13 油压调节器工作示意图

图 5-14 无回油管的燃油系统

7）脉动缓冲器

脉动缓冲器通常安装在进油管或分配油管上，有些汽油喷射系统将油压缓冲器安装在电动汽油泵出口处，其作用是减小燃油管路中的压力波动，并抑制喷油器或油压调节器在开启与关闭过程中产生的压力脉动噪声，如图 5-16 所示。

还有些车型将油压缓冲器安装在回油管路上，以减小油压调节器产生的回油噪声。

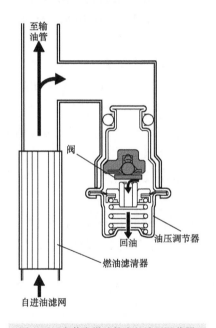

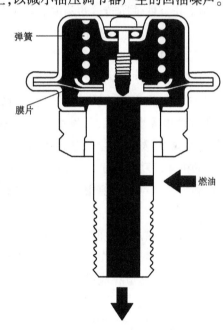

图 5-15 安装在燃油箱内的油压调节器

图 5-16 油压缓冲器

5.3 汽油机点火系统概述

发动机工作时，必须经过燃料的燃烧，释放能量，才能维持正常的工作，而作为燃料的混合气需要点火才能燃烧，所以，点火系统的工作是维持发动机正常工作的必需条件。点火系统的火花大小以及点火时间的准确性对发动机的性能又有很大的影响，所以，了解点火系统的工作状况是很有必要的。

能够按时在火花塞两极之间产生电火花的全部装置,称为汽油机点火系统,其作用就是适时可靠地点燃汽油和空气混合气。

1)对点火系统的要求

点火系统应在发动机各种工况和使用条件下,均应保证可靠而准确地点火。此外,对点火系统还有以下要求:

(1)能产生足以击穿火花塞电极间隙的高电压。点火电压与火花塞电极间隙的大小、汽缸内混合气的压力与温度、电极的温度和极性和发动机的工作情况有关。为保证低温状态起动的高点火电压要求,点火线圈一般可产生30kV左右的最高电压。

(2)火花具有足够的能量。为了保证发动机能在较高经济性和污染排放量指标的基础上正常工作,其可靠的点火能量应达到50~80mJ,起动时应产生大于100mJ的火花能量。现代汽车点火线圈电流达到10A以上,完全满足点火能量要求。

(3)点火提前角与发动机工况相适应。点火提前角就是发动机从火花塞开始点火到活塞运行到上止点曲轴所转过的角度。这个角度决定了火花塞开始点火到活塞运行到上止点所经过的时间。在发动机转速相同的情况下,角度大则时间也多,而在相同角度的情况下,发动机转速高则时间少。

混合气在汽缸内燃烧时,从点燃到最高燃烧压力有一定的时间,所以点火必须适当提前到上止点之前。根据发动机做功理论分析,一般让最高燃烧压力出现在曲轴转角的上止点后10°左右是最理想的,此时,发动机的动力性、经济性和排放性达到最佳。如太早点燃,最高压力出现太早,发动机会产生爆燃、甚至反转。太迟点火,燃烧中活塞下行,会使燃烧压力降低,发动机输出功率变小。我们把发动机的动力性、经济性和排放性都达到最佳值的点火提前角,称为最佳点火提前角。最佳点火提前角不是一成不变的,它与发动机转速、进气量等许多因素有关。

①不同转速对点火提前角的要求。点火提前角应随发动机转速的升高而增大。这是因为转速升高后,曲轴转过相同转角所需的时间减少了,为使最高压力点保持不变,应提早点火,因此点火提前角应相应增大。

②不同负荷(进气歧管绝对压力)对点火提前角的要求。当发动机负荷增大(即节气门开度增大),进气量较多,压缩终了的温度和压力也高,燃烧速度较快,在转速等其他因素不变情况下,为使最高压力点保持不变,应将点火提前角减小;反之,当发动机负荷减小(即节气门开度减小),点火提前角应相应增大。

③汽油牌号对点火提前角的要求。由于现代汽油发动机的压缩比越来越高,在增大点火提前角时往往受到爆燃的限制。发动机出现爆燃会导致动力下降、油耗增加、发动机过热,对发动机极为有害。在压缩比不变的条件下,发动机产生爆燃的趋势与汽油品质有密切关系,汽油的牌号越高,其辛烷值就越高,抗爆性就越好,点火提前角就可以适当加大;反之,低牌号的汽油辛烷值较低,抗爆性越差,点火提前角应适当减小。

此外起动及怠速工况要求较小点火提前角,冷却液温度和进气温度等也对点火提前角有影响。如果发动机的实际点火提前角与最佳点火提前角越接近,该发动机的性能就会越优越。

2)点火系统的分类

点火系统有多种分类方式,主要经历了触点式点火系统(传统点火系统)、电子点火系统、电控点火系统三个发展阶段。

(1)触点式点火系统。触点式点火系统又称为传统点火系统,其结构简单,工作可靠,在汽车上得到广泛应用。但随着对汽车发动机燃油经济性和排放指标的要求越来越高,触点式点火系统已无法适应现代发动机的点火要求,目前已经被淘汰。但其基本组成、构造、电路和原理,对学习其他点火系统有很大的指导意义。

触点式点火系统的组成如图 5-17 所示,其工作原理是:发动机工作时,断电器凸轮在分电器轴的驱动下而旋转,交替将触点闭合或打开。断电器触点闭合时点火线圈中的初级线圈内有电流流过,并在线圈铁芯中形成磁场。触点打开时,初级电流被切断,使磁场迅速消失。根据电磁感应原理,此时在点火线圈的初级线圈和次级线圈中均产生感应电动势。由于次级线圈匝数多,从而将 12V 低压电转变为 15~30kV 的高压电,再由分电器中的配电器按发动机各缸工作顺序传给各缸的高压线,从而送入各缸火花塞,击穿火花塞的电极间隙产生电火花,点燃混合气,完成点火工作。

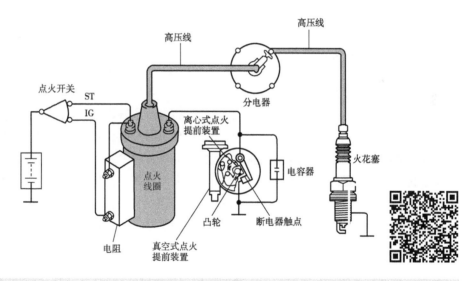

图 5-17　触点式点火系统

触点式点火系统的点火提前角的控制,是由分电器中的机械式和真空式点火提前装置来完成的。

(2)电子点火系统。电子点火系统是在触点式点火系统的基础上,用点火器和信号发生器代替了触点,如图 5-18 所示。在电子点火系统中,初级电流的通断是由点火器根据信号发生器的信号来控制,以完成点火工作的。而点火提前角的控制,仍由机械式和真空式点火提前装置完成。

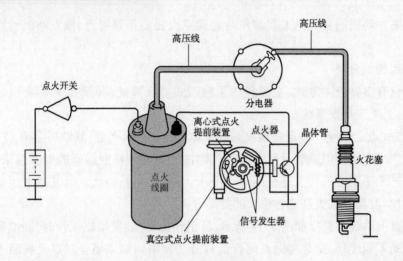

图 5-18 电子点火系统

(3) 电控点火系统。电控点火系统是由发动机 ECU 控制其工作的。发动机 ECU 根据各种传感器计算出最佳点火提前角,通过点火控制器控制点火线圈初级电流的通断,使之产生高压火花。

电控点火系统在当前的电控汽油发动机上得到普遍的应用,本教材主要讲述这种点火系统。

5.4 电控点火系统

自 20 世纪 70 年代后期开始,电控点火系统在汽车发动机上获得了广泛的应用。电控点火系统主要由各种传感器、发动机 ECU、点火控制器、点火线圈和火花塞等组成。由于电控点火系统以发动机 ECU 为控制中心,可以通过各种传感器准确获知发动机的各种工作参数,并通过电子控制的方式精确控制点火提前角,使发动机在各种工况和使用条件下的点火提前角都能更加接近相应的最佳点火提前角,还可精确点火闭合角,提高点火能量。同时,由于电器元件减少,也减少了机械部件和故障点,提高了点火系统工作的可靠性,使发动机的性能得到进一步的改善。因此,电控点火系统是继电子点火系统之后,点火系统发展的又一次飞跃。

5.4.1 电控点火系统的类型和组成

电控点火系统结构形式和发展过程,可分为分电器式、同时点火式、独立点火式三种。

1) 分电器式电控点火系统

分电器式电控点火系统是最早使用在汽车上的电控点火系统,由各种传感器、发动机 ECU、点火控制器、点火线圈、分电器和火花塞等组成(图 5-19)。

在分电器式电控点火系统中,传感器将发动机的各种运转参数(如转速、负荷、冷却液温度、进气温度、节气门开度等)转换为电信号,并将其输入发动机 ECU,作为 ECU 控制点火时刻和点火提前角的依据。ECU 根据传感器的信号,按特定的程序计算最佳点火提前角和初级电路导通时间,并将计算结果转变为点火控制信号,通过点火控制器控制点火线圈初级电路的导通和断开，使之在适当的时刻产生点火所需的高电压，最后通过分电器和高压线送给各缸的火花塞。

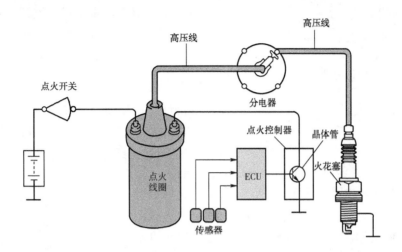

图 5-19　分电器式电控点火系统

电控点火系统中的分电器与传统点火系统和电子点火系统不同，其分电器只有配电器，没有真空点火提前装置和离心提前装置。有些发动机将曲轴位置传感器设置在分电器中。

2）同时点火式电控点火系统

同时点火式电控点火系统（简称同时点火系统）是在分电器式电控点火系统的基础上取消了分电器，采用两个汽缸共用一个点火线圈，同时对两个处于上止点的汽缸进行点火的方式（图 5-20）。发动机 ECU 根据传感器的信号，通过点火控制器分别控制各个点火线圈初级电路的导通和断开，让每个点火线圈在发动机每个工作循环内各点火两次。当接近压缩上止点的汽缸点火时，混合气燃烧做功，点火有效；而此时另一个接近上止点的汽缸处于排气行程，该缸的点火无效。同时点火系统由于废除了分电器，节省空间；由于没有配电器，不存在分火头与分电器旁电极间产生火花，因此有效地降低了点火系统对无线电的干扰；点火系统为全电子电路，无机械零件，无机械故障，可靠性高。

3）独立点火式电控点火系统

独立点火式电控点火系统（简称独立点火系统）是在每个汽缸的火花塞上方设置一个点火线圈和点火控制器总成（图 5-21），

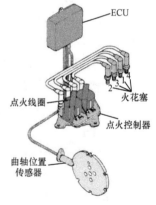

图 5-20　同时点火系统

每个点火线圈的次级绕组直接与火花塞相连，即把点火线圈产生的高压电直接送给火花塞进行点火。独立点火系统由于无机械分电器和高压导线，因而能量损失、漏电损失小，各缸的点火线圈和火花塞均由金属罩包覆，其电磁干扰大大减小。由于采用了与汽缸数相同的点火线圈，减小了点火线圈的工作负荷，能在发动机转速高达 9 000r/min 时，提供足够的点火电压和点火能量。由于取消了故障率较高的机械分电器和高压线，且点火线圈和点火控制

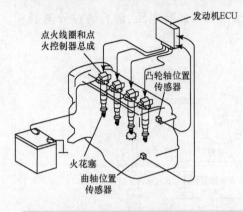

图5-21 独立点火系统

器总成仅占用原来安装高压线绝缘套的位置,充分利用了有限空间,使其结构更加紧凑,故障率更低,自21世纪以来在轿车发动机上得到了越来越广泛的应用,已基本取代了其他各种类型的点火系统。

5.4.2 电控点火系统主要部件的构造

1) 点火线圈

(1) 分电器式点火系统的点火线圈。

分电器式点火系统的点火线圈由铁芯、初级绕组、次级绕组和接线柱等组成,有开磁路式和闭磁路式两种。

开磁路式点火线圈如图5-22所示,其中心是用硅钢片叠成的铁芯,在铁芯外面套有绝缘的纸板套管,点火线圈的初级绕组和次级绕组分层绕在套管上。次级绕组用直径为0.06～0.10mm的漆包线绕11 000～23 000匝,初级绕组用直径为0.5～1.0mm的高强度漆包线绕230～270匝。由于初级绕组的通过电流大,产生的热量多,所以将其绕在次级绕组的外面,以利于散热。为加强绝缘并防止潮气浸入点火线圈,外壳内一般都充满沥青或变压器油,所以这种开磁路点火线圈也称之为湿式点火线圈。

当点火线圈的初级绕组通电时,铁芯被磁化。由于磁路的上、下部分需经过空气和外围壳体内的导磁钢套才能形成回路,铁芯本身不能构成回路,所以称开磁路点火线圈。开磁路点火线圈的磁阻大,漏磁损失多,能量转换效率低。

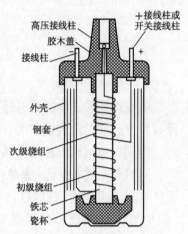

图5-22 开磁路式点火线圈

闭磁路点火线圈的结构和磁路如图5-23所示。闭磁路点火线圈的铁芯为"日"字形,本身构成闭合磁路。闭磁路点火线圈的壳体内,采用热固性树脂作为填充物,所以又称之为干式点火线圈。

与开磁路点火线圈相比,闭磁路点火线圈的磁阻小,漏磁损失小,能量转换效率高。同时闭磁路点火线圈的体积较小,使其能直接安装在分电器盖上,不仅可省去点火线圈与分电器之间的高压线,而且使点火系统的结构更紧凑,因此在早期的电控发动机点火系统中曾得到广泛应用。

(2) 同时点火系统的点火线圈。

同时点火系统一般将几个点火线圈和点火控制器布置在一起,形成点火线圈和点火控制器总成件(图5-24a)。其点火线圈中的初级线圈和次级线圈互不相连,次级线圈的两端各有一个高压接柱,分别通过高压线与两个火花塞连接,并通过搭铁形成回路。

也有一些发动机的同时点火系统将点火线圈直接安装在火花塞上方,取消了该缸的高压线,另一个汽缸的火花塞依然通过高压线来连接(图5-24b)。

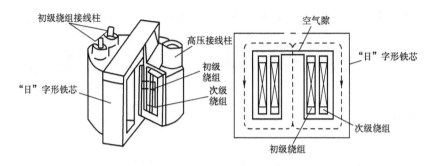

图 5-23 闭磁路式点火线圈

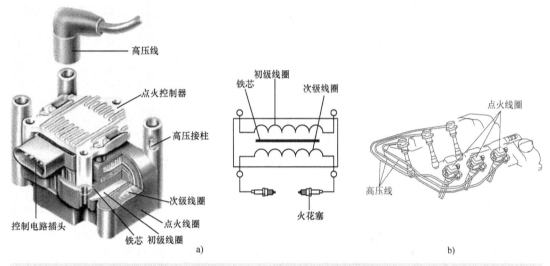

图 5-24 同时点火系统的点火线圈

(3) 独立点火系统的点火线圈。

独立点火系统通常将点火线圈和点火控制器制成一个总成件,直接安装在火花塞上,独立向火花塞提供高压电,各缸直接点火(图 5-25)。

2) 火花塞

(1) 火花塞的结构。火花塞是由接线螺母(接高压线)、绝缘体、中心电极、密封垫圈、壳体、侧电极、中央电极等组成,如图 5-26 所示。火花塞的电极间隙一般为 0.7～0.9mm。为保证发动机可靠点火,现在火花塞电极间隙有的增大至 1.0～1.2mm。

(2) 火花塞的热特性。所谓热特性是指火花塞裙部(陶瓷绝缘体暴露在燃烧室内的部分)的炽热端将热传导至发动机冷却系统的能力。它是在特定条件下的一种比较值,常用热值(1～11 的自然数)来表示,热值越大,表示散热能力相对越好。我国以火花塞绝缘体裙部的长度来标定火花塞的热特性。裙部长的火花塞吸热多,散热相对困难,热值小,因此同样情况下的工作温度高,称为热型火花塞,如图 5-27 所示;而裙部短的火花塞,热值大,因此工作温度低,称为冷型火花塞;散热能力介于二者之间的称为中型火花塞。要使火花塞正常工作,应使其裙部保持在 500～750℃,这样才能使落在绝缘体上的油滴立即烧掉,既不形成积炭,又不会引起炽热点火。该温度称为火花塞的自净温度。通常高压缩比、高转速、大功率的发动机选用冷型火花塞;低压缩比、低转速、小功率的发动机应选用热型火花塞。

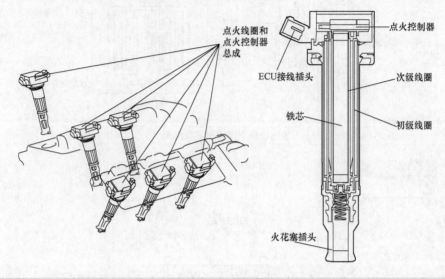

图 5-25　独立点火系统的点火线圈和点火控制器总成

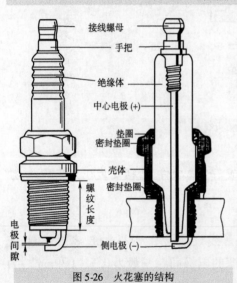

图 5-26　火花塞的结构

(3) 常用火花塞的结构类型。常用火花塞的结构类型,如图 5-28 所示。其中,标准型火花塞的绝缘体裙部略缩入壳体端面,侧电极全遮盖中心电极,是使用最广泛的一种。

电极突出型火花塞的绝缘体裙部较长,突出于壳体端面之外,绝缘体能直接受到进气的冷却而降低温度,不易引起炽热点火。它具有吸收热量大、抗污能力好、热适应范围较宽的优点。

多极型火花塞的侧电极一般为两个以上,优点是点火可靠,电极间隙不需经常调整,故在电极容易烧蚀和火花塞间隙不能经常调整的汽油机上采用。

电阻型火花塞是在火花塞内装有 5～10Ω 的陶瓷电阻器,以抑制汽车点火系统对无线电的干扰。

火花塞按其电极的材质,有普通电极和贵金属电极两种。普通电极火花塞采用镍基合金电极,其电极的直径最大,所图 5-26 所示。这种火花塞结构简单、成本低,但寿命较短,已越来越不适应大功率、高转速、大压缩比的现代发动机的需要。

贵金属电极火花塞是采用贵金属(铂、铱、钇等)为电极材料,并相应改变发火端的结构,使火花塞具有更高的点火性能和使用寿命。由于贵金属具有极高的熔点(如铂熔点为 2042K、铱为 2716K),再加进某些元素(如铑、钯)后,具有极高的抗化学腐蚀的能力。将其制成细电极(直径 0.2mm),直接烧结于绝缘体发火端中(如图 5-27 中的铂火花塞),或以直径为 0.4～

0.8mm的圆片用激光焊接于中心电极前端和侧电极的工作面。这种电极具有强烈的尖端放电效应,在电压相对较低时也能点火,其火花间隙可加大至1.1~1.5mm。贵金属电极火花塞的性能十分优异:一是电极的高抗蚀性能够保持火花间隙长期不变,使点火电压稳定,发动机工作平稳,火花塞使用过程中无需调整修正电极间隙;二是适宜于冷态起动,由于尖端放电,点火容易,提高了发动机低速工况下的性能;三是减少电极的吸热作用,增强火花能量。细小的电极使间隙周围的空间扩大,增加了混合气的可达性,使燃烧更充分,排放更低。

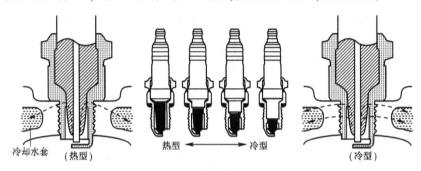

图 5-27　热型和冷型火花塞

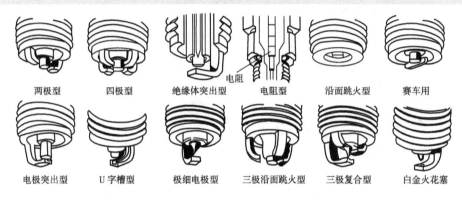

图 5-28　常用火花塞的结构类型

(1)请分析燃油系统的进油管无油的故障原因。
(2)请分析火花塞没有高压火花的故障原因。

5.5　电控燃油系统的检修

电喷发动机燃油系统中的电动汽油泵、汽油滤清器、喷油器、油压调节器等是发动机中比较容易产生故障的部件。特别是电动汽油泵和喷油器,在长期使用后,由于正常的磨损或因汽油中所含杂质和水分的影响而损坏,导致不供油或油压过低、喷油器堵塞等故障,影响发动机的运转性能,致使怠速运转失常,动力下降,起动困难甚至不能起动。在检修燃油系统的故障时,应先对燃油系统的工作性能进行检查,根据检查结果,有针对性地对相关部件进行检修。

5.5.1 燃油压力的检测

检测发动机运转时燃油管路内的油压,可以判断燃油系统中的电动汽油泵有无故障,油压调节器有无失常,汽油滤清器是否堵塞等。检测燃油压力时,应准备一个量程为1MPa左右的油压表及专用的油管接头,按下列步骤进行。

1)油压表的安装

其安装方法是:

(1)释放燃油系统中的油压。其方法是:运转发动机,将电动汽油泵的继电器拔下(或拔下电动汽油泵的电源插头),使油泵停止转动。继续运转发动机,直至熄火。再次起动发动机,直至无法起动为止。

(2)拆下蓄电池负极电缆。

(3)在进油管路上选择一个可以连接油压表的油管接头,拆除该油管接头螺栓(拆开螺栓时,要用一块棉布包住油管接头,以防汽油喷溅),将油压表和油管一起安装在油管接头上,如图5-29a)所示。

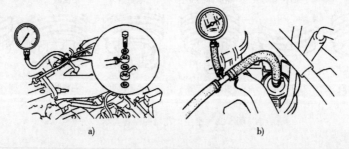

图5-29 油压表的安装

油压表可以安装在汽油滤清器油管接头、分配油管进油接头,或用三通接头接在进油管路上任何便于安装和观察的部位,如图5-29b)所示。

(4)擦干溅出的汽油。

(5)重新装上蓄电池负极电缆。

2)发动机运转时燃油压力的测量

其测量方法是:

(1)起动发动机。

(2)让发动机怠速运转,测量此时的燃油压力。不同车型发动机在怠速时的燃油压力各不相同,有回油管的燃油系统,其怠速燃油压力一般为0.20~0.25MPa;无回油管的燃油系统,其燃油压力一般为0.30~0.35MPa。

(3)改变节气门开度,观察节气门开度变化时燃油压力的变化情况。有回油管的燃油系统在节气门开大时,其怠速燃油压力应随之下降,否则说明油压调节器工作失常;无回油管的燃油系统,其燃油压力与节气门开度无关,在节气门开大时,燃油压力应保持不变。

(4)拔下油压调节器上的真空软管(有回油管的燃油系统),并用手堵住,让发动机怠速运转,测量此时的燃油压力。此时燃油压力应达到最大值,一般为 0.30MPa。

若测得的油压过高,则为油压调节器工作不正常,应检查油压调节器有无回油,及其真空软管有无堵塞或漏气;若测得的油压过低,则可能是电动汽油泵有故障、汽油滤清器堵塞或油压调节器漏油。

3)电动汽油泵最大泵油压力的测量

保持发动机运转,用鲤鱼钳包上软布夹紧回油管,堵住回油,测量此时的燃油压力。该压力称为油泵的最大泵油压力,其值应当比发动机运转时的燃油压力高 200~300kPa,通常可达 490~640kPa。如果油压低于标准值,说明电动汽油泵性能不良,有可能导致电喷发动机动力不足等故障,应更换电动汽油泵。

4)燃油系统保持压力的测量

测量发动机运转时的燃油压力后,将发动机熄火,过 5min 再观察油压表指示的油压。此时的压力称为燃油系统保持压力。其值应不低于 147kPa。若油压低,说明油路中有泄漏,应进一步检查电动汽油泵保持压力。

汽油泵保持压力的检查方法是:发动机熄火后,将回油管用鲤鱼钳包上软布夹紧,堵住回油,5min 后再观察油压表压力,此时的压力称为电动汽油泵的保持压力,其值应大于 340kPa。如低于此值,说明电动汽油泵出油口处的止回阀有泄漏。此故障有可能导致电喷发动机起动困难,应更换汽油泵。

如果燃油系统的保持压力过低,而汽油泵的保持压力正常,则应在发动机熄火后拆下油压调节器的回油管,观察有无燃油从油压调节器中漏出。如有漏油,应更换油压调节器。如油压调节器无漏油,则应当是喷油器有泄漏,应拆检喷油器。

5)油压表的拆卸

测量好燃油压力后,按下列步骤拆卸油压表:

(1)释放燃油系统的油压。

(2)拆下蓄电池负极电缆。

(3)拆下油压表。

(4)重新装好油管接头。

(5)接好蓄电池负极电缆。

(6)让发动机起动后熄火,检查油管各处有无漏油。

5.5.2 电动汽油泵的检修

1)电动汽油泵的拆卸和安装

从车上拆卸电动汽油泵的方法是:

(1) 释放燃油系统的油压。

(2) 大部分小轿车的电动汽油泵,可以打开汽车后舱盖或翻开后坐垫之后,从油箱上方拆出,如图 5-30 所示。先拔下电动汽油泵线束插头,拆除出油管和回油管,拧出固定螺钉,即可从油箱上方取出电动汽油泵托架总成。也有一些车型必须先将油箱从车上拆下,然后才能取出电动汽油泵。

(3) 拆下电动汽油泵与托架的连接导线和连接油管,即可从托架上取出电动汽油泵和橡胶缓冲垫,再将滤网的卡扣拆下,取下滤网,如图 5-31 所示。

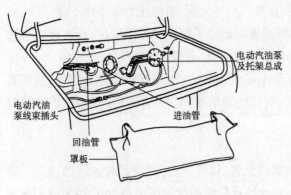

图 5-30 电动汽油泵的拆卸

电动汽油泵的安装方法是:

(1) 按分解相反的顺序装好电动汽油泵托架总成。

(2) 将电动汽油泵托架总成装入油箱(注意装好密封垫圈),拧紧固定螺钉。

(3) 装好出油管、回油管、线束插头。

2) 电动汽油泵的检查

电动汽油泵拆下后应检查其是否正常,检查方法是:

(1) 用万用表测量电动汽油泵两接线柱之间的电阻。正常应能导通,其电阻值应为 $2\sim3\Omega$。

(2) 用蓄电池电源短时间加在电动汽油泵两接线柱上。如正常,应能听到电动汽油泵转子高速转动的声音。

(3) 将电动汽油泵浸在汽油桶内,用专用导线连接蓄电池和电动汽油泵;接通电源后,电动汽油泵出油口应有大量高压汽油泵出。做此项检查时要注意安全,应在通风良好处进行;电动汽油泵接线要连接牢固;蓄电池要远离电动汽油泵;汽油泵的出口应当接上软管,并将软管出口折回汽油桶中;最好使用非可燃性的专用喷油嘴检验液代替汽油;也可用挥发性不强的煤油代替汽油。

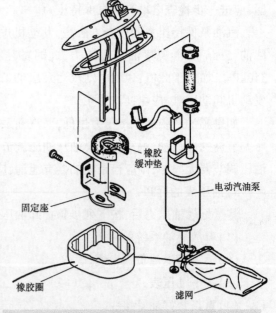

图 5-31 电动汽油泵托架总成的分解

以上检验如有异常,应更换电动汽油泵。

5.5.3 喷油器的检修

喷油器最常见的故障是喷油量失常和雾化不良,其原因是受发动机运转时高温的影响,以及汽油中所含的树脂、树胶烯烃等物质会逐渐附着在喷油器末端细小的喷孔上造成喷油器堵塞,影响了汽油的正常通过和雾化。另外,劣质汽油中所含的水分也极易使喷油器针阀锈蚀,导致卡滞,造成喷油器漏油或不喷油。喷油器电磁线圈老化或短路、断路,喷油器控制电路接触不良、断路等均会造成喷油器不喷油。喷油器的故障会造成发动机不能起动或起动困难,动力下降,加速迟缓,怠速不稳,容易熄火及排气冒黑烟等。

1) 喷油器的就车检查

喷油器的就车检查可采用测听其工作声音、断缸检查、测量电磁线圈电阻等方法。

(1) 喷油器工作声音的测听。其测听方法是:

① 发动机热车后使其怠速运转。

② 用螺丝刀或听诊器测听各缸喷油器工作的声音,如图 5-32 所示。

在发动机运转时,应能听到喷油器有节奏的"嗒嗒"声,这是喷油器在发动机 ECU 控制下喷油的声音(可用拔掉喷油器线束插头后测听响声是否消失的方法,来确认是否为喷油器工作的声音)。若各缸喷油器工作声音清脆均匀,则说明各喷油器工作正常。

③ 若某缸喷油器的工作声音很小,则说明该喷油器工作不正常,可能是针阀卡滞,应作进一步的检查。

图 5-32 喷油器工作声音的测听

④ 若听不见某缸喷油器的工作声音,说明该喷油器不工作。对此,应检查喷油器控制线路或测量喷油器电磁线圈电阻。若控制线路及电磁线圈正常,则说明喷油器针阀完全卡死,应更换喷油器。

(2) 断缸检查。其检查方法是:

① 发动机热车后使其怠速运转。

② 依次拔下各缸喷油器的线束插头,使喷油器停止喷油,进行断缸检查。若拔下某缸喷油器线束插头后,发动机转速有明显下降,则说明该喷油器工作正常;相反,若拔下某缸喷油器线束插头后发动机转速无明显下降,则说明该缸不工作或工作不良,可能是喷油器不工作,应作进一步的检查。

(3) 喷油器电磁线圈电阻的测量。

① 拔下喷油器线束插头。

② 用万用表测量喷油器两接线柱,如图 5-33 所示。如正常,应能导通,其电阻应为 12～16Ω(高阻抗型)或 3～5Ω(低阻抗型)。

③ 测量结束后,插好喷油器线束插头。

2) 喷油器的拆卸和安装

当电喷发动机出现冷车起动困难、冷车无怠速、怠速不稳、排气污染物超标或排气冒黑烟等故障时,通常是由于喷油器堵塞或雾化不良所致,此时应拆卸喷油器,以便清洗或更换。

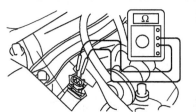

图 5-33 喷油器电磁线圈电阻的测量

喷油器的拆卸:在拆卸喷油器之前,应先释放燃油系统的油压;有些车型在拆卸喷油器时,还应先拆除发动机上方影响喷油器拆卸的有关零部件,如进气管、节气门体等,然后按图5-34所示顺序拆卸喷油器。

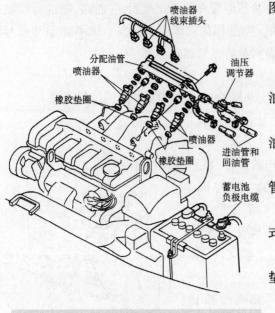

图5-34 喷油器的拆卸

(1)拆下蓄电池负极电缆。

(2)拔下各缸喷油器线束插头。

(3)拆下连接在分配油管上的进油管和回油管。

(4)拔去油压调节器上的真空软管,拆下油压调节器。

(5)拧下分配油管的固定螺栓,将分配油管和喷油器一同拆下。

(6)从分配油管中拔出喷油器(上方供油式喷油器)。

(7)取下喷油器和进气歧管之间的橡胶垫圈。

对于侧方供油式喷油器,在拆下分配油管后,可按图5-35所示方法将喷油器从分配油管中压出。

对于拆下的喷油器,应先进行目测检查,其方法是:在工作台上铺一块干净的白布,将分配油管及喷油器内的残余汽油倒在白布上。若发现有铁锈或水珠自喷油器进油口处流出,说明喷油器已锈蚀,应更换。

3)喷油器的清洗

喷油器可以用喷油器清洗试验台进行测试和清洗。在喷油器清洗试验台上可以观察喷油器喷油雾化状况,测定喷油器在一定时间或一定喷油次数内的喷油量,检查喷油器针阀密封性能。对于工作不良的喷油器,可在清洗试验台上进行超声波清洗和反流冲洗,以达到彻底清洁喷油器,使之恢复良好的喷油雾化能力的目的。

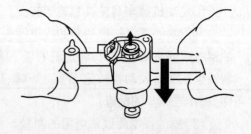

图5-35 从分配油管上压出喷油器

如果没有喷油器清洗试验台,也可以用手工的方法,用化油器清洗剂清洗喷油器。在清洗时,应重点对喷油器的喷孔进行清洗。

4)喷油器的安装

更换喷油器或清洗喷油器后,应按下述步骤进行安装:

(1)将喷油器装在分配油管上。安装时应更换所有O形密封圈,并在O形密封圈上涂少量干净的汽油或机油,如图5-36a)所示。在将喷油器压入分配油管时应不断转动喷油器,以免损坏O形密封圈,如图5-36b)所示。

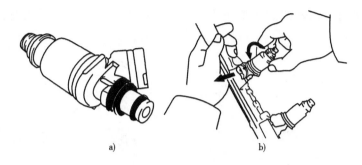

图 5-36 将喷油器装入分配油管

（2）在进气歧管的喷油器孔上安放好 O 形密封圈，如图 5-37a）所示，将喷油器和分配油管一同装在发动机上，拧紧分配油管固定螺栓。

（3）用手转动喷油器，检查是否能平顺地转动。如果喷油器不能用手转动，说明 O 形密封圈安装不当，应拆下喷油器重新安装，如图 5-37b）所示。

（4）安装进油管和回油管，插上油压调节器真空软管，插好各喷油器线束插头。

（5）按拆卸时相反的顺序安装进气管等其他零件。

（6）起动发动机后立即熄火，检查喷油器及油管接头有无漏油。

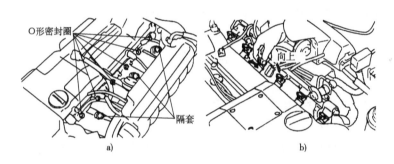

图 5-37 喷油器 O 形密封圈的安装与检查

5.6 电控点火系统的检修

点火系统中的点火线圈、火花塞、高压线等是发动机中容易产生故障的零部件，点火系统的故障往往会使发动机无法起动，或个别缸不工作，发动机运转不稳等。点火系统的主要检修内容包括：点火系统工作性能的检查、点火线圈的检修、火花塞的检修、分电器的检修等内容。点火系统中的部件如有损坏，一般都是采用换件法修复。

5.6.1 点火系统工作性能的检查

1）高压火花的检查

当发动机无法起动时，通常要检查点火系统有无高压火花，火花强度是否正常。

正确的检查方法是：对于有分电器的电控点火系统，可从分电器盖上拔下高压总线，让高压总线末端距离缸体 5～6mm,接通起动开关,用起动机带动发动机转动,同时观察高压总线末端处有无强烈的蓝色高压火花,如图 5-38a)所示。如无火花,则说明点火系统不点火。

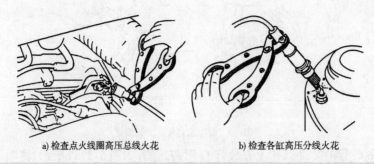

a) 检查点火线圈高压总线火花　　b) 检查各缸高压分线火花

图 5-38　高压火花的检查

若高压总线点火正常,还应进一步检查各缸高压分线的点火情况。依次从各缸火花塞上拔下高压分线,接上一个火花塞,让火花塞搭铁,起动发动机,检查各高压分线的点火情况,如图 5-38b)所示。如无火花,则说明分电器有故障。

对于无分电器的电控点火系统,则应从汽缸盖上拔下某缸的高压分线,将一个火花塞接在高压线上,让火花塞搭铁,起动发动机,检查其高压火花。

由于在转动起动开关起动发动机时,电喷发动机的喷油器会喷油。因此,为防止在检查点火的过程中有太多的燃油从喷油器喷入发动机,并且未经燃烧直接排入排气管,对排气管中的三元催化反应器造成不利的影响,起动发动机的时间不宜太长,一般在 1～2s 内为宜。也可以在检查前将各缸喷油器的线束插头拔下,使之无法喷油。

2) 点火正时的检查

发动机点火正时的检查方法有经验检查法和仪器检查法两种。

(1) 点火正时的经验检查法。

① 通过发动机的急加速性能检查点火正时。其方法是:起动发动机,使冷却液温度上升到 80℃ 以上,在发动机怠速运转时突然踩下加速踏板加速。如发动机转速不能随节气门的打开而立即升高,感到"发闷",或在排气管中有"突突"声,则为点火过迟;如果在急加速时发动机内出现金属敲击声(爆震),则为点火过早。

② 在汽车行驶中检查点火正时。将发动机运转至冷却液温度达到 80℃ 以上,在平坦的道路上以直接挡行驶,突然将加速踏板踩到底,如在加速时能听到发动机有微弱的金属敲击声(爆震),且随转速升高很快消失,表示点火时间正确;如听到有明显的金属敲击声,说明点火过早;如加速时感到发闷,且无敲击声,说明点火过迟,需停车进行调整。

(2) 点火正时的仪器检查法。检查点火正时的仪器是正时灯。检查方法是:安装好正时灯,起动发动机达到正常工作温度,使发动机处于检查点火正时的转速(一般为 650～750r/min,车型不同略有差别)。接好正时灯,并将正时灯照向发动机的曲轴皮带轮上的正时记号,读出该记号在缸体正时刻度尺上的角度,如图 5-39 所示。将该角度与维修手册中的标准值对照,如果相符,表明点火时间正确;否则,应松开分电器固定螺钉,通过旋转分电器外壳进行调整。

5.6.2 点火系统主要部件的检测

1)点火线圈的检测

(1)外观检查。目测观察点火线圈外表,若有脏污或接线柱锈蚀,应进行清洁后再作进一步检查;若有胶木盖裂损、接线柱松动、壳体变形、填充物外溢、高压插座接触不良等现象,应更换该点火线圈。

(2)绝缘性能的检查。用万用表电阻挡测量点火线圈任一接线柱与壳体之间的电阻值,阻值应不小于50MΩ;否则,说明点火线圈绝缘不良,应更换该点火线圈。

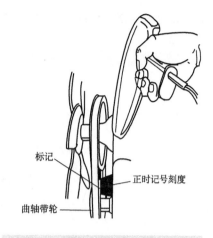

图 5-39 用正时灯检查点火正时

(3)线圈电阻的检查。点火线圈可以采用测量其初级线圈和次级线圈电阻的方法来检查其是否有故障。测量点火线圈最好在线圈温度较高时进行,因为有些点火线圈要在热态下才出现故障。其测量方法是:

将发动机运转至热车后熄火,拔下点火线圈的初级线路插头和高压总线,用万用表的欧姆挡测量点火线圈上连接初级线路的两个接线柱,即正、负极端子,如图 5-40a)、图 5-41a)所示,测出点火线圈的初级线圈电阻;再测量高压接线柱和任一个初级线路接线柱,测出次级线圈电阻,如图 5-40b)、图 5-41b)所示。将测量结果与标准进行比较,不同车型的点火线圈的初级线圈和次级线圈的电阻都不完全相同,一般初级线圈电阻为 $0.5\sim2\Omega$,次级线圈电阻为 $7\sim20k\Omega$。若测量结果不符合标准,说明点火线圈有故障,应更换。

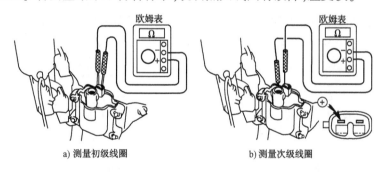

a) 测量初级线圈　　　　b) 测量次级线圈

图 5-40 闭磁路式点火线圈的测量

2)高压线的检测

高压线的常见损坏形式是漏电和断路。其检查方法是:将高压线从发动机上拆下,观察其外表,如有破损、龟裂或有击穿漏电的痕迹,应更换。若外表正常,则可进一步测量其两端头之间的电阻,如图 5-42 所示。高压线的电阻取决于其长度,一般正常阻值应小于 $33k\Omega/m$。若阻值过大或为无穷大,说明高压线有断路,应更换。

3)火花塞的检查

火花塞在高温、高压的环境下工作,且还要受燃油中添加剂的腐蚀,是易损零件。火花塞常见故障是绝缘体裂损、电极烧蚀、积炭、电极间隙失准等。

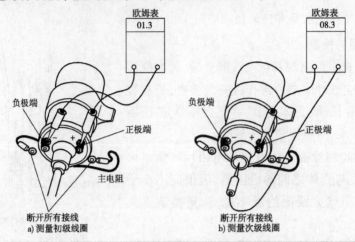

图 5-41 开磁路式点火线圈的测量

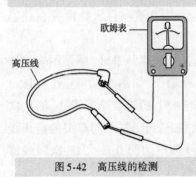

图 5-42 高压线的检测

检查时,应注意火花塞壳体与绝缘体的连接是否牢固可靠,若发现火花塞的螺纹及绝缘体有裂纹或壳体与绝缘体连接不牢,应更换新件;检查中心电极是否烧损和侧电极是否开焊或脱落,若发现有以上的现象,应更换新件;火花塞积炭较轻时,可用铜丝刷或软钢丝刷进行清理,积炭严重或绝缘体裂损、电极烧蚀时必须更换;火花塞电极间隙一般为 0.7~1.0 mm,近年来,为了适应发动机对排气净化的要求,火花塞间隙有增大的趋势,有的已增大为 1.0~1.2mm,此间隙可用塞尺测量,如图 5-43a)所示,若不符合规定标准,应更换火花塞,或用专用工具弯曲侧电极来调整,如图 5-43b)所示。

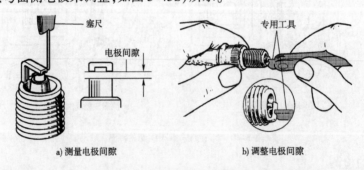

图 5-43 火花塞电极间隙的测量和调整

小组工作

(1)每 12 名学生组成 1 个工作小组,确定小组长,接受工作任务,做好工作准备。
(2)阅读工作单,查阅维修手册(或实训指导书),观察待拆装发动机的燃油系统和点火系统,讨论拆卸方法和步骤,确定小组人员工作分工。向实训指导教师汇报讨论结果,经指导教师同意后,开始下一步的工作。

(3)按照工作单的引导,完成待拆装发动机的燃油系统和点火系统拆卸、分解和检查工作。

(4)在完成工作任务的过程中,根据工作单的要求,完成燃油系统、点火系统零部件认识、作用和工作原理描述等学习任务。

(5)完成工作单要求的燃油系统和点火系统主要零部件的检测,将检测结果记录在工作单的相应栏目,并对检测结果作出分析。

(6)回答指导教师的现场提问,接受指导教师的技能考核。

(7)完成工作任务后,对工作过程进行自我评价和小组互评,听取指导教师的点评。

(8)清洁工作场所,清点维护工具设备,完成任务交接。回答指导教师的现场提问,接受指导教师的技能考核。

拓 展 知 识

5.7 缸内直喷式燃油系统

5.7.1 缸内直喷式燃油系统的组成

汽油机缸内直喷式燃油系统分为低压和高压两部分,低压部分主要由燃油箱、电动汽油泵、汽油滤清器及低压燃油管等组成,高压部分由高压燃油泵、高压燃油分配管、燃油压力调节器、喷油器等组成(图5-44)。低压输油泵和燃油滤清器通常安装在燃油箱内。高压燃油泵、燃油压力调节阀、燃油共轨、喷油器等都安装在发动机缸盖上(图5-45)。

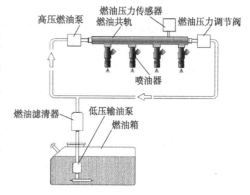

图5-44　缸内直喷式燃油系统组成

5.7.2 缸内直喷式燃油系统的工作过程

低压电动燃油泵将燃油箱内的汽油加压至0.6MPa左右的压力,经汽油滤清器过滤后送入高压燃油泵。高压燃油泵由发动机凸轮轴直接驱动,将燃油压力进一步提高后送入燃油共轨(也称为高压燃油分配管)中。发动机ECU根据燃油压力传感器的信号和发动机的运转工况,通过燃油压力调节阀控制高压燃油泵输出的燃油压力,使之在4～13MPa之间变化,通常发动机的负荷越大,燃油压力就越高。安装在各缸燃烧室上的喷油器与燃油共轨连接,由发动机ECU发出的脉冲信号控制其喷油的开始时刻和喷油量。由于喷油压力很高,喷入汽缸的燃油能被雾化成极细的油滴,并在极短的时间内(约几毫秒或几十度曲轴转角)就完全蒸发成气态。缸内直喷式燃油系统的喷油控制

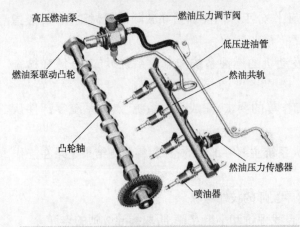

图5-45 缸内直喷式燃油系统主要部件

方式主要有两种：一是在发动机进气行程中喷油，喷入的燃油在剩余的进气行程和压缩行程中与汽缸内的空气混合，形成较为均匀的匀质混合气，根据工况需要，其混合气浓度可在稀混合气（最稀可达20:1）至功率混合气之间变化；二是在压缩行程接近上止点时喷油，喷入的燃油在喷束、缸内气流、活塞顶部形状的作用下，在燃烧室中形成靠近火花塞中心较浓、外围较稀的非均质混合气。这种非均质混合气可在火花塞点火后，由已点燃的高温火焰将周围的稀混合气点着，在汽缸内混合气总体浓度很稀的条件下（最稀可达30:1），实现混合气分层的稀薄燃烧。

5.7.3 缸内直喷式燃油系统的主要部件

1）低压输油泵

低压输油泵安装在汽车的燃油箱内，其作用是将燃油箱内的燃油吸出，加压至0.4～0.5MPa的压力送入燃油滤清器，过滤后经低压燃油管送至高压燃油泵。目前缸内直喷式燃油系统的低压输油泵通常采用与缸外喷射式燃油系统的电动汽油泵一样的结构，在此不再赘述。

2）高压燃油泵

高压燃油泵安装在发动机汽缸盖上，由发动机凸轮轴上的凸轮直接驱动，其作用是将低压输油泵送来的燃油压力进一步提高，达到缸内直喷所需的工作压力，通常这一压力为4～13MPa，目前有些车型甚至高达20MPa。

现代缸内直喷汽油机所用的高压燃油泵通常采用柱塞泵的结构形式，按柱塞的驱动方式有轴向柱塞泵、径向柱塞泵和直列式柱塞泵三种；按柱塞个数有单缸泵、三缸泵和五缸泵等。图5-46所示为轴向柱塞式单缸泵，柱塞由凸轮轴上的凸轮驱动作上下往复运动泵油。

3）燃油压力调节阀

燃油压力调节阀是一种电磁阀，由电磁线圈和阀杆组成，通常安装在高压燃油泵上（图5-47）。其作用是在发动机ECU的控制下，通过开启和关闭高压燃油泵的进油阀，来调节高压燃油泵的有效泵油行程，从而调节输出的燃油压力，以满足发动机不同工况对喷油压力的要求，同时减少了泵油的能量消耗。在发动机不同工况下，高压系统的燃油压力会在4～13MPa之间变化。

在燃油压力调节阀的作用下，高压燃油泵柱塞的每个往复运动要经历进油、回油、泵油三个行程，如图5-47所示。

(1) 进油行程：柱塞下行的整个行程均为进油行程。当柱塞下行时，泵腔容积增大，腔内油压下降,出油阀在高压燃油管内油压的作用下关闭,由于泵腔内的压力低于低压燃油管内的油压,因此进油阀开启,燃油被吸入泵腔(图5-47a)。

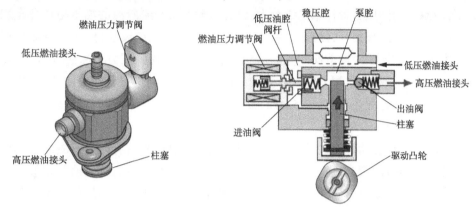

图5-46　高压燃油泵

(2)回油行程:柱塞从开始上行至燃油压力调节阀通电的一段行程为回油行程。柱塞上行时,泵腔容积变小,腔内油压上升。在柱塞刚开始上行的一段行程中,燃油压力调节阀处于断电状态,其阀杆伸出,使进油阀无法关闭,上行的柱塞使泵腔内的燃油通过开启的进油阀流向减压腔,经减压腔流回低压燃油管路中(图5-47b)。在回油行程中,由于泵腔内的燃油压力远低于高压燃油管中的油压,因此出油阀始终处于关闭状态。减压腔内有一膜盒式减压器,可以减小因回油产生的低压燃油管路中的压力脉动。

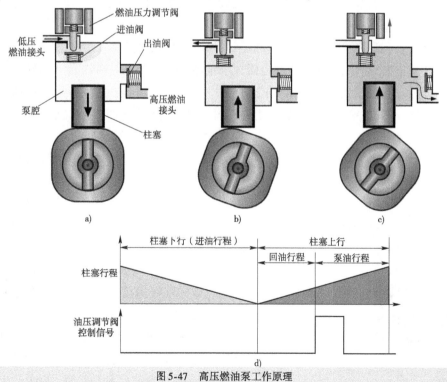

图5-47　高压燃油泵工作原理

(3)泵油行程:燃油压力调节阀通电后柱塞继续上行至最高点的行程为泵油行程。当柱塞上行至燃油压力调节阀通电时,其阀杆被吸入,进油阀在复位弹簧和泵腔内油压的双重作用下关闭,腔泵内的油压随着柱塞的继续上行而急剧增大,当泵腔内的油压超过高压燃油管路中的油压时,出油阀被推开,使腔泵内的高压燃油进入高压燃油管路,开始泵油行程。在泵油行程中,即使燃油压力调节阀断电,由于此时泵腔内的燃油压力很高,作用在进油阀上的燃油压力远大于燃油压力调节阀阀杆弹簧的推力,使进油阀仍保持在关闭状态,直至柱塞上行至最高点,泵油行程才结束(图5-47c)。

4)燃油共轨

燃油共轨安装在发动机汽缸盖周围,是一种管状铸铝件,并具有与高压燃油泵、喷油器、燃油压力传感器连接的接头(图5-45),其结构与缸外喷射系统中的分配油管相似。高压共轨实质上是一个燃油蓄压器,其作用是存储高压燃油,并使高压油泵的供油和喷油嘴的喷油所产生的压力波动得到缓冲,以保持油压稳定,并将高压燃油分配给各缸的电控喷油器。由于是各缸共用,故有"共轨"之称。

在发动机运转中,燃油共轨中始终充满了高压燃油,利用燃油共轨较大的容积,来补偿高压燃油泵脉动供油和喷油器断续喷油所产生的压力波动。不论供油量和喷油量如何,高压共轨中的压力都应保持恒定,从而确保喷油器打开时喷油压力不变。

考虑到燃油的可压缩性和填充共轨容积所需要的时间,燃油共轨的容积应适当,使之既能抑制燃油压力波动,尽量保持共轨燃油压力的平稳,同时又能在发动机起动和急加速时使共轨中的燃油压力能够迅速达到发动机各运转工况所需要的数值。

5)喷油器

喷油器安装在汽缸盖上,其进油口与燃油共轨连接,喷嘴则伸入燃烧室(图5-48)。

目前缸内直喷式汽油机一般采用电磁式喷油器,由电磁线圈、衔铁、针阀等组成,其结构如图5-49所示。电磁线圈与发动机电控系统的计算机连接,通电时产生磁场,使衔铁克服弹簧的弹力上移,与其连接在一起的针阀上移打开喷孔,使高压燃油喷入汽缸。

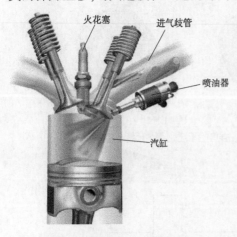

图5-48 缸内直喷发动机喷油器的安装位置

缸内直喷式发动机喷油器喷嘴的类型对喷油雾化品质和喷射油束的形成有着直接的关系,不同发动机由于混合气的形成方式不同,对喷射油束的要求也不同,因此常采用不同的喷油形式。常见的喷油嘴形式有多孔式、外开单孔式和内开单孔式三种,如图5-50所示。

外开单孔式喷嘴如图5-50a)所示,由于针阀向外开启,具有较好的抗积炭能力,但喷射油束形状是一个空心的圆锥体,其雾化品质略差。

内开单孔式喷嘴如图5-50b)所示,其针阀向内开启,并能在密封座面上方产生燃油的横向旋流,因而能形成非常良好的雾化品质,并能产生倾斜于喷油嘴轴线的喷射油束,便于喷油器在汽缸盖上的布置,同时也具有不易积炭的特点,因此应用广泛。

图 5-49　缸内直喷发动机喷油器结构

多孔式喷嘴如图 5-50c)所示,其特点是可通过每一个喷孔喷射出界限分明的单个油束,其雾化品质不如旋流喷嘴,但是它可通过有针对性地设计各个喷孔的长度与孔径比,调整油束在燃烧室中的位置,以适应燃烧室的几何形状。

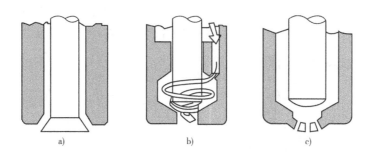

图 5-50　喷孔类型

5.8　进气增压系统

5.8.1　进气增压系统的功用与类型

进气增压就是在进气道中设置 1 个增压器,将空气或可燃混合气预先进行压缩后,再送入发动机汽缸。采用增压系统后,在汽缸排量不变的情况下,由于每个循环进入汽缸的空气量增加,可以向汽缸内提供更多的燃料而获得充分燃烧,从而提高了发动机的输出功率。发动机增压系统有多种类型,如机械驱动式增压、废气涡轮增压、惯性增压、气波增压等。目前应用最广泛的是废气涡轮增压系统,如图5-51所示。

a) 废气涡轮增压　　　　　　　　b) 机械驱动式增压

图5-51　进气增压系统的形式

进气增压技术早期主要用于柴油机,化油器式汽油机由于可燃混合气形成方式的原因,不利于采用进气增压技术,所以应用很少。近年来,由于采用了直接喷射式汽油机,进气增压技术在汽油机上的应用也越来越多。

5.8.2　机械增压系统

最早应用在汽车上的进气增压系统都是采用机械驱动式增压,这种增压器在刚发明时被称为超级增压器(Supercharge)。机械增压器的驱动力来自发动机曲轴,一般都是利用曲轴带轮通过传动带驱动。机械增压器有多种类型,常见的有叶片(Vane)式和鲁兹(Roots)式。

鲁兹增压器有双叶转子、三叶转子两种形式,图5-52所示为三叶转子的鲁兹增压器。在增压器的椭圆形壳体中装有两个转子,各转子上有3个茧形叶片,两转子的叶片之间保持极小的间隙而不直接接触,仅通过齿轮联动,其中一个转子与驱动轴上的带轮连接。带轮内装有电磁离合器,在不需要增压时即放开离合器以停止增压。离合器的开合则由计算机控制以达到省油的目的。

由于机械增压器由曲轴直接带动,所以其在低转速下便可获得增压。增压的动力输出也与曲轴转速成一定的比例,即机械增压发动机的动力输出随着转速的提高而增强,具有线性输出特性。

机械增压器优点为体积小、结构简单、无须修改发动机本体、安装容易。而且工作温度介于70~100℃,比涡轮增压器的400~900℃的高温工作环境要低得多,因此对于冷却系统、润滑系统的要求与自然吸气式发动机基本相同,尤其适合发动机的改装。

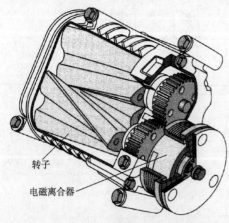

图5-52　机械增压器

然而,机械增压器的进风量与阻力成正比关系。随着发动机转速的升高,增压器内部叶片的泵气阻力也会升高,当阻力达到某一界限时,会过多地消耗发动机的动力,严重影响转速的提升。因此,机械增压必须在增压程度与消耗的发动机动力之间取得平衡,以避免高增压带来的负面效应。

5.8.3 废气涡轮增压系统

废气涡轮增压系统是利用发动机排出的废气能量来驱动增压器的涡轮,并带动同轴上的压气机叶轮旋转,将空气压缩后送入发动机进气管。涡轮与压气机装成一体,称为涡轮增压器。在废气涡轮增压系统中,涡轮增压器和发动机无任何机械传动连接,能充分利用排气能量,具有效率高、结构简单、体积小、较理想的动力特性、较好的燃料经济性等优点。

废气涡轮增压系统由涡轮增压器和限压装置组成(图5-53)。发动机排气歧管与涡轮机进口连接。排出的废气经过涡轮机后进入排气管;废气的压力推动涡轮转动,压气机叶轮与涡轮同轴转动;从空气滤清器进来的空气经空气流量计计量后进入压气机,经压缩后进入进气歧管,以较高的密度充入汽缸中。

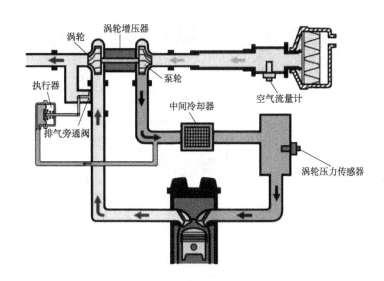

图5-53 废气涡轮增压系统

大部分涡轮增压系统都将增压后的空气冷却后再送入汽缸,以进一步增大进入汽缸的空气密度,提高发动机功率。

涡轮增压器(图5-54)由废气涡轮、压气机两个主要部分,以及支撑、密封、冷却、润滑等装置组成,如图5-55所示。涡轮转子通常和轴做成一体。压气机叶轮用锁紧螺母固定在涡轮轴上,涡轮在工作时的转速通常为80~100kr/min,最高可达200kr/min,且在909℃附近的高温下工作。为了减小运转阻力,支撑装置采用特殊的浮动轴承。这是一种有孔的滑

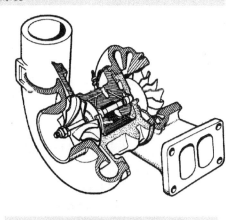

图5-54 涡轮增压器

动轴承(图5-56),与轴颈及轴承座孔都有一定的间隙。运转时大量润滑油在轴承中循环,产生液体润滑,使轴及轴承悬浮在轴承座孔中高速旋转。润滑油由发动机润滑系统提供,部分润滑油经油道喷向涡轮室壁面,起冷却作用。密封装置由转子两端的油封组成,防止机油从转子两端漏至发动机进气管或排气管。为使密封可靠,通常采用活塞环式密封结构(见图5-55 前密封环6和后密封环23)。

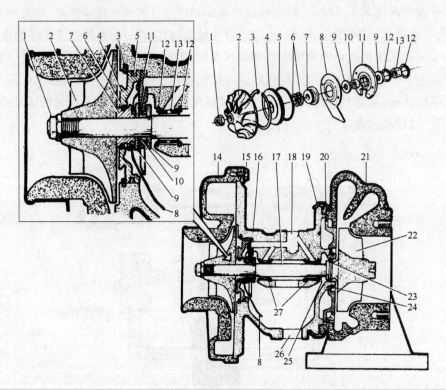

图5-55 涡轮增压器的构造

1-螺母;2-压气机叶轮;3、12、24-卡环;4-密封板;5-O形密封圈;6、23-密封环;7-套管;8-挡油板;9-推力垫圈;10-隔圈;11-推力轴承;13、27-轴承;14-压气机壳;15-压气机壳固定螺栓;16-外壳;17-涡轮轴;18-润滑油入口;19-卡箍;20-防热罩;21-涡轮壳;22-涡轮转子;25-油套;26-润滑油出口

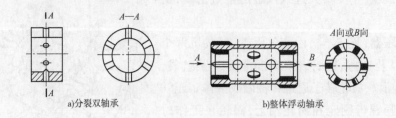

图5-56 浮动轴承结构

限压装置由排气旁通阀和执行器组成,其作用是控制增压压力。当进气歧管的压力达到规定值时,限压装置的膜片室使旁通阀打开,部分废气从旁通阀直接进入排气管排出,以

降低涡轮转速,防止进气压力过高,使发动机工作粗暴、增压器超速,如图5-57所示。

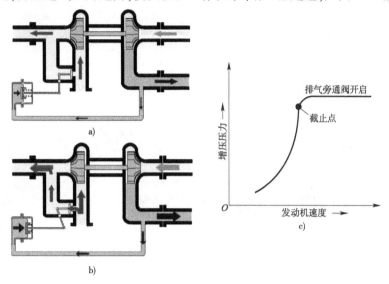

图 5-57 增压压力控制

 思考题

(1)汽油有哪些使用性能指标？什么是汽油的抗爆性？它对汽油的使用有什么影响？
(2)汽油机的正常燃烧过程分为几个阶段？
(3)什么是爆震燃烧？什么是表面点火？有哪些危害？如何防止其产生？
(4)可燃混合气有哪些表示方式？发动机不同工况对可燃混合气有哪些要求？
(5)汽油机电控燃油系统是由哪些部件组成？是如何工作的？
(6)电动汽油泵的结构如何？是怎样工作的？
(7)喷油器的结构如何？是怎样工作的？
(8)油压调节器的作用是什么？是如何工作的？
(9)点火系统的基本功用和基本要求有哪些？
(10)什么叫点火提前角？什么叫最佳点火提前角？
(11)发动机在不同的工况和使用条件下对点火提前角有哪些要求？
(12)触点式点火系统由哪些部件组成？各部件的作用是什么？
(13)什么叫火花塞热特性？热型火花塞和冷型火花塞分别适用于哪些类型的发动机？
(14)分电器式电控点火系统由哪些部件组成？是如何工作的？
(15)同时点火系统由哪些部件组成？是如何工作的？
(16)独立点火系统由哪些部件组成？是如何工作的？
(17)缸内直喷式燃油系统是由哪些部件组成的？是如何工作的？
(18)缸内直喷式燃油系统的燃油压力调节器的作用是什么？是如何工作的？

单元六
柴油机燃油系统的检修

学习情境

上午 8 点半刚上班,维修部就接到一个要求施救的电话,客户的一辆配备柴油发动机的客货两用车无法起动。施救人员到场后,检查该车蓄电池良好,起动时起动机转速正常,有着车征兆但无法起动。将车辆拖回维修厂,交维修班组检查发动机润滑系统、冷却系统无异常,气门正时和汽缸压力也正常。询问客户得知,该车从前两个月开始就出现起动困难现象,早上冷车起动时往往要多次长时间才能起动,而且刚起动时排气管有大量黑烟冒出。但起动后运转基本正常,只是感觉动力略有下降。维修主管据此判断故障可能在燃油系统。

生产任务 柴油机不能起动故障的检修

1)工作对象
待检修燃油系统的柴油发动机 1 台。
2)工作内容
(1)领取所需的工具,做好工作准备。
(2)就车检查柴油机燃油系统的工作性能。
(3)拆卸喷油器、喷油泵、燃油滤清器等零部件。
(4)分解喷油器,清洗、检查喷油器各零件。
(5)组装喷油器,在喷油器试验台上调整喷油压力,检查喷油雾化情况。
(6)在喷油泵试验台上检查喷油泵工作性能。
(7)安装喷油器、喷油泵、燃油滤清器,排出燃油系统中的空气,调整供油提前角。
(8)检查、评价工作质量。
(9)整理工具,清洁工作场地。

3）工作目标与要求

（1）学生应以小组工作的方式，完成本项工作任务。

（2）学生应当能在小组成员的配合下，利用汽车维修手册（或实训指导书），制订工作计划，实施工作计划。

（3）能阅读资料和现场观察，辨别所拆柴油机燃油系统的类型。

（4）能认识所拆卸柴油机燃油系的零部件，口述柴油机燃油系统的工作原理和各零部件的作用。

（5）能向客户解释所修柴油机燃油系统的故障原因和修复方案。

（6）能按规范的步骤，完成柴油机燃油系统主要部件的拆装、清洗、检查、调整，恢复柴油机燃油系统的工作能力。

（7）在工作过程中注意工作安全，做好废料的处理，保持工作环境整洁。

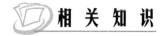

相 关 知 识

6.1 柴油机燃油系统概述

柴油机具有良好的燃油经济性（比汽油机省油30%）、可靠性、耐久性和CO排放低（比汽油机低45%）等优点。但柴油机的燃料是柴油，黏度大，不易挥发，不能通过化油器或喷油器在汽缸外部形成均匀的混合气，因此柴油机形成混合气的方式和燃烧方式与汽油机不同，是采用缸内高压喷射的方法，在接近压缩行程上止点时，柴油以高压喷入汽缸，直接在汽缸内部形成混合气，发火燃烧，对外做功。因此，柴油机燃油系统的组成、构造及工作原理与汽油机燃油系统有较大区别。

6.1.1 柴油及其使用性能

柴油和汽油一样都是石油制品。在石油蒸馏过程中，温度在200～350℃的馏分即为柴油。柴油分为轻柴油和重柴油。轻柴油用于高速柴油机，重柴油用于中、低速柴油机。汽车柴油机均为高速柴油机，所以使用轻柴油。

1）轻柴油的牌号和规格

轻柴油按其质量分为优等品、一等品和合格品3个等级，每个等级又按柴油的凝点分为10、0、-10、-20、-35和-50等6种牌号。

2）轻柴油的使用性能

为了保证高速柴油机正常、高效地工作，轻柴油应具有良好的发火性、低温流动性、蒸发性、化学安定性、防腐性和适当的黏度等诸多的使用性能。

（1）发火性。指柴油的自燃能力，用十六烷值评定。柴油的十六烷值大，发火性好，容易自燃。国家标准规定轻柴油的十六烷值不小于45。

（2）蒸发性。指柴油蒸发汽化的能力，用柴油馏出某一百分比的温度范围即馏程和闪点表示。比如,50%馏出温度即柴油馏出50%的温度,此温度越低,柴油的蒸发性越好。国家标准规定此温度不得高于300℃,但没有规定最低温度。为了控制柴油的蒸发性不致过强,标准中规定了闪点的最低数值。柴油的闪点指在一定的试验条件下,当柴油蒸气与周围空气形成的混合气接近火焰时,开始出现闪火的温度。闪点低,蒸发性好。

(3)低温流动性。用柴油的凝点和冷滤点评定低温流动性。凝点是指柴油失去流动性开始凝固时的温度,而冷滤点则是指在特定的试验条件下,在1min内柴油开始不能流过滤器20mL时的最高温度。一般柴油的冷滤点比其凝点高4～6℃。

(4)运动黏度。是评定柴油稀稠度的一项指标,与柴油的流动性有关。黏度随温度而变化,当温度升高时,黏度减小,流动性增强;反之,当温度降低时,黏度增大,流动性减弱。

除了上述指标外,在GB/T 252—2015中还规定了10%蒸余物残炭和氧化安定性(以总不溶物计)等柴油安定性的评定指标。柴油的防腐性则用硫含量、硫醇硫含量、酸度、铜片腐蚀及水溶性酸或碱等指标来评定。柴油中的灰分、水分和机械杂质,是评定柴油清洁性的指标。汽车柴油机应使用各项指标均符合国家标准的柴油。

6.1.2　柴油机燃油系统的功用

1)柴油机混合气形成的特点

柴油机以柴油为燃料。由于柴油的蒸发性和流动性都比汽油差,因此柴油机不能像汽油机那样在汽缸外部形成可燃混合气。柴油机的混合气只能在汽缸内部形成,即在接近压缩行程终点时,通过喷油器把柴油喷入汽缸内,柴油油滴在炽热的空气中受热、蒸发、扩散,并与空气混合形成可燃混合气,最终自行发火燃烧。

与汽油机相比,柴油机混合气形成的时间极短,只占15°～35°曲轴转角。燃烧室各处的混合气成分很不均匀,且随时间而变化。虽然柴油机的平均过量空气系数$\alpha > 1$,但是由于柴油和空气混合不均匀,在燃烧室内仍然有地方混合气过浓,燃烧不完全;有的地方混合气过稀,空气得不到充分利用。

为了改善柴油机的混合气形成与燃烧,燃油系统、燃烧室以及它们之间的相互匹配起着重要的作用。不同形式的燃烧室对喷油始点、喷油持续角、喷油压力、喷油规律、喷注雾化质量及其在燃烧室内的分布等都有不同的要求。这些喷油参数的变化对柴油机的经济性、动力性、排放性和噪声水平都有直接的影响。

2)柴油机燃油系统的功用

(1)在适当的时刻,将一定数量的洁净柴油增压后,以适当的规律喷入燃烧室,并保证喷油定时和喷油量各缸相同且与柴油机运行工况相适应,喷油压力、喷注雾化质量及其在燃烧室内的分布与燃烧室类型相适应。

(2)在每一个工作循环内,各汽缸均喷油一次,喷油次序与汽缸工作顺序一致。

(3)根据柴油机负荷的变化,自动调节循环供油量,以保证柴油机稳定运转,尤其要稳定怠速,限制超速。

(4)储存一定数量的柴油,保证汽车的最大续驶里程。

6.1.3 柴油机燃油系统的类型

现代车用柴油机的燃油系统有多种类型,按控制原理分类,可将其分为机械燃油系统和电控燃油系统两大类。

1) 机械燃油系统

机械燃油系统是一种传统的柴油机燃油系统,这种燃油系统是根据驾驶员对加速踏板的控制,以机械的方式实现柴油的增压、喷油量的调整、喷油正时的自动控制、怠速转速的稳定、超速的限制等功能。目前在车用柴油机上应用的机械燃油系统基本上都是喷油泵—高压油管—喷油嘴(简称PLN)系统,此外还有泵—喷嘴系统、PT式喷油系统等。

(1) 喷油泵—高压油管—喷油嘴系统。喷油泵—高压油管—喷油嘴系统主要由喷油泵、喷油器、燃油箱、输油泵、柴油滤清器、喷油提前器和调速器等组成。按照喷油泵的形式,可分为柱塞泵式和分配泵式两类。

图 6-1 所示为柱塞泵式燃油系统。柱塞泵也称直列泵,由柴油机曲轴的正时齿轮(或链条、齿形带)驱动。固定在喷油泵体上的活塞式输油泵由喷油泵的凸轮轴驱动。当柴油机工作时,输油泵将柴油从燃油箱中吸出,经柴油滤清器过滤后送入喷油泵。喷油泵内有与汽缸数相同的柱塞,按发动机各缸做功顺序为各缸喷油器提供高压燃油。柱塞将柴油增压后,经高压油管供入喷油器,最后通过喷油器将柴油喷入燃烧室。在喷油泵前端装有喷油提前器用以调整喷油正时,后端装有调速器用以稳定发动机转速。输油泵供给的多余柴油及喷油器顶部的回油均经回油管返回柴油箱。

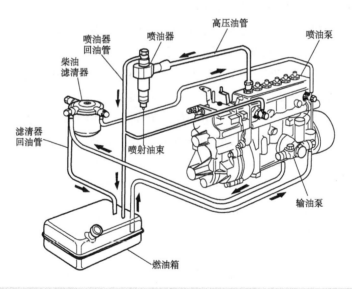

图 6-1 柴油机燃油系统

分配泵式燃油系统的布置和柱塞泵式燃油系统基本相同。但分配泵中只有一个产生高压燃油的柱塞,利用一个旋转的分配转子(或采用泵油柱塞一边做往复运动一边做旋转运动的方式),按照发动机发火次序,将经过计量的高压柴油分配给各缸喷油嘴。由于分配泵小巧而紧凑,这种燃油系统主要应用于轻型、小功率、小排量柴油车。

(2) 泵—喷嘴系统。泵—喷嘴系统是将喷油泵与喷油器结合成一个整体,每个汽缸都有一个对应的泵—喷嘴,它装在汽缸盖上,由发动机凸轮轴经推杆摇臂机构驱动。其下部为伸入燃烧室的喷油器,上部实际上是个倒置的柱塞泵。由于取消了连接喷油泵和喷油嘴的高压油管,可避免管内压力波动和燃油弹性压缩对喷油过程的不良影响。

(3) PT 式喷油系统。PT 式喷油系统是美国生产的一种独特的柴油机燃油系统。PT 是压力(Pressure)和时间(Time)的缩写。图 6-2 所示为 PT 式喷油系统的组成。燃油从油箱经滤清器由油泵以较低的压力供入喷油器。供油压力由装在油泵内的调速器和节流阀控制。喷油器的启闭由发动机凸轮轴和推杆摇臂机构操纵。所谓 PT,意指喷油量是由供油压力和凸轮驱动喷油器柱塞开启计量孔的时间决定的。

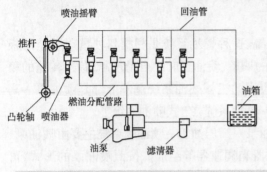

图 6-2　PT 式喷油系统

2) 电控燃油系统

与汽油机燃油系统一样,为了适应日益严格的柴油机排放标准,从 20 世纪 70 年代开始,各种电子控制柴油机燃油系统相继问世,目前已经经历了三代。

(1) 第一代电控燃油系统。第一代电控燃油系统保留了传统的喷油泵—高压油管—喷油嘴系统的大部分机械结构(如喷油泵、喷油嘴等),只是在机械式喷油泵中,将原来通过机械手段控制喷油量和喷油正时的控制方式,改变为电子控制(如电控直列泵系统、电控分配泵系统),使控制精度和响应速度得以提高,但柴油机的传动机构却几乎无须改动,故生产继承性好,便于对现有产品进行升级改造。其缺点是控制自由度小,喷油率和喷射压力难以控制,而且不能改变传统燃油系统固有的喷射特性,也很难大幅度地提高喷射压力。

(2) 第二代电控燃油系统。第二代电控燃油系统是在喷油嘴中设置高速电磁阀,由发动机 ECU 通过电磁阀,控制高压燃油的喷油量和喷油正时。这种系统可以保留原来的喷油泵(柱塞泵或分配泵、泵喷嘴、单体泵等),但其柱塞只承担供油加压的功能,供油量、供油时刻均由高速电磁阀单独完成。喷油嘴中的高速电磁阀采用泄油调节原理,即电磁阀关闭,执行喷油;电磁阀打开,喷油结束。喷油始点取决于电磁阀关闭时刻,喷油量则取决于电磁阀关闭时间的长短,因此也称为时间控制式。由于供油加压与供油调节在结构上互相独立,使传统的喷油泵结构得以简化,强度得以提高,高压供油能力大大加强。而且传统喷油泵中的齿圈、滑套、柱塞上的斜槽、提前器、齿杆等可全部取消,喷油泵结构更加简单。但是这种燃油系统喷油压力依旧利用脉动柱塞供油,因此其对转速的依赖性很大。在低速、低负荷时,其喷油压力不高,而难以实现多次喷射,极不利于降低柴油机的噪声和振动。

(3) 第三代电子控制燃油系统。第三代电控燃油系统采用共轨燃油系统。这是国外于 20 世纪 90 年代中期开始,推向市场的一种新型的柴油机电控喷油技术。它完全摒弃了传统的"泵—管—嘴"脉动供油形式。该燃油系统主要由输油泵、燃油滤清器、高压油泵、高压共轨、电控喷油器、ECU 以及各种传感器和其他执行器等组成,如图 6-3 所示。高压油泵在柴油机的驱动下以一定的速比连续将高压燃油输送到共轨(即公共容器)内,再经高压油管送入各缸喷油器。在这里,高压油泵并不控制喷油,而仅仅是向共轨供油以维持所需的共轨压力,并通过调节共轨压力来控制喷射压力。该系统采用压力—时间式燃油计量原理,用高速电磁阀控制喷射过程。喷油压力、喷油量及喷油定时均由电子控制单元(ECU)控制。这种系统具有下述优点。

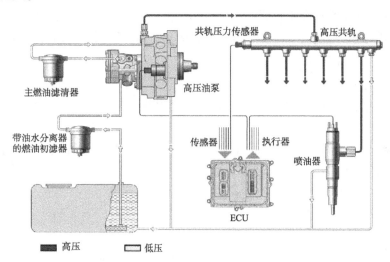

图 6-3 共轨燃油系统

①可实现高压喷射,喷射压力可比一般柱塞泵系统高出一倍,最高已达 200MPa 以上。
②喷射压力独立于发动机转速,可以改善发动机低速、低负荷性能。
③可以实现预喷射,调节喷油速率形状,实现理想喷油规律。
④喷油定时和喷油量可自由选定。
⑤具有良好的喷射特性,可优化燃烧过程,使发动机耗油、烟度、噪声及排放等性能指标得到明显改善,并有利于改进发动机转矩特性。
⑥结构简单,可靠性好,适应性强,可在所有新老发动机上应用。

6.2 柴油机机械燃油系统的主要部件

6.2.1 喷油器

喷油器是柴油机燃油系中实现燃油喷射的重要部件,其功用是根据柴油机混合气形成的特点,将燃油雾化成细微的油滴,并将其喷射到燃烧室特定的部位。喷油器应满足不同类型的燃烧室对喷雾特性的要求。一般说来,喷雾应有一定的贯穿距离和锥角,以及良好的雾化质量,而且在喷油结束时不发生滴漏现象。

1)喷油器的构造与工作原理

汽车柴油机广泛采用闭式喷油器。这种喷油器主要由喷油器体、调压装置及喷油嘴等部分组成。喷油嘴是由针阀和针阀体组成的一对精密偶件,其配合间隙仅为 0.002～0.004mm。喷油器工作时,来自喷油泵的高压柴油,经进油管接头进入喷油器体上的进油道,如图 6-4 所示,再进入针阀体中部的环形油腔,作用在针阀的承压锥面上,对针阀形成一个向上的轴向推力,此推力一旦大于喷油器调压弹簧的预压力时,针阀立即上移,打开喷孔,高压柴油随即喷入燃烧室中。喷油泵停止供油时,高压油道内压力迅速下降,针阀在调压弹簧作用下及时复位,将喷孔关闭,停止喷油。针阀体环形油腔中有少量柴油经喷油嘴偶件配合表面之间的间隙流到调压弹簧端,进入回油管,流回滤清器,用来润滑喷油嘴偶件。针阀的开启压力(喷油压力)的大小取决于调压弹簧的预紧力。不同的发动机有不同的喷油压力要求,可通过调压螺钉调整。

2)喷油器的类型

(1)孔式喷油器。孔式喷油器的特点是喷油嘴中的针阀不直接伸出喷孔,喷油器头部的喷孔小且多,一般喷孔为 1～7 个,直径为 0.2～0.5mm。孔式喷油器又分为短型和长型两种,如图 6-5 所示,长型孔式喷油器的针阀导向圆柱面远离燃烧室,减少了针阀受热变形卡死在针阀体中的可能,用于热负荷较高的柴油机中。

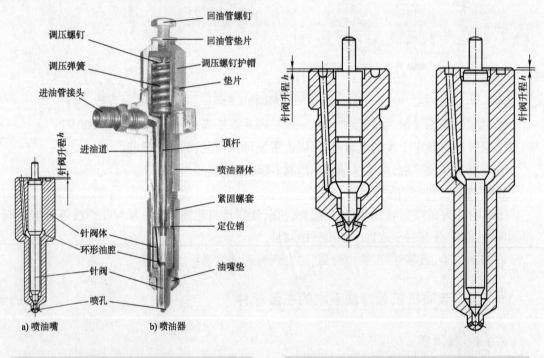

图 6-4 孔式喷油器构造　　图 6-5 孔式喷油器类型

(2)轴针式喷油器。轴针式喷油器的特点是喷油嘴中的针阀伸出喷孔,如图 6-6 所示,喷孔一般只有一个,直径也较大,可达 1～3mm。工作时轴针在喷孔中上下运动,能自动清除喷孔积炭。

6.2.2　燃油滤清器

柴油滤清器由滤芯和壳体组成,如图 6-7 所示。

燃油滤清器的功用是将柴油中的机械杂质和灰尘过滤掉,以减少喷油泵和喷油器中精密偶件的磨损,保证柴油机可靠工作,并延长它们的使用寿命。

有些柴油机的燃油滤清器下方带有一个油水分离器,其作用是将柴油经过油水分离和沉淀,除去柴油中的水分,以提高柴油的品质,延长燃油系各部件的使用寿命。

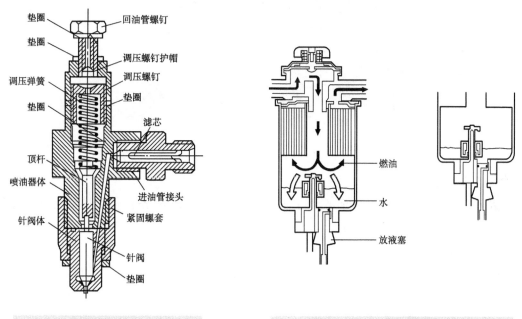

图 6-6　轴针式喷油器　　　　图 6-7　带有油水分离器的柴油滤清器

6.2.3　输油泵

输油泵的作用是将燃油箱中的柴油吸出,将其输送给喷油泵。输油泵有活塞式、膜片式、齿轮式和叶片式等几种。

活塞式输油泵安装在柱塞式喷油泵的壳体上,主要由泵体、机械油泵、手油泵、进油阀、出油阀和油道等组成,如图 6-8 所示。

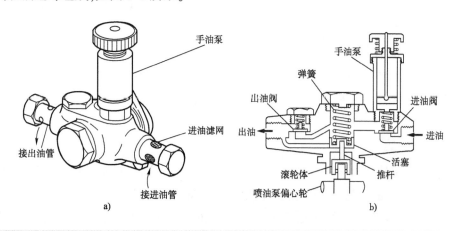

图 6-8　活塞式输油泵

喷油泵凸轮轴上的偏心轮通过滚轮体驱动机械油泵的活塞作往复运动,实现泵油。其工作原理如图 6-9 所示。

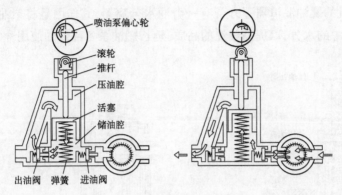

图 6-9 输油泵的工作原理

1) 进油过程

偏心轮通过推杆顶活塞下行,活塞上方容积增大,产生真空,柴油便经进油阀、油道,压开出油阀,从箭头方向进入压油腔。

2) 压油过程

偏心轮转过,活塞在其弹簧作用下上行,压油腔内的柴油压力增大,关闭出油阀,打开进油阀,向外供油。其油压由弹簧预紧力控制。

3) 供油量的控制

当输油泵的供油量大于喷油泵的需要量时,出油管路和泵腔内的油压升高。活塞上行到弹簧压力等于油压时便停止不动,不能回到上止点,即活塞的行程减小,从而减少了输油量,并限制油压的进一步升高,以此实现了输油量和供油压力的自动调节。

4) 手油泵

手油泵用于喷油泵中缺油时(如检修或长期未使用发动机),用人工的方法将燃油箱中的柴油吸出,使之充满喷油泵,并将燃油管路和喷油泵中的空气排出,以使发动机能顺利起动。手油泵由泵体、活塞、手柄和弹簧等组成,如图 6-8b)所示。当柴油机长时间停机后欲再起动时,应先将柴油滤清器或喷油泵上的放气螺钉拧开,再将手油泵的手柄旋开,往复推拉手油泵的活塞。活塞上行时,将柴油经进油阀吸入手油泵泵腔;活塞下行时,进油阀关闭,柴油从手油泵泵腔经机械油泵下腔和出油阀流出,并充满柴油滤清器和喷油泵低压腔,将其中的空气驱除干净。之后拧紧放气螺钉,旋紧手油泵手柄,再行起动发动机。

6.2.4 喷油泵

喷油泵的功用是按照柴油机的运行工况和汽缸工作顺序,以一定的规律,定时定量地向喷油器输送高压燃油。多缸车用柴油机的喷油泵应满足下列要求:

(1) 各缸供油量相等。供油量应随柴油机工况的变化而变化,为此喷油泵必须有供油量调节机构。

(2) 各缸供油提前角相同。供油提前角也应随柴油机工况的变化而变化,为此应装置喷油提前器。

(3) 各缸供油持续角一致。

(4) 能迅速停止供油,以防止喷油器发生滴漏现象。

由于柴油机的单缸功率变化范围很大,若根据每一种单缸功率所需要的循环供油量来设计和制造喷油泵,那么喷油泵的规格将不可胜数,给生产和使用都造成诸多不便。因此,世界各国的喷油泵制造厂都是以几种不同的柱塞行程作为基础,将喷油泵划分成为数不多的几个系列或型号,然后再配以不同尺寸的柱塞偶件,构成若干种循环供油量不等的喷油泵,以满足各种不同功率柴油机的需要。柱塞式喷油泵种类繁多,国产汽车用喷油泵一般以其柱塞行程等参数的不同分 A、B、P、Z 等系列。下面以汽车使用较多的 A 型喷油泵为例,介绍其基本结构与工作原理。

1) 柱塞式喷油泵的基本结构

A 型喷油泵总体结构由泵体、泵油机构、油量调节机构、传动机构、供油提前器等组成,如图 6-10 所示。从滤清器过来的干净柴油从喷油泵进油螺栓处进入,产生高压后从出油阀流出。

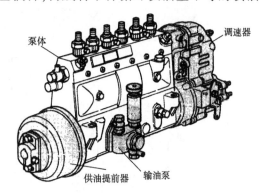

图 6-10 柱塞式喷油泵

2) 泵体

泵体是喷油泵的骨架,一般用铝合金铸造而成。A 型泵的泵体是整体式,泵体侧面开有窗口,以便修理时调整各缸的喷油量。

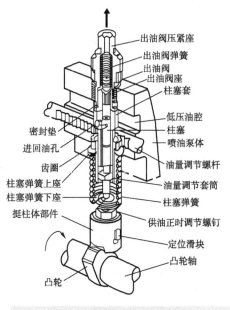

图 6-11 喷油泵的泵油机构

3) 泵油机构

泵油机构,如图 6-11 所示,是喷油泵的核心,每个喷油泵中都有若干组泵油机构,每组泵油机构对应发动机的每个汽缸。泵油机构主要由柱塞偶件(柱塞和柱塞套)、出油阀偶件(出油阀和出油阀座)、出油阀弹簧、柱塞弹簧等组成。

(1) 柱塞偶件。柱塞偶件由柱塞和柱塞套组成,如图 6-12 所示。柱塞可在柱塞套内作往复运动,两者配合间隙极小,为 0.0018~0.003mm,需经精密磨削加工后再经选配研磨而成,故称它们为偶件。使用中不允许互换,如有损坏,应成对更换。同时要求所使用的柴油要高度清洁,多次过滤。柱塞套被压紧在泵体上,在其上部开有进回油孔,有的柱塞套进回油孔是分开的,柱塞套装入喷油泵体后,由定位螺钉固

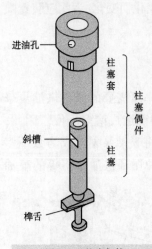

图6-12 柱塞偶件

定,并保证正确的安装位置,防止工作中柱塞套发生转动。

柱塞在柱塞套中作往复运动。其上部圆柱面开有斜切槽,并通过柱塞中心油道或直槽与柱塞顶相通。柱塞的斜切槽有直切槽和螺旋槽两种,如图6-13所示。斜切槽直接与柱塞顶相连的称为上置,切槽通过直槽与柱塞顶相连的称为下置,两者兼有的称双置。不同切槽,其供油开始与结束时间、供油速率都不同,如图6-13a)所示的下置直切槽,供油开始时刻不变,用改变供油终了时刻来改变供油量。由于其加工工艺较简单,大部分柱塞式喷油泵都采用这种形式。有的切槽采用两段式,如图6-13e)所示,1号切槽斜率比常规的2号切槽斜率大,可以改善柴油机低速时的喷油性能。柱塞的中部圆柱面是密封部,环形槽(图6-12)可储存少量柴油,用于润滑柱塞。柱塞下部加工有榫舌,有的是压配调节臂,用于进行供油量调节。

a)右旋直切槽　b)左上旋螺旋槽　c)右上旋螺旋槽　d)双置式螺旋槽　e)二级直切槽

图6-13 柱塞切槽

(2)出油阀偶件。出油阀偶件包括出油阀和出油阀座,如图6-14所示,它实际上是一个止回阀,控制油液的单向流动。

出油阀下部为导向部,阀芯断面呈十字形,既能导向,又能让柴油通过;出油阀上部有一圆锥面,与阀座的圆锥面贴合,形成一个密封环带。密封环带下方有一个小圆柱面称为减压环带,它可使喷油器断油干脆。出油阀偶件也是一对精密偶件,出油阀导向面和减压环带与出油阀座内表面径向间隙为0.006~0.016mm,使用中也不允许互换。出油阀偶件置于柱塞套上端,由出油阀压紧座压紧在喷油泵体上。为了防止高压柴油泄漏,一般在出油阀压紧座与出油阀座之间装有尼龙或铜制密封垫片。有些出油阀压紧座中设有减容体,以减少高压容积,削弱燃油波动,改善柴油喷射。

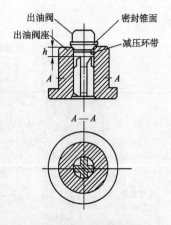

图6-14 出油阀偶件

(3)泵油过程。泵油机构工作时,柱塞在喷油泵凸轮轴上的凸轮与柱塞弹簧的作用下,作上下往复运动,从而完成泵油任务,泵油过程可分为以下三个阶段。

①进油过程。当凸轮的凸起部分转过去后,在弹簧力的作用下,柱塞向下运动,柱塞上部空间(称为泵油室)产生真空,当柱塞上端面把柱塞套上的进油孔打开后,充满在油泵上体油道内的柴油经进油孔进入泵油室,柱塞运动到下止点,进油结束,如图6-15a)所示。

②供油过程。当凸轮轴转到凸轮的凸起部分顶起滚轮体时,柱塞向上运动,柱塞弹簧被压缩,燃油受压,一部分燃油经进油孔流回喷油泵上体油腔。当柱塞顶面遮住套筒上进油孔的上缘时,由于柱塞和套筒的配合间隙很小,使柱塞顶部的泵油室成为一个密封油腔。柱塞继续上升,泵油室内的油压迅速升高,泵油压力大于出油阀弹簧力与高压油管剩余压力之和时,便推开出油阀,高压柴油经出油阀进入高压油管,通过喷油器喷入燃烧室,如图 6-15b)、c)所示。

③回油过程。当柱塞上行到柱塞上的斜槽(停供边)与套筒上的回油孔相通时,泵油室低压油路便与柱塞头部的中孔和径向孔及斜槽沟通,油压骤然下降,出油阀在弹簧力的作用下迅速关闭,停止供油,如图 6-15d)所示。此后柱塞还要上行,当凸轮的凸起部分转过去后,在弹簧的作用下,柱塞又下行,此时便开始了下一个循环。

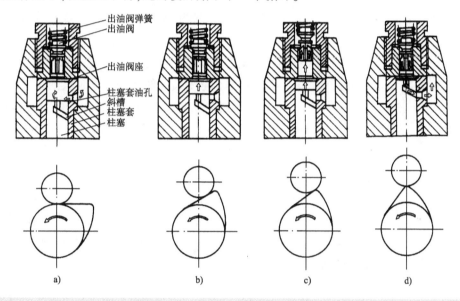

图 6-15 柱塞式喷油泵泵油原理示意图

通过上述分析,可得出下列结论:
(1)柱塞往复运动总行程 L 是不变的,由凸轮的升程决定。
(2)柱塞每循环的供油量大小取决于供油行程,供油行程不受凸轮轴控制,是可变的。
(3)供油开始时刻不随供油行程的变化而变化(下置斜切槽柱塞)。
(4)转动柱塞可改变供油终了时刻,从而改变供油量。

4)供油量调节机构

供油量调节机构的作用是根据发动机负荷变化,通过转动柱塞来改变每循环的供油量。

如图 6-16 所示,调节齿杆与调节齿圈相啮合,调节齿圈通过紧固螺钉夹紧在控制套筒上,控制套筒底部开有切槽,喷油泵柱塞下部的榫舌就嵌在该切槽中。当调节齿杆被拉动时,便带动调节齿圈转动,从而带动喷油泵柱塞转动,改变柱塞的循环供油量。喷油泵的调节齿杆一般不直接由驾驶员控制,而是通过调速器控制。有的柴油机喷油泵供油量调节机构是拨叉拉杆式,如图 6-17 所示,或拉杆衬套式,但都是通过转动柱塞来改变循环供油量。

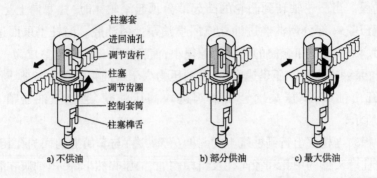

图 6-16 喷油泵供油量调节

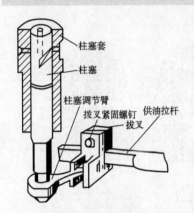

图 6-17 拨叉拉杆式油量调节机构

5) 驱动机构

喷油泵通常是由柴油机曲轴前端的正时齿轮通过一组齿轮来驱动的,如图 6-18 所示。喷油泵驱动齿轮和中间齿轮(图上未画出)、曲轴正时齿轮上都刻有正时啮合记号,必须对准记号安装才能保证喷油泵供油正时。

喷油泵通常靠底部定位并安装在托板上,用联轴器把驱动齿轮和喷油泵的凸轮轴连接起来。有的柴油机在其间串联了空气压缩机和供油提前角自动调节器。

有的喷油泵直接利用其前端壳体凸缘上的弧形槽固定在驱动齿轮后面的箱体上,省略了联轴器等部件,并利用其壳体相对于凸轮轴的转动来调节供油提前角的大小。

在柴油机上安装喷油泵时,应校对喷油正时,各处相应的正时标记都必须对准,才能保证喷油系统有正确的喷油时刻。

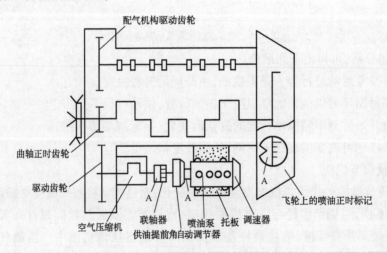

图 6-18 喷油泵的驱动与供油正时
A—各处正时标记

喷油泵的驱动机构主要由凸轮轴和挺柱体部件组成。

(1)凸轮轴:凸轮轴安装在喷油泵的下部,两端用滚动轮轴支撑在壳体上。凸轮轴上除了驱动各分泵的凸轮外,还有用于驱动输油泵的偏心轮(图6-19)。凸轮外形根据不同燃烧室的要求而有不同的轮廓线,如图6-20所示,以实现不同的供油规律。

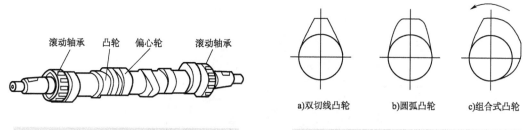

图6-19 喷油泵凸轮轴　　　　　图6-20 喷油泵凸轮轴凸轮轮廓线

(2)挺柱体:其作用是将凸轮的运动平稳地传递给柱塞,并且可以适量调整柱塞的供油时间。常见的供油时间调整方式有螺钉调节式和垫块调节式,如图6-21和图6-22所示。

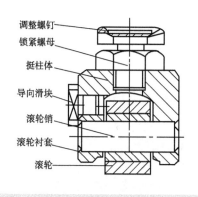 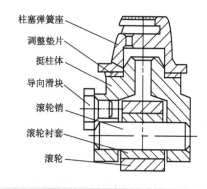

图6-21 螺钉调节式挺柱体　　　　　图6-22 垫块调节式挺柱体

6)喷油提前器

喷油提前器的作用是随柴油机转速的变化,自动调节喷油泵的供油起始角。

喷油泵的供油起始角是指喷油泵开始向高压油管供油时所对应的喷油泵凸轮轴转角,它直接影响到柴油机的喷油提前角。柴油机的喷油提前角是指喷油器开始喷油到活塞行至上止点时所转过的角度。它是影响柴油机工作性能的重要而敏感的因素。过早喷油,导致过早着火燃烧,汽缸压力过早提高,造成了压缩负功增加,功率下降,油耗上升,起动困难,产生敲缸声音;过晚喷油,导致过晚着火燃烧,此时活塞已下行,空间容积增大,燃烧条件变差,导致排气冒黑烟,油耗上升,功率下降,排气温度升高,发动机过热。在发动机一定工况下,能使得发动机获得最大功率和最低燃油消耗的喷油提前角称之为最佳喷油提前角。不同型号的发动机有不同的最佳喷油提前角。同型号的发动机,在发动机不同的转速和负荷下,其最佳喷油提前角也不同。转速升高,喷油应提早,这是因为转速升高,单位时间内所转过的曲轴转角增大,导致喷油的延续角度增大,发动机后期燃烧延长,排气容易冒黑烟。所以为了使喷油提前角能随发动机转速升高而增大,汽车柴油机均装有喷油提前器。

A型喷油泵大多采用机械离心式喷油提前器,如图6-23所示,它是利用飞锤的离心力,在发动机转速升高时,自动使喷油泵凸轮轴朝喷油泵旋转方向转过一定角度,使供油提前。转速越高,飞锤的离心力越大,提前角度也越大。提前器最大供油提前角调节范围一般在100°以内。

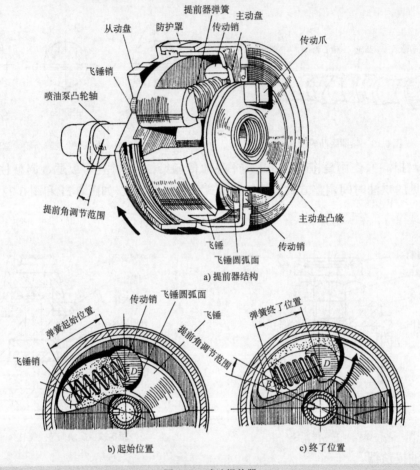

图6-23 喷油提前器

6.3 柴油机电控燃油系统

6.3.1 柴油机电控燃油系统的类型与组成

随着汽车节能减排法规的日益严格,目前车用柴油机已普遍使用电控燃油系统。与传统的柴油机相比,采用电控燃油系统能明显提高柴油机的动力性、燃油经济性、低温起动性能,减少排气污染物,提高柴油机的运转稳定性。

柴油机电控燃料系统在多年的发展过程中产生了多种结构类型,按照产生高压燃油的机构不同,可以分为电控喷油泵系统(包括电控直列泵系统和电控分配泵系统)、电控单缸泵系统(包括电控泵喷嘴系统和电控单体泵系统),以及目前广泛应用的电控高压共轨喷射系统。

柴油机电控燃油系统不论其类型如何,均由传感器、电控单元(ECU)与执行器三部分组成。

传感器的作用是检测柴油机及车辆运行的各种状况,如冷却液温度、机油温度、燃油温度、加速踏板的位置、进气流量、进气压力、环境大气压力、曲轴转角与柴油机转速、汽车的行驶速度、喷油泵油量调节机构(直列泵中的齿杆或分配泵中的油量调节滑套)的位移、喷油器针阀的位置、燃油压力等,将其转换为电信号输入ECU。

ECU是柴油机电控燃油系统的控制核心,其作用是接收和处理所有传感器的信号,按设定的程序进行运算,然后发出各种控制指令给执行器,以控制柴油机的工作。喷油量和喷油正时是柴油机电控系统最重要的控制内容。此外,ECU还要完成柴油机的调速控制,并与汽车的其他装置(如传动系统、制动系统等)的ECU进行数据的交换,根据其他系统的需要修正发动机的控制指令等。

执行器的作用是接受ECU的指令,并完成所需调控的各项任务。执行器的种类很多,并视电控燃油系统的类型及控制调节方式的不同而异。如在位置控制方式中,有改变喷油泵齿杆位置以控制喷油量的电磁执行器,使喷油泵达到预定供油提前角的正时调节器;在时间控制方式中,有控制喷油器针阀启闭的电磁阀或压电元件等。

6.3.2 电控直列泵系统

电控直列泵系统属于电控柴油机的早期产品,主要用在载货汽车柴油机上,以改善柴油的燃油经济性与排放性,其方案很多,比较典型的是电控滑套式直列泵(图6-24)。

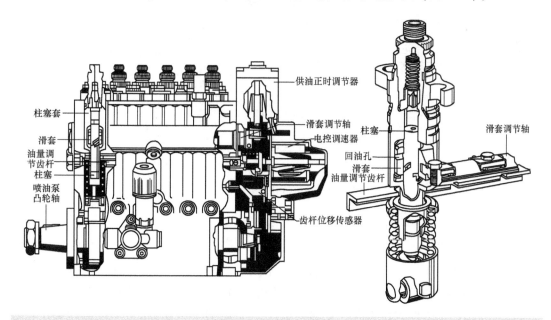

图6-24 电控滑套式直列泵

这种系统是对传统的机械式喷油泵进行改进,它采用位置控制方式,即在喷油泵中增设了控制油量拉杆位置的电控调速机构,以及控制柱塞滑套位置的电控供油正时调节机构。

各种传感器将柴油机的运行参数和驾驶员的操作意图传给 ECU,ECU 根据上述信息进行计算后,控制喷油泵中相关执行机构的工作,使发动机获得最佳的供油正时和供油量。

6.3.3 电控分配泵系统

电控分配泵系统主要用于轿车和轻型车辆的高速柴油机上。早期的电控分配泵的油量控制方式也是采用类似于直列泵的位置控制方式(即控制油量调节套的轴向位移),但目前已逐渐被时间控制方式所取代。后者与前者相比,取消了油量调节套及其操纵机构,直接采用高速电磁阀来控制喷油(油量的多少取决于喷油压力与电磁阀开启时间的长短),不仅使控制更为精确,也进一步简化了分配泵的结构。

如图 6-25 所示为日本电装(Nippon-Denso)公司开发的 ECD-V3 型时间控制式轴向柱塞分配泵系统,它是在博世 VE 电控分配泵的基础上改进而成的,主要用于轿车柴油机。

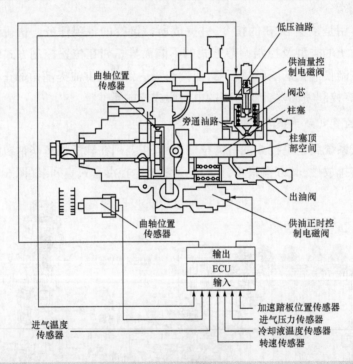

图 6-25 ECD-V3 型电控分配泵系统

6.3.4 电控单缸泵系统

电控单缸泵系统有电控泵喷嘴系统和电控单体泵系统两种,是在 20 世纪 90 年代由机械式泵喷嘴系统或单体泵系统发展而来的。由于这类系统每个汽缸都有 1 个单独的喷油泵,并将喷油泵布置在汽缸盖上,可采用较短的高压油管,甚至取消了高压油管。这使得喷油泵具有机械结构刚性较好的特点,燃油喷射压力高,最高可达 200MPa 以上,可以满足日益严格的排放法规要求。这类系统的应用范围很广,不仅可用在各种载货汽车上,也广泛应用在轿车柴油机上。

电控单缸泵系统也是由喷油泵、喷油器和电控单元、传感器组成。

1)电控泵喷嘴系统

电控泵喷嘴系统是采用时间控制的电控喷油系统,其核心部件是泵喷嘴。泵喷器是由喷油泵、喷油器和高速电磁阀组成的一个整体,即高压油管长度为零的燃油系统。由于无高压油管,可以消除长的高压油管中压力波和燃油压缩的影响。电控泵喷嘴通常安装在汽缸盖上,每缸一个泵喷嘴,由顶置式凸轮机构直接驱动其中的喷油泵。在电控泵喷油嘴中,喷油泵的泵油柱塞没有螺旋槽,只是一个单纯的压油柱塞。喷油量和喷油正时由 ECU 控制,ECU 根据各种传感器的信号,计算出最佳控制参数值,输出指令控制高速电磁阀的开闭时刻,来控制喷油始点和终点,实现喷油量和喷油正时的控制。

电控泵喷嘴安装在柴油机汽缸盖上,进、回油道均在汽缸盖内,由顶置式凸轮轴上的喷油凸轮直接驱动(图 6-26)。喷油凸轮有一个陡峭的上升面(使喷油泵活塞能快速下压而迅速提高喷油压力)和缓慢的下降面(有利于向高压腔缓慢进油而避免燃油中产生气泡)。喷嘴电磁阀(即高速电磁阀)的针阀用于接通和切断高压腔与低压油道之间的通道。收缩活塞上部为圆台,圆台的锥面用来开启和关闭高压腔与收缩活塞之间的通道。收缩活塞和针阀缓冲元件(缓冲活塞)用于控制喷油器的喷油规律。

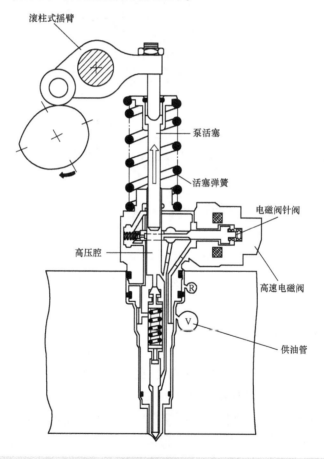

图 6-26　电控泵喷嘴高压腔进油阶段

2)电控单体泵系统

电控单体泵系统也包括电控系统和机械液力系统两大部分。电控系统由 ECU、传感器和执行器组成,机械液力系统则由电控单体泵、短高压油管和喷油器组成。两部分之间的连接环节就是安装在单体泵上的高速电磁阀。电控单体泵的机械液力系统结构如图 6-27 所示。

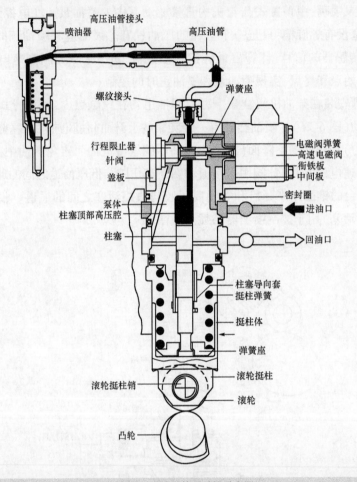

图 6-27　电控单体泵系统示意图

单体泵柱塞经挺柱滚轮由凸轮驱动。与泵喷嘴系统相比,单体泵系统由于喷油泵和喷油器分离,因此喷油泵和凸轮轴在布置上的灵活性比较大。电控单体泵上的高速电磁阀装在油泵的出口处,将高压油路分成两段。电磁阀以下的单体泵部分只担任进油(柱塞下行)和加压供油(柱塞上行)的任务。由于取消了传统直列泵中调节油量的齿杆、滑套和调速器等零件,简化了结构,加强了泵体的强度和刚度,提高了喷油泵的工作能力。

电控单体泵系统的供油量与供油正时均由高速电磁阀根据 ECU 的指令来控制,高速电磁阀实质上是一个三通阀,通过针阀来控制柱塞顶部空间中的燃油压力。电磁阀断电时,将旁通油路打开(同时将高压油路关闭),柱塞顶部空间与油泵体内的回油道相通,这时即使柱塞处于上升阶段,也不能建立高压;反之,若电磁阀通电,其针阀将旁通油路关闭,使柱塞高压腔与出油口相通,则柱塞顶部空间的油压迅速升高,并通过高压油路流向喷油器,使之喷油。此后电磁阀再断电,高压油路卸压,喷油终止。

由此可知,在电控单体泵系统中,供油量和供油正时取决于高速电磁阀关闭和开启旁通油路的时刻(供油始点)以及开启持续时间的长短(供油量)。

6.3.5 电控共轨喷射系统

在汽车柴油机中,高速运转使柴油喷射过程的时间只有千分之几秒。实验证明,在喷射过程中高压油管各处的压力是随时间和位置的不同而变化的。由于高压油管的可膨胀性和油管中柴油的压力波动,使实际的喷油状态与喷油泵所规定的柱塞供油规律有较大的差异。油管内的压力波动有时还会使主喷射之后,高压油管内的压力再次上升,达到令喷油器的针阀开启的压力,将已经关闭的针阀又重新打开产生二次喷油现象。由于二次喷油不可能完全燃烧,于是增加了炭烟和碳氢化合物(HC)的排放量,油耗增加。

此外,每次喷射循环后高压油管内的残压都会发生变化,随之引起不稳定的喷射,尤其在低转速区域容易产生上述现象,严重时不仅喷油不均匀,而且会发生间歇性不喷射现象。

现代社会对车用柴油机进一步降低油耗、减少废气排放和降低噪声的要求越来越高。为满足这些条件,要求喷油系统必须具有很高的喷油压力、非常灵活的可控性、极准确的喷油过程和精确的喷油量。正是由于这些要求,才使柴油机电控高压共轨喷射系统在20世纪90年代得以诞生。

电控高压共轨喷射的工作方式与传统柴油机的机械燃油系统和电控燃油系统都有着本质的不同,其主要特点是喷油压力不受柴油机转速和负荷的影响,可以独立控制,从而实现喷油量和喷油正时的时间—压力控制,而且控制精度高。

柴油机电控共轨喷射系统到目前为止已经发展到了第三代。第一代共轨系统产生于20世纪90年代中期以后,主要应用在商用车上,使用电磁式喷油器,最高喷射压力约为140MPa。由于其共轨油压始终保持为恒定的最高压力,导致燃油的浪费和很高的燃油温度。

2000年以后出现的第二代共轨系统,可根据发动机工况需求而改变共轨压力,最大系统压力提高到160MPa,使用具有油量调节功能的高压油泵、经改进的电磁式喷油器或压电式喷油器,可实现多次喷射(最多可达5~7段喷射),能满足欧Ⅳ排放法规。

2003年以后由博世公司生产的第三代共轨系统,采用了压电式直接驱动喷油器,其响应速度更快,使多次喷射的控制更为自由,在理论上可按需要将喷射过程分成任意多的段。共轨压力可在20~200MPa范围内调节,喷油压力提升到180MPa,可以满足欧Ⅴ排放法规。

1) 电控共轨喷射系统的组成

电控共轨喷射系统包括电控系统和燃油供给系统两大部分。

电控系统由各种传感器、ECU和执行器组成。其主要的功能是根据传感器的信号,由ECU计算出最佳喷油时间和最合适的喷油量,并且计算出在什么时刻、在多长的时间范围内喷油,并据此向喷油器发出开启或关闭电磁阀的指令,从而精确控制柴油机的喷射过程。

燃油供给系统的组成如图6-28所示,其主要部件是高压油泵、高压共轨和喷油器。低压燃油由输油泵从油箱中抽出后经柴油滤清器输送到高压油泵,高压油泵将燃油加压至高压,然后送入高压共轨内。高压共轨内的燃油经高压油管接至各缸喷油器,并在适当的时刻通过喷油器喷入柴油机汽缸。

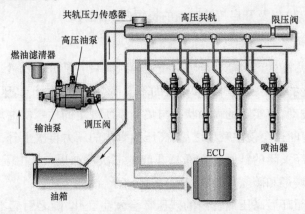

图 6-28　电控共轨喷射系统中的燃油供给系统

2)电控共轨喷射系统的工作原理

燃油被输油泵从油箱中抽出后,经滤清器过滤后送入高压油泵,这时燃油压力为 0.2MPa。进入高压油泵的燃油被加压至高压后(最高压力可达 150~200MPa)输送到高压共轨。高压共轨中的高压柴油经流量限制阀、高压油管进入喷油器,在喷油器针阀开启时直接喷入燃烧室。高压油泵、喷油器的回油经回油管流回油箱(图 6-28)。

在电控高压共轨系统中,各种传感器(如曲轴位置传感器、加速踏板位置传感器、凸轮轴位置传感器、各种温度和压力传感器等)将柴油机的实际运行状态转变为电信号输入 ECU,ECU 根据预置的程序进行运算,确定适合于该工况下的最佳喷油量、喷油时刻、喷油速率等参数,再向喷油器发出指令,精确控制喷油过程,以保证柴油机始终处在最佳工作状态,使柴油机的动力性、经济性得到有效的发挥,并且使排放污染降到最低。

此外,ECU 还通过压力传感器对高压共轨内的油压进行监测,并通过控制调压阀,使共轨内的油压保持为预定的压力,实现对共轨压力的控制。在共轨系统中,喷射压力的产生和喷射过程是彼此独立的。共轨的供油方式使得喷油压力与柴油机转速无关,喷油量取决于喷油压力和受 ECU 直接控制的喷油器的喷油时间的长短。

3)电控共轨喷射系统的主要部件及其结构

(1)输油泵。输油泵的作用是向高压油泵提供充足的燃油。输油泵有两种类型,即电动输油泵和机械驱动的齿轮泵,目前常用的是电动输油泵。

电动输油泵的结构和工作过程与汽油机上的电动汽油泵相似。柴油机启动过程中,电动输油泵就开始运行,且不受发动机转速影响。电动输油泵持续从油箱中抽出燃油,经燃油滤清器送往高压油泵。电动输油泵安装在车辆底盘上油箱与燃油滤清器之间的油管上,也可以安装在油箱内。

(2)高压油泵。高压油泵的作用是向共轨持续提供符合系统压力要求的高压燃油,并在启动过程中以及共轨压力迅速升高时保证高压燃油的供给。

高压油泵通常采用由凸轮驱动的直列柱塞泵(一般用于大型柴油机)和转子式油泵(一般用于小型柴油机)。图6-29是一种在博世公司高压共轨系统中使用的转子式高压油泵。燃油是由高压油泵内3个相互呈120°径向布置的柱塞压缩而产生的。

燃油由输油泵加压后从油箱中泵出,经油水分离器和燃油滤清器过滤后送往高压油泵。高压油泵的安全阀上的节流孔可使部分燃油进入高压油泵的润滑和冷却回路中。转子式高压油泵中的3个泵油柱塞在驱动轴上凸轮的驱动下进行往复运动,每个柱塞有弹簧对其

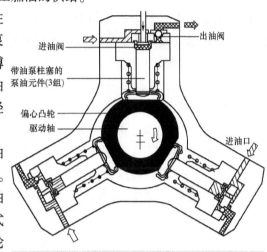

图6-29 转子式高压油泵的工作原理

施加作用力,目的是减小柱塞的振动,并且使柱塞始终与驱动轴上的偏心凸轮接触。当柱塞向下运动时,为吸油行程,进油阀开启,允许低压燃油进入泵腔。当柱塞经过下止点后上行时,进油阀被关闭,柱塞腔内的燃油被压缩,只要达到共轨压力就立即打开出油阀,被压缩的燃油经油管进入高压共轨。柱塞到达上止点前,一直泵送燃油(供油行程)。达到上止点后,柱塞开始下行,柱塞腔内的燃油压力下降,出油阀关闭。柱塞向下运动时,剩下的燃油降压,当柱塞腔中的燃油压力低于输油泵的供油压力时,进油阀再次被打开,重复进入下一工作循环。

转子式高压油泵的驱动轴每转1圈有3个供油行程,因此驱动装置受载均匀,其驱动转矩仅为同等级分配泵所需驱动转矩的1/9左右。所以共轨喷油系统对高压油泵的驱动要求比传统的机械式高压泵要低得多。

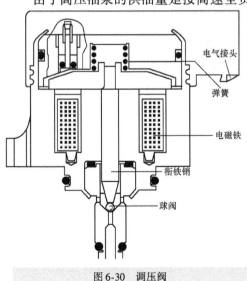

图6-30 调压阀

由高压油泵的供油量是按高速全负荷的最大供油量设计的,故在怠速和部分负荷工况下工作时,会有大量剩余的燃油经调压阀流回油箱,它们除了使燃油温度升高以外,还增加了高压油泵消耗的功率,为此在高压油泵的低压进油侧还装有停油电磁阀,它可以根据ECU的指令,在低速、低负荷时使进油阀处于开启状态,这时柱塞在压油行程中,只能将吸进的燃油再压回低压腔而不能建立高压,从而节省了高压油泵所消耗的能量。

(3)调压阀。调压阀的作用是根据发动机的负荷状况调整和保持共轨中燃油的压力,它可以安装在高压油泵上,也可以安装在共轨上,其结构如图6-30所示。

共轨或高压油泵出口处的高压燃油通过进

油口作用在调压阀上。发动机工作时,调压阀的球阀在弹簧和电磁力的双重作用下,压紧在阀座上,将高压腔与回油通道隔绝,电磁铁吸力与流过电磁线圈的电流成正比,而电流大小则由ECU通过改变脉冲信号的占空比来控制。当高压系统中的压力高于调压阀弹簧和电磁力的合力时,球阀打开,高压燃油经过旁通油路泄压;反之球阀关闭,压力重新建立,从而达到按ECU指令调整高压系统油压的目的。在调压阀的电磁线圈不通电时,仍有弹簧力将球阀压紧在阀座上,使高压油路保持10MPa左右的压力。

(4)高压共轨。高压共轨安装在发动机汽缸盖周围,通过高压油管与高压油泵及各缸的喷油器连接(图6-31),其结构与汽油机上的燃油分配管相似。高压共轨实质上是一个燃油蓄压器,其作用是存储高压燃油,并使高压油泵的供油和喷油器的喷油所产生的压力波动得到缓冲,以保持油压稳定,并将高压燃油分配给各缸的电控喷油器。由于是各缸共用,故有"共轨"之称。

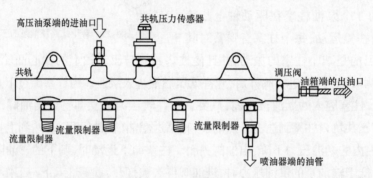

图6-31 高压共轨

高压共轨是一个管状厚壁容器,其形状看似简单,但必须通过对整个高压系统的模拟计算和匹配试验,考虑燃油管道在高压下的膨胀性,来确定其尺寸、壁厚和腔内容积,以保证在喷油器喷油和高压油泵脉动供油时共轨内的燃油压力波动尽可能小。同时也要保证起动时,共轨内的油压能迅速建立。

在发动机运转过程中,高压共轨中始终充满了高压燃油。利用高压共轨较大的容积,来补偿高压油脉动供油和喷油器断续喷油所产生的压力波动。不论供油量和喷油量如何,高压共轨中的压力都应保持恒定,从而确保喷油器打开时喷油压力不变。高压共轨上通常还安装有共轨压力传感器和调压阀等部件(由于发动机的安装条件不同,这些部件在共轨上的位置可能有所不同)。

(5)共轨压力传感器。共轨压力传感器的作用是及时、准确地测出高压共轨中燃油的压力,并转换成电压信号,实时提供给ECU(图6-32)。

(6)限压阀。限压阀通常安装在高压共轨上,相当于安全阀。其作用是限制共轨中的压力,在压力超过最高允许值以后开启泄压,防止系统内部零部件的损坏。

限压阀的结构如图6-33所示,它通过螺纹接头拧在共轨上,另一端与通往油箱的回油管连接。在正常工作压力下,弹簧通过活塞将锥形阀门紧压在阀座上,限压阀呈关闭状态。只有当共轨中的燃油压力超过系统最大压力时,活塞才压缩弹簧使阀门开启,使高压燃油从共轨中泄出,从而降低了共轨中的压力。泄出的燃油经回油管流回油箱。

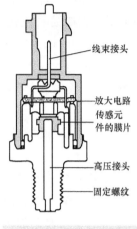

图6-32 共轨压力传感器

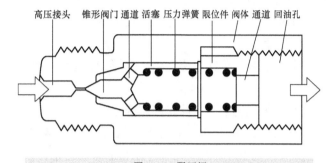

图6-33 限压阀

(7)喷油器。柴油机高压共轨系统中所用的喷油器有电磁式和压电式两种。

①电磁式喷油器。电磁式喷油器应用在第一代和部分第二代高压共轨系统中,它是用高速电磁阀控制喷油器喷油的开始时刻和喷油持续时间。图6-34是博世公司生产的电磁式喷油器,它由孔式喷油嘴、液压伺服系统、电磁阀组件构成。发动机工作时,燃油经高压油管进入喷油器,并经进油节流孔进入控制室。由于此时泄油孔被电磁阀的阀芯关闭,因此作用在柱塞上方的压力大于作用在喷油嘴针阀承压面上的压力,使喷油器针阀处于关闭状态,因而没有燃油喷入燃烧室。

电磁阀通电时阀芯上移,打开泄油孔,使控制室经由泄油孔与回油管相通。由于进油节流孔的节流作用,控制室内的压力因泄油而下降,使作用在柱塞上方的压力小于作用在喷油器针阀锥面上的力,喷油器针阀立即打开,燃油经过喷孔喷入燃烧室。

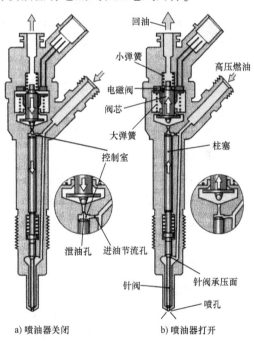

图6-34 电磁式喷油器

由于电磁阀不能直接产生迅速关闭针阀所需的力,因此采用上述由液力伺服系统间接控制喷油器针阀的方式。在发动机运转期间,除喷入燃烧室的燃油量之外,喷油器针阀导向面、柱塞导向面上的泄油和液力伺服系统的部分燃油一起经回油孔进入回油管流回油箱。

②压电式喷油器。由于柴油机废气排放的要求越来越严,对柴油机喷油速率和喷油规律的研究也越来越深入。为了让燃烧过程最大限度地接近理想状态,降低排放污染,减小噪

声,使柴油机工作得更加柔和,必须采用多次喷射。

电磁式喷油器利用高速电磁阀的快速开闭可实现预喷射和后喷射,但受电磁阀工作特性的限制,难以实现太多次的喷射。第二代高压共轨系统开始采用压电式喷油器,以压电晶体作为控制喷油器工作的执行元件,极大地提高了响应速度,能够在极短的时间内完成更多次的切换,控制精度高,能控制的最小供油量足够小,使得多次喷射成为可能。

柴油机的多次喷射是指把原来的一次喷射分为先导喷射、预喷射、主喷射、后喷射和次后喷射等过程。

先导喷射是为了在燃烧室内预先形成混合气,达到防止柴油机工作粗暴和减小噪声的目的。

预喷射是在主喷射之前先向燃烧室内喷入少量燃油(1~2mg),燃烧后可使主喷时的缸内温度升高,从而缩短主喷射的点火延迟期,降低缸内压力上升速度,使燃烧更为高效和柔和,是降低燃烧噪声、HC 和 CO 排放非常有效的途径。此外,预喷还有助于改善柴油机的冷起动性能,降低冷态工况下白烟的排放以及改善发动机低速转矩等。

主喷射主要用于产生转矩,其喷油量大小取决于发动机的工况要求。

后喷射非常靠近主喷射,喷射的燃油可在汽缸内燃烧并产生转矩,但主要作用是燃掉燃烧室中残余的炭烟微粒,炭烟排放可因此进一步减少 20%~70%。

次后喷射一般在上止点后 200°曲轴转角范围内喷射,喷出的燃油不燃烧(即不产生转矩),但会被排气余热蒸发,主要用于为柴油机氧化催化器提供 HC,被氧化后发生放热反应以增加排气温度,亦可用于后处理系统中的再生反应,如微粒捕集器(DPF)和 NO_x 储存催化器(NSC)。可以提高废气处理装置的温度,提高废气处理的效率。

压电元件具有正向和反向压电效应,当在压电元件两端施加电压时,压电元件就会发生形变。给压电元件施加正向电压时,其体积膨胀;给压电元件施加反向电压时,其体积收缩。压电式喷油器可以利用这一原理来使喷油器控制室的泄油孔通断,以控制针阀的升程,从而实现对喷油量和喷油正时的控制;也可以用压电元件直接驱动针阀升程,这种喷油器可以实现更高的平均有效喷射压力(方形喷油速率,压力高达 200MPa),更多的喷射次数(7 次或更多),两次喷射之间可达零间隔(实现连续喷射),最小喷射量可控制在 $0.5mm^3$。

压电式喷油器按照其控制针阀的方式不同,可分为伺服驱动方式和直接驱动方式两种。

压电式伺服驱动喷油器的结构原理与前述的电磁式喷油器基本相同,只是用压电元件取代了电磁阀来控制泄油孔的开闭(图 6-35)。它的工作过程是:高压燃油从高压共轨进入喷油器后,分成两路,一路由通道进入喷油嘴的油道,作用在针阀锥面上,另一路通过节流孔进入活塞顶部的油腔。

当压电晶体不通电时,止回阀 1 关闭,油腔 1 中的燃油推动柱塞,关闭喷油嘴,喷油器不喷油。当压电晶体通电后,压电晶体膨胀,推动大活塞压缩油腔 2 中的燃油,再推动小活塞(以此增大活塞行程),将止回阀 1 中的钢球推开锥面,使高压油腔中的燃油经过油道 1、止回阀 1 和油道 2 回流到油箱。由于柱塞上部被卸压,针阀在油槽中的燃油压力作用下,克服复位弹簧的作用力,向上运动,使喷油嘴开启,开始喷油。如果压电晶体断电,止回阀 1 落座,柱塞向下运动,使喷油嘴关闭。止回阀2是为了补充油腔2中泄漏的燃油,以保证喷油嘴工作可靠。

压电式直接驱动喷油器是直接利用压电元件的膨胀和收缩来控制针阀的行程,以实现喷油,这使得喷油器针阀的动作速度更快,能用不到100μs的时间打开和关闭喷油器的针阀,且喷雾动量和精确性更高。因为在针阀中部没有承压锥面和相应的压力室,也被称作无压力室喷油器(图6-36)。

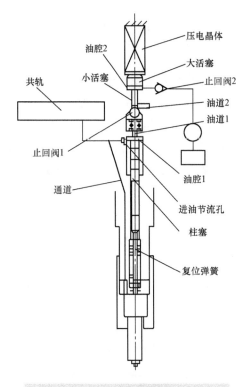
图6-35 压电式伺服驱动喷油器

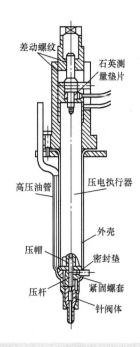
图6-36 压电式直接驱动喷油器

ECU给压电元件施加正向电压时,压电元件膨胀而使喷油器针阀关闭,喷油器不喷油;给压电元件施加反向电压时,压电元件收缩而使喷油器针阀开启,喷油器开始喷油。与带压力室的喷油器不同,无压力室喷油器在针阀升程发生变化时,喷油嘴喷孔流通截面积是变化的。在一定的柴油机转速下,如果保持喷油压力和喷油持续时间不变,则只要控制针阀的升程,即控制喷油器喷孔有效流通面积,就可以控制循坏喷油量。

课堂讨论

(1)柱塞式喷油泵是如何控制喷油量的?
(2)说明为什么柴油机需要调速器,而汽油机则不需要?
(3)喷油器的喷油压力取决于什么?如何调整?

(4) 请分析柴油机起动困难的原因。

(5) 请分析柴油机怠速抖动的原因。

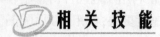

相 关 技 能

6.4 柴油机燃油系统的检修

柴油机燃油系统的检修主要包括精密偶件的检验、喷油泵的调试等内容。

6.4.1 柱塞偶件的检验

在维修作业中,一般用密封性试验或采用外观目测的方法来判断精密偶件的技术状况。精密偶件的精度很高,且不能互换,在拆卸清洗时应成对摆放,并注意不要碰伤其工作表面。

柱塞和套筒是喷油泵最主要的精密偶件,其圆度和圆柱度为 0.001mm,配合间隙为 0.001 5 ~ 0.002 5mm。在使用中,燃油中的机械杂质和燃油一起以很高的压力和流速冲刷柱塞的工作表面并造成磨损,最大磨损部位常发生在柱塞套进油孔的上下边缘。在柱塞外表面的磨损处,可以清楚地看到磨损的沟槽呈白色。

1) 直观检验法

用肉眼目测柱塞偶件外观,如果发现下列情况之一,即应更换柱塞偶件:

(1) 柱塞表面有严重磨损;

(2) 柱塞端面、直槽、斜槽等边缘有剥落或锈蚀;

(3) 柱塞套内孔表面有锈蚀或较深的刮痕、裂纹等。

2) 滑动性检验法

将在柴油中浸泡过的柱塞偶件,用手指拿住柱塞套,轻轻抽出柱塞约 1/3,然后松开,柱塞应在本身重力作用下自由下落,落在柱塞套的支承面上。再将柱塞抽出,转动任意角度,其结果应该相同。

3) 密封性试验

用柴油将柱塞偶件洗干净,使柱塞处于柱塞套中的中间或最大供油位置,用手指堵住柱塞套上的端孔和进、回油孔,将柱塞由最上位置往下拉,拉下的距离以柱塞上边缘不露出套筒油孔为限,若能感觉到有真空吸力应迅速松开柱塞,柱塞如能在真空力作用下迅速复位,则可继续使用。

6.4.2 喷油器的检验

喷油嘴偶件的主要磨损部位有:针阀的导向柱面、密封锥面和轴针。其中以导向柱面的磨损对供油量的影响最大。由于燃油通过导向柱面向上泄漏,喷油量将迅速下降。而且转速越低,喷油量下降越严重。喷油器阀体的磨损,主要有导向孔和密封座等部位。

喷孔变大以后,喷油量增加,雾化不良,使燃油不能完全燃烧,造成冒烟和积炭。密封锥面关闭不严,造成冒烟和不规则的敲击声。

对于组装后的喷油器或使用一段时间后的喷油器,应在试验台上进行检查和调试,如图 6-37 所示。

喷油器试验台是一个单体式喷油泵,由手柄作上下运动,通过杠杆机构将单体式喷油泵输出的高压油,同时压入喷油器和压力表,使压力表指针逐渐升高。当达到一定压力时,则喷油器将柴油喷出,此时,压力表指针指示的压力值就是喷油器的喷油压力。

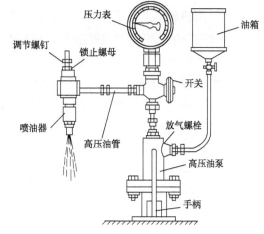

图 6-37 喷油器试验台的结构

1) 密封性的检验

均匀缓慢地用手柄压油,同时将喷油器的调压螺钉旋紧,使喷油器压力上升到 20.4MPa 时不喷油。如果压力表指针指示的压力下降到 18.4MPa 的时间在 9~20s,就说明喷油器的密封性较好。若所经历的时间少于 9s,可能是油管接头处漏油、针阀体与喷油器体平面配合不严、密封锥面封闭不严、导向部分磨损等原因造成的。

2) 喷油压力检验

用手柄以 50~60 次/min 的频率压油,当开始喷油时压力表所指的数值即为喷油压力值。如果该数值不符合要求,可旋松锁紧螺母,旋入调压螺母。增加压缩弹簧的压力,可提高喷油压力,反之则降低喷油压力。应按照各种柴油机规定的数值进行调整。各缸喷油器的喷油压力应调整一致,一般相差不得超过 0.25MPa。

3) 雾化检验

喷油压力调整好后,以 50~60 次/min 的频率使喷油器喷油,喷出的柴油应呈雾状,不允许有油滴和飞溅。

4) 喷油量的检验

在同一台柴油机上,各个喷油器通过燃油的能力不应相差过大,否则当在试验台上调整好喷油泵的标定供油量后,其标定供油量均匀性会受到影响。喷油器的通过能力可采用测定喷油量的方法进行检查。在喷油器试验台上,将被检查的各个喷油器用一根高压油管逐个接到预先调整好的喷油泵的同一个分泵上,在额定转速下测定 1min 的喷油量。同一台柴油机上的各个喷油器的喷油量相差不得超过 5%。

5) 喷油器检验注意事项

(1) 切勿用手去试摸喷油器有无喷油压力和雾化。因为喷射压力很高,喷出的油束会穿透皮肤,如进入血液会引起中毒。

(2) 喷射用的柴油,应该是清洁干净的,并保持试验环境无灰尘和杂质。

(3) 压力表要经常检查,如压力表指示不准确,则应更换压力表或校正压力表。

(4) 校正好的喷油器应拧紧锁止螺母,以防松动。

6.4.3 出油阀偶件的检验

出油阀的磨损主要是在锥形密封面,其次是减压环带的下部。出油阀座的磨损主要在与出油阀配合的锥形面和座孔的内表面。沿座孔长度方向的磨损量越往下越小。

出油阀及阀座磨损的结果,将造成其降压作用减小,高压油管中的剩余压力提高,使喷油时间提前,断油不干脆而发生滴油现象,使喷油延续角(喷油始点与终点之间的曲轴转角)加大,供油量增加,燃烧变坏,导致冒烟和不规则的敲缸。

1) 直观检验法

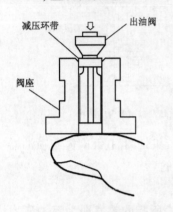

图6-38 出油阀的密封性检验

出油阀和阀座磨损或有裂纹、表面剥落、密封带宽度和深度过大、减压环带磨损过甚、表面锈蚀,应更换。

2) 滑动性检验法

将清洗干净的出油阀偶件垂直放置,将阀体从阀座中抽出约1/3,松开后应能在自身重力作用下,缓慢、均匀地下落到底。将阀相对于阀座转过任意一个角度,重复上述试验,结果应相同。

3) 密封性检验

用手指堵住出油阀座下部,用另一只手将出油阀从上方放入阀座孔中,如图6-38所示。当减压环带刚进入阀座时,轻轻按压出油阀,应能感到空气的压缩力,当撒手时,出油阀应能立即向上跳回原位置的,为正常。

小组工作

(1) 每4~6名学生组成1个工作小组,确定小组长,接受工作任务,做好工作准备。

(2) 阅读工作单,查阅维修手册(或实训指导书),观察待检修的柴油机的燃油系统,讨论检修方法和步骤,确定小组人员工作分工。向实训指导教师汇报讨论结果,经指导教师同意后,开始下一步的工作。

(3) 按照工作单的引导,完成柴油机燃油系统工作性能的检查,主要零部件的拆卸、分解和检查工作。

(4) 完成工作单要求的喷油器调试、喷油泵台架试验,并将调试和试验结果记录在工作单的相应栏目,并对结果作出分析。

(5) 在完成工作任务的过程中,根据工作单的要求,完成柴油机燃油系零部件认识、作用和工作原理描述等学习任务。

(6) 回答指导教师的现场提问,接受指导教师的技能考核。

(7) 完成工作任务后,对工作过程进行自我评价和小组互评,听取指导教师的点评。

(8) 清洁工作场所,清点维护工具设备,完成任务交接。

拓展知识

6.5 柴油机的燃烧过程和燃烧室

6.5.1 柴油机的燃烧过程

柴油机的燃烧是在燃烧室所限制的狭窄空间内,在高温、高压环境下,使高压喷入燃烧室的雾状燃料与汽缸内空气混合形成的可燃混合气,在极短的时间内进行的一种燃烧。

柴油机的燃烧过程可分为四个时期,如图6-39所示。

1)着火延迟期

着火延迟期(也称滞燃期)是指从燃料开始喷射到着火的时间间隔(或曲轴转角)。在上止点前的某个时刻(A 点),喷油器开始向汽缸内喷入燃油。喷入汽缸内的燃油并不马上着火,而是稍有落后。因为柴油自燃需要有一定条件,它首先由液态蒸发成气态,并与空气混合形成可燃混合气,当适当比例的混合气经过分子裂化、低温氧化等一系列物理的和化学的准备过程后,才能自燃着火。着火延迟期是燃烧过程的一个重要参数,对发动机的工作特性有直接影响。

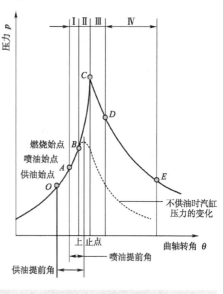

图6-39 柴油机的燃烧过程

着火延迟期的长短取决于柴油的十六烷值,同时也取决于压缩终了时燃烧室的温度和压力。此外,进气预热、增压等手段都会使压缩终了时的温度、压力增加,使着火延迟期缩短。

2)速燃期

速燃期是从汽缸压力偏离压缩线开始急剧上升的 B 点起,到最高压力点 C 点为止的时间间隔(或曲轴转角)。由于在着火延迟期中喷入汽缸的燃油已经过不同程度的物理、化学准备,所以一旦着火,这些燃料也一起燃烧,此时活塞靠近上止点位置,压力升高特别快。着火延迟期的大小直接影响速燃期内的燃料燃烧量。着火延迟期过长,会使速燃期的压力升高率过大,导致柴油机工作粗暴,还会使 NO_x 的排放量大幅度增加。

3)缓燃期

缓燃期是从缸内压力最高点 C 开始到缸内温度达到最高点 D 点为止的时间间隔(或曲轴转角)。速燃期后,喷油往往结束了。但是,由于速燃期时间较短,喷油较多,大部分燃油来不及形成可燃混合气而留在速燃期后继续混合和燃烧,使放热不断增加,温度不断升高,直到最高。若在此燃烧阶段内,采取措施使蒸发的燃油能及时得到足够的空气,就能保证迅速而完全的燃烧,从而提高柴油机的热效率和降低排气烟度。

4) 补燃期

补燃期(也称后燃期)是从最高温度点 D 起到燃油基本燃烧完的 E 点为止的时间间隔(或曲轴转角)。这一阶段的终点 E 较难确定,一般是以喷射终了后,曲轴转到上止点后的 $10°\sim20°$ 处。此时喷入汽缸的燃料已基本烧完,虽然局部区域的燃烧或氧化还在进行,但放热率已很低,可认为燃烧已结束。由于这一阶段的燃烧是在膨胀行程中进行的,必然导致发动机热效率降低,排气冒烟等现象,故应尽量减少补燃期。

柴油机的经济性和动力性主要取决于速燃期和缓燃期。为了使柴油机工作柔和平稳,减少燃烧噪声,就应使着火延迟期(滞燃期)适当缩短,这样才能使速燃期内的燃烧较为缓和,防止压力升高率过高。另外为了提高经济性,减少排气污染,应尽量减少补燃期的燃烧量。要实现这一目的,必须使缓燃期尽快燃烧,让大部分燃油在缓燃期烧掉。

6.5.2 柴油机的燃烧室

柴油机燃烧室的形状不胜枚举,一般按其结构形式分为统一式燃烧室和分隔式燃烧室两大类。

1) 统一式燃烧室

统一式燃烧室也称直接喷射式燃烧室,是由凹形活塞顶与汽缸盖底面所包围的单一内腔,几乎全部容积都在活塞顶面上。常见的结构形式有 ω 形、四角形、球形及 U 形燃烧室,如图6-40所示。下面以 ω 形、球形燃烧室和四角形来说明燃烧室的结构和特点。

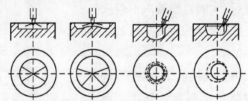

a) 浅盆形燃烧室 b) 浅 ω 形燃烧室 c) 球形燃烧室 d) U 形燃烧室

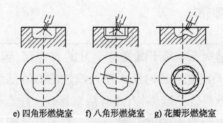

e) 四角形燃烧室 f) 八角形燃烧室 g) 花瓣形燃烧室

图6-40 不同结构形式的燃烧室

(1) ω 形燃烧室。ω 形燃烧室是由平的汽缸盖底面和活塞顶内的 ω 形凹坑及汽缸壁组成,如图 6-41 所示。

ω 形燃烧室结构紧凑,热损失小,故热效率高,经济性好;由于是直接式的空间雾化混合,燃烧的初期同时着火的油量较多,在空间先形成混合气而发火,因此起动性较好。但 ω 形燃烧室所要求的喷油压力高,而与之配套的喷油泵和喷油器中的配合偶件加工精度要求高;多孔喷油器的喷孔直径小,易堵塞;滞燃期内形成的混合气较多,导致发动机工作比较粗暴。

(2)球形燃烧室。球形燃烧室的活塞凹顶表面轮廓呈球形,利用螺旋进气道形成强烈的空气涡流,并采用单孔或双孔喷油器将燃油在高压下顺气流以接近于燃烧室的切线方向喷入燃烧室内,如图6-40c)所示。燃油的绝大部分分布于燃烧室壁上,形成比较均匀的油膜,只有极少量燃油喷散在空间。均布的油膜从燃烧室壁上吸热,逐层蒸发。强烈的空气涡流加速了油膜的蒸发且使混合气更为均匀。而原已喷散在室内空间的雾状燃油,首先完成与空气的混合而发火,成为火源,起引燃作用。随着燃烧的进展,室内的温度和空气流速越来越高,可以保证燃油以越来越高的速度蒸发并与空气均匀混合,使燃烧过程得以及时进行。

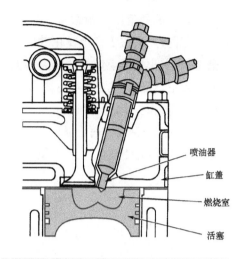

图6-41 ω形燃烧室

球形燃烧室中,混合气的形成主要靠油膜逐层蒸发来完成。混合气形成速度开始较慢,所以滞燃期内形成并积聚的混合气量较少。燃烧初期压力升高和缓,故发动机工作比较柔和。此后,由于混合气形成速度越来越高,不会使燃烧拖延,从而保证了柴油机较高的动力性和经济性。其缺点是柴油机起动较困难。球形燃烧室要求燃油喷注具有一定的量,喷射时尽量不分散。因此,必须有17~19MPa的喷油压力。

(3)四角形燃烧室。四角形燃烧室属于直接喷射式燃烧室和空间混合方式。

其结构特点是:燃烧室的底部仍是ω形,燃烧室的上部逐渐过渡为四方形,如图6-40e)所示。四方形的四个角为圆角,以避免热应力集中和气流死角。喷射时四个喷孔对着燃烧室的四个角喷油。

由于燃烧室上部呈四方形,就成为涡流旋转运动的障碍,出现了气流运动的"摩擦碰壁"现象。其程度随气流旋转速度的加大而加大,抑制了涡流的增强,抑制了燃烧速度和温度的增大,控制了NO_x的生成量。

2)分隔式燃烧室

分隔式燃烧室的容积则一分为二,一部分位于汽缸盖中,另一部分则在汽缸内。在汽缸内的那部分称主燃烧室,位于汽缸盖中的那部分称副燃烧室。主、副燃烧室之间用通道连通。分隔式燃烧室又有预燃室燃烧室和涡流室燃烧室之分。

(1)预燃室式燃烧室。预燃室式燃烧室由预燃室和主燃烧室两部分组成。预燃室在汽缸盖内,占压缩容积的25%~40%,有一个或数个通孔与主燃烧室连通,如图6-42所示。在压缩行程中,主燃烧室的部分空气

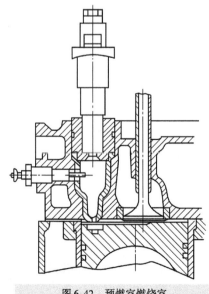

图6-42 预燃室燃烧室

经直径较小的通道压入预燃室,形成强紊流。燃料喷入预燃室中,在空气紊流运动的作用下,使一部分燃料被更好地雾化并燃烧。而且预燃室中的燃烧产生较大的涡流,促使混合气完全燃烧;着火后预燃室中的压力和温度迅速升高,巨大的预燃能量形成的压力差将混合气高速喷入主燃烧室,在主燃烧室内形成强烈的燃烧紊流,促使大部分燃料在主燃烧室和大部分空气混合而燃烧。因为有强烈的空气紊流作用,对喷油的雾化质量要求不高,可采用喷油压力较低的轴针式喷油器。通道强烈的节流作用,使气体的能量损失较多,但是能使主燃烧室的压力升高得到缓和,使发动机工作柔和。

(2)涡流室式燃烧室。涡流室式燃烧室由涡流室和主燃烧室组成。涡流室位于汽缸盖内,呈球形或倒钟形,占总压缩容积的50%~80%,有切向通道与主燃烧室相通,如图6-43所示。在压缩行程中,空气从汽缸被挤入涡流室时形成强烈的有规则的压缩涡流。孔道直径较大,可以减少流动损失。

喷入涡流室的燃油靠这种强烈的涡流与空气迅速地混合。大部分燃油即在涡流室内燃烧,未燃部分在做功行程初期与高压燃气一起通过切向孔道喷入主燃烧室,进一步与空气混合而燃烧。

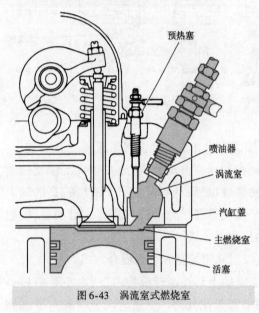

图6-43 涡流室式燃烧室

涡流室中产生的气流运动比上述直接喷射燃烧室中的进气涡流更强,因此可降低对喷雾质量的要求,即可以采用喷油压力较低(12~14MPa)的轴针式喷油器。

思考题

(1)柴油机的可燃混合气形成有何特点?有哪两种基本方式?如何实现?

(2)柴油机燃烧室分哪两大类?各有何特点?根据所拆装的柴油机,分析其可燃混合气形成过程。

(3)柴油机燃料供给系统由哪些主要部件组成?各部件的主要作用是什么?

(4)输油泵有哪几类?其结构与工作原理各如何?

(5)喷油泵的作用是什么?分哪几大类?

(6)拆装A型喷油泵,并讲述其基本组成、结构与工作原理。

(7)何谓柴油机的供油提前角?过大或过小会导致什么后果?

(8)喷油器的基本作用是什么?如何分类?

(9)拆装喷油器(孔式喷油嘴和轴针式喷油嘴两种),并讲述其基本结构与工作原理。

(10)如何检查调整喷油器的喷油压力和喷雾质量?

(11)柴油机电控燃油系统有哪些类型？
(12)电控共轨系统由哪些部件组成？说明其工作原理。
(13)说明电控共轨系统的电磁式喷油器的结构和工作原理。

单元七

发动机机械总成的大修

学习情境

一辆已使用10年的丰田花冠轿车进厂维修,客户反映该车近几个月来燃油消耗量明显增加,动力有所下降,起动比较困难。初步检查,该车机油中有少量金属屑,发动机怠速运转不稳,在急加速时,排气管有蓝烟冒出。测量汽缸压力,各汽缸压力均低于标准。经客户同意,拆卸汽缸盖检查,发现汽缸磨损严重,燃烧室中有大量积炭。根据上述情况,维修技师向客户建议该发动机应进行解体大修。

生产任务　发动机机械总成的大修

1)工作对象

待分解检修的汽油发动机1台。

2)工作内容

(1)领取所需的工具、耗材,做好工作准备。

(2)分解发动机,清洗检查发动机各零部件,对主要零部件进行检测,分析检测结果,制订发动机的修复方案。

(3)按大修标准,完成发动机的组装和调整。

(4)运转发动机并调试发动机。

(5)检查、评价工作质量。

(6)整理工具,清洁工作场地。

3)工作目标与要求

(1)学生应以小组工作的方式,完成本项工作任务。

(2)学生应当能在小组成员的配合下,利用发动机维修手册(或实训指导书),制订发动机检修的工作计划,实施该计划。

(3)能通过阅读资料和现场观察,辨别所检修发动机的类型和结构特点。

(4)能按照维修手册或实训指导书的要求,完成发动机主要零部件的检测,正确分析检测结果。

(5)能向客户解释所修发动机的损伤情况和修复方案。

(6)能按规范的步骤,完成发动机分解、检修和组装作业,恢复发动机的工作能力。

(7)在工作过程中,注意工作安全,做好废料的处理,保持工作环境整洁。

7.1 发动机机械总成检修概述

7.1.1 维修手册的应用

汽车维修手册是汽车产品售后服务的技术文件之一,它专供具有专业技术资格的维修人员使用。一本维修手册通常包含有汽车制造厂家从某一年份开始生产的一种或同一系列的几种汽车的维修信息。其内容包括:

(1)维修程序。包括拆装程序,专用工具的使用方法等。

(2)检测程序。包括零件测量方法,专用检测仪器使用方法等。

(3)技术参数。包括发动机在内的汽车各零部件的使用极限、尺寸标准、配合间隙标准、调整要求、日常维护注意事项等。

(4)规格要求。包括各类消耗品的规格要求及各种油液的牌号要求等。

一般维修手册都分成2~3册,每一册包括汽车若干个总成的维修内容,或按发动机、底盘、汽车电气分为3册。

随着汽车技术的发展和车辆的改进,厂家还会为改进车型提供增补手册;或为本车型各总成、系统提供更加详细的修理手册,如发动机修理手册、手动变速驱动桥修理手册、自动变速驱动桥修理手册、电路图、新车特性手册等。

汽车发动机修理手册是为发动机维修提供所需的维护修理信息的技术文件,其内容通常包括:导言,准备工作,维修规范,发动机机械、冷却、润滑、起动和充电、组件、字母索引等内容。在进行发动机拆装维护修理时,必须详细阅读发动机修理手册,尤其要充分掌握在"导言"部分注意事项中的所有内容,同时应遵守手册中的"注意""小心"等事项,防止危险操作导致人员的伤害和车辆的损坏与隐患。

7.1.2 发动机检修工作的准备

1)常用工具准备

发动机维修的常用工具有:套筒扳手、梅花扳手、开口扳手、鲤鱼钳、尖嘴钳、扭力扳手、橡胶锤、螺丝刀(十字、一字)、铜棒、记号笔、刮刀、磁性手柄、气枪、刷子等。

2)常用设备的准备

发动机维修的常用设备有：发动机翻转架、工作台、工具车、台钳、零件清洗盘等，如图7-1所示。

图7-1 发动机维修的常用设备

3)专用维修工具的准备

发动机维修的常见专用工具有：皮带轮拉具、气门油封拆装工具、气门拆装工具、活塞销拆装工具、活塞环钳、机油滤清器扳手等。

4)测量工具的准备

常用的测量工具有：百分表及表架、量缸表、千分尺、塑料间隙规、塞尺等。

5)消耗品的准备

主要消耗品包括：零部件清洗溶剂、洗涤油、汽油、手套、布等。

6)零配件的准备

在发动机解体清洗后，应检查所有零部件的磨损和技术状况，根据检查结果确定所有要更换的零部件，同时列出零部件清单，交给配件管理部门采购。只有在所有需要更换的零部件全部采购齐全后，才能开始发动机的组装。除了上述零部件外，在发动机解体修理时，通常需要更换所有的密封件，如汽缸垫、进排气歧管垫、油底壳衬垫、油封等。这些密封件通常可以购买发动机修理包的方式购得。有些汽车制造厂家还将发动机的活塞、活塞环、活塞销、曲轴和连杆轴承、正时齿形带(或正时链条)等常用的易损件全部归入修理包内。

7.1.3 发动机紧固件的使用及更换

1)螺栓和螺母

螺栓和螺母是最为常见的紧固零件，它将发动机各部分零件紧固在一起。根据用途有各种不同类型的螺栓和螺母。为了正确进行维修服务，了解它们是很重要的。

(1)螺栓和螺柱。

①六角头螺栓。这是最常见的一种螺栓类型。由于螺栓头部和零件接触的部分面积很小，因此有些螺栓在底部加工有凸缘盘，或安装一个垫圈，以减缓螺栓头部施加给零件的接触压力，减少损坏零件的可能性。有些螺栓在螺栓头部和垫圈之间加了一个弹簧垫片，可以防止螺栓松脱。

②双头螺柱。螺柱用于将各零件定位，或使其装配简化。

(2)螺母。螺母有各种类型，如图7-2所示。

①六角形螺母。这是最常见和使用最多的螺母。其中一些螺母底部加工有凸缘盘。

②盖螺母。盖螺母的顶部有盖子盖住螺纹，通常是用来防止螺栓端部生锈或是为了美观的目的。

③槽顶螺母。这些螺母顶部加工有多个槽，用于锁紧后在槽中插入开口销，以防止螺母转动而变松。

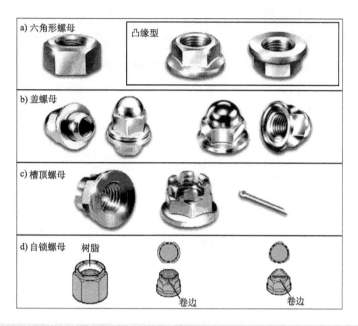

图7-2 螺母的种类

④自锁螺母。这种螺母的顶部设计成卷边,或填充树脂,锁紧后能够防止自身松开,故称为自锁螺母。

2）垫圈

垫圈根据锁定方式通常分为两种类型。

（1）弹簧垫圈。垫圈的弹力可以将螺栓或螺母松脱的可能降到最低。

（2）牙嵌（式）垫圈。垫圈一侧有一个齿面,可以提供摩擦力,将螺栓或螺母松脱的可能性降到最低。

3）开口销和锁紧板

开口销和槽顶螺母配合使用可以实现锁紧功能。在使用过程中开口销的大小要与槽顶螺母凹槽相一致,使用过的开口销不能再次使用。

锁紧板的舌片顶着螺栓或螺母安装以防止紧固件变松,如图7-3所示。锁紧板拆卸后不能再次使用。

4）塑性域螺栓

一般的螺栓在拧紧时,其被拉伸的变形是处于弹性区域范围,而所谓"塑性域螺栓"是将螺栓按规定的初始力矩拧紧之后,再将螺栓扭转过一个规定的角度,使螺栓变形超出弹性区域范围,使其工作在塑性区域范围,从而降低螺栓因旋转角的不均匀性而造成轴

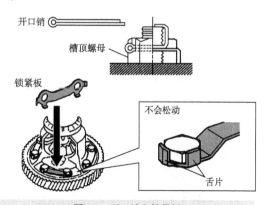

图7-3 开口销和锁紧板

向拉力的不均匀性,获得稳定的轴向拉力,如图7-4所示,在一些发动机上用作汽缸盖和轴承盖的锁紧;为了与普通螺栓区分开来,其螺栓头内部和外部都是12边形的。

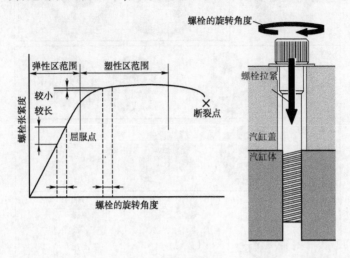

图7-4　塑性域螺栓

(1)塑性域螺栓的拧紧方法。拧紧塑性域螺栓的方法不同于拧紧普通螺栓,其拧紧方法为:

①用规定的力矩拧紧塑性域螺栓。
②用记号笔在螺栓顶上作上标记。
③按照修理手册中的指示,再拧紧规定的角度(如90°或45°)1次或2次,如图7-5所示。

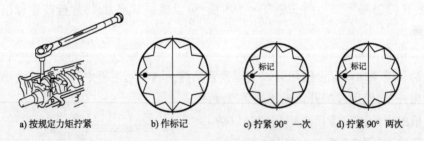

图7-5　塑性域螺栓的拧紧

(2)判断塑性域螺栓是否能重新使用。由于塑性域螺栓每次拧紧都产生一定的塑性变形,因此在使用被拆卸的塑性域螺栓时,应先进行测量检查,以判定是否可以重复使用。判断塑性域螺栓是否可以重复使用的方法是:

①测量螺栓的收缩。使用游标卡尺测量收缩量最大处的螺栓直径,并与维修手册中的极限值对比。如果螺栓直径小于极限值,必须更换螺栓,如图7-6a)所示。
②测量螺栓的伸长。使用游标卡尺测量螺栓的长度,如果测量值超过维修手册中规定的螺栓最大长度极限值,必须更换螺栓,如图7-6b)所示。

5)扭力扳手的使用

螺栓、螺母必须按规定的力矩拧紧。如果拧紧力矩较规定力矩低,螺栓、螺母会由于振动而松动,零件之间会产生间隙导致漏油、漏气,甚至损坏零件;如果拧紧力矩较规定力矩大,螺栓、螺母可能损坏,零件会产生变形或损坏等。所以要用扭力扳手拧紧螺栓、螺母以达到规定的力矩。

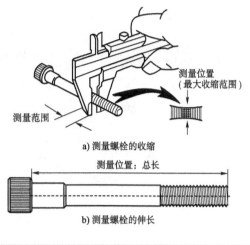

图 7-6 塑性域螺栓的测量

扭力扳手有预置型和板簧式两种。

(1)预置型。通过旋转套筒可预置所要求的力矩。当螺栓被拧紧到扳手出现"咔嗒"声,表明已达到规定的力矩。

(2)板簧式。这种扭力扳手的杆身由钢板弹簧制成,在拧紧螺栓时,杆身受力弯曲,力矩通过指针和刻度读出,以便取得规定的力矩。

在使用扭力扳手前,应先用其他扳手将螺栓预先拧紧,以提高工作效率。

7.1.4　发动机密封件的使用及更换

在汽车维修装配过程中,要使用大量的密封件,以保证发动机各个密封面的可靠密封,防止漏气、漏水、漏油。常见的密封件有密封衬垫、油封等,此外,还经常使用密封胶。

1)密封衬垫的使用要点

(1)装配时,密封表面应清洁干净。

(2)金属衬垫和垫片表面应平整,无明显的曲折和凹痕。

(3)用纸垫密封时,装用前按需要涂以清洁的密封胶。

(4)有润滑油孔的部位,装复衬垫时,要注意勿将油孔堵塞。

2)密封胶的使用要点

随着密封剂生产技术的发展,各种密封胶(或称密封填料)相继投入使用,汽车维修装配中密封胶的使用量越来越大。与衬垫密封相比,密封胶密封效果可靠持久,省时省力,工作效率高。

在使用密封胶时,应注意密封胶的类型和适用场合,按规定使用。在使用时,为了得到最好的密封效果,应把黏附在部件表面上的旧密封胶清除干净。

在涂抹密封胶时,应在全部密封表面均匀地涂抹一层,不要有任何间断,如图 7-7 所示。具体零件涂抹密封填料的位置和数量(厚度)都有规定值,在使用时请参考相关维修手册。

使用密封胶还注意以下几点:

(1)一些密封填料在涂抹后会立即硬化,所以要迅速安装该部件。

(2)用密封胶密封的部件在组装后,至少 2h 内不要加润滑油等油液。

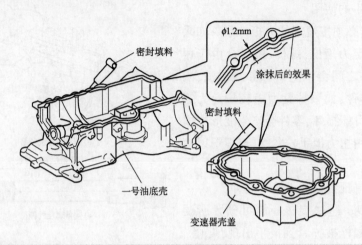

图 7-7 密封胶的使用

(3) 如果零部件在粘上后又再拆开,要把原有的密封胶全部清除并重新涂抹。
(4) 如果密封填料的涂抹位置错误或太少将导致漏油。
(5) 不要涂抹过多的密封胶,以免将油路和过滤器堵塞。
(6) 在冬天可轻度加热密封胶,会使涂抹更加容易。

7.2 发动机的解体

不同车型的发动机,其结构形式不完全相同,因此其解体的过程也不尽相同。以下以丰田花冠轿车 1ZZ-FE 发动机为例,介绍发动机拆卸分解的步骤和工艺要点。

7.2.1 拆卸发动机外围附件

发动机外围附件包括发电机、起动机、水泵、进气歧管、排气歧管,以及气门室罩、油底壳等。通常应先拆卸发电机、起动机、进气歧管、排气歧管、水泵等附件,然后拆卸水泵皮带轮、发动机固定支架、气门室罩、油底壳等,如图 7-8 所示。

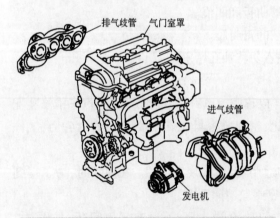

图 7-8 发动机外围附件的拆卸

在作进一步的拆卸工作之前,应先确定第 1 缸压缩上止点位置记号。其方法是:转动曲轴,使第 1 缸活塞处于压缩上止点,确认此时凸轮轴正时链轮上的正时标记位置,如图 7-9 所示。记录下该位置,以便使随后的拆卸和重新组装更加容易。

拆卸曲轴皮带轮时,应使用专用工具固定住曲轴皮带轮,拆下曲轴皮带轮螺栓,然后用皮带轮拉具卸下曲轴皮带轮,如图 7-10 所示。

最后拆卸水泵。

单元七　发动机机械总成的大修

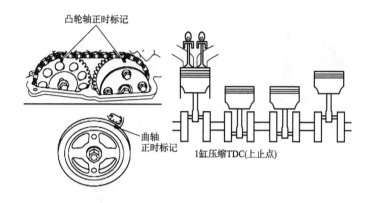

图 7-9　确认第 1 缸压缩上止点位置记号

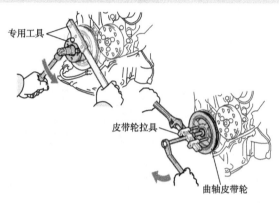

图 7-10　拆卸曲轴皮带轮

7.2.2　拆卸正时链条

拆卸正时链条盖上的所有螺栓和螺母,在链条盖和汽缸体之间插入一把一字螺丝刀,然后撬起链条盖,如图 7-11 所示。

从第 1 缸上止点位置逆时针旋转曲轴 40°,使活塞向下离开上止点位置,如图 7-12 所示。因为在拆卸链条张紧器或者链条的情况下,转动曲轴可能造成气门和活塞顶相碰撞,所以必须使活塞位置降低。

拆卸链条张紧器。在拆卸链条张紧器之前,应先释放正时链条的张紧力。如果在正时链条张紧时拆卸链条张紧器,会造成链条张紧器弹出,可能导致受伤。

链条张紧器的形式很多,其释放正时链条张紧力的方法也不相同。图 7-13 所示为棘爪式自动链条张紧器,可以将棘爪按下,使柱塞复位,将链条张紧力释放。

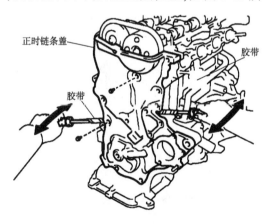

图 7-11　拆卸正时链条盖

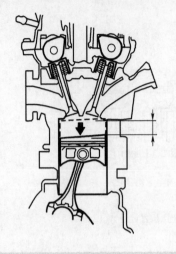 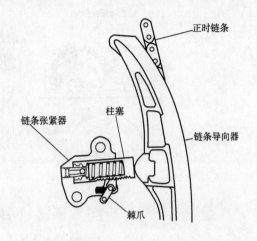

图 7-12　降低活塞位置　　　　图 7-13　释放正时链条张紧力

7.2.3　拆卸凸轮轴

在拧松凸轮轴轴承盖螺栓拆卸凸轮轴时,凸轮轴会由于气门弹簧的作用力向上顶起。为防止凸轮轴所受的气门弹簧力集中在前端或后端,应先用扳手将凸轮轴转动到一个合适的位置,让各缸气门弹簧施加在凸轮轴上的力前后均匀,从而使凸轮轴可以水平地拆卸。

按先两端、后中间原则,分几次均匀地松开轴承盖固定螺栓,将凸轮轴拆下。

凸轮轴固定位置因发动机类型的不同而不同,具体拆卸步骤应参照维修手册。

按照顺序放置已经拆卸的轴承盖。

7.2.4　拆卸汽缸盖

拆卸汽缸盖螺栓时,应按图7-14中序号从外往内,分几次均匀松开并拆卸汽缸盖固定螺栓。

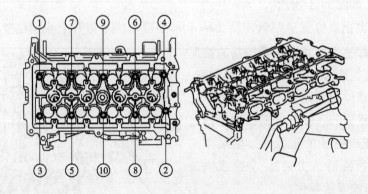

图 7-14　拆卸汽缸盖

用塑料锤子轻敲汽缸盖边沿上的肋部,将汽缸盖和汽缸体分离,取下汽缸盖,拆卸汽缸垫。

当汽缸盖被拆卸后,水和油将从水套和油道中流出。要将拆卸下的汽缸盖放在一个工作台或者零件盘内,用一块布将油吸收掉,以便保持工作区域清洁。

7.2.5 拆卸油底壳

在保持发动机正置的状态下,拆下油底壳所有紧固螺钉,然后用一把一字螺丝刀,插入汽缸体油底壳之间,撬起油底壳,使其分离,从而拆下油底壳。

在油底壳拆卸以前不要倒置发动机;否则,留在油底壳上的淤泥和金属微粒便可能进入活塞和汽缸,从而损坏汽缸的内壁。

7.2.6 拆卸油封

在解体修理发动机时,一般应更换发动机上的所有油封,包括正时链条盖油封(曲轴前油封)、曲轴后油封等。

旧油封可以用螺丝刀撬下。在拆卸正时链条盖油封等安装在铝合金壳体上的油封时,应在螺丝刀下垫一块布,以防止损坏铝合金壳体,如图 7-15 所示。

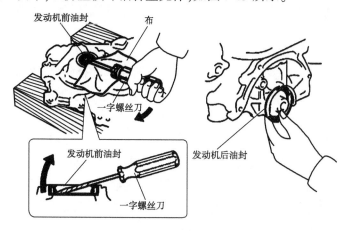

图 7-15 拆卸油封

7.2.7 分解汽缸盖

1)拆卸气门挺柱

气门挺柱应当用手拆卸,不能用钳子夹取,以防损坏气门挺柱。

将拆卸的气门挺柱按原来的位置放于纸上。重新组装时,应将气门挺柱按拆卸时完全相同的位置安装。

2)拆卸气门

拆卸气门必须使用专用的气门拆装工具。将气门拆装工具安装到汽缸盖上,使其与气门和弹簧座底部在同一直线上,如图 7-16 所示。转动手柄,使其压缩气门弹簧,从而将两块气门锁片拆出。反向转动手柄,松开气门弹簧,然后朝燃烧室的方向往外拉出气门。将所有拆卸下来的气门组零部件按安装位置顺序放于纸上,如图 7-17 所示。

3)拆卸气门油封

在分解修理气门组时,应更换气门油封。气门油封可使用专用工具拆卸,也可用尖嘴钳夹住油封底部的金属部分后拆出,如图 7-18 所示。注意不要将尖嘴钳夹在油封的橡胶部分,否则无法拆出油封,只会损坏油封上部的橡胶环。

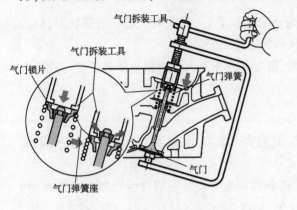

图 7-16 拆卸气门

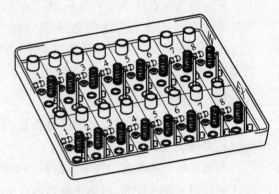

图 7-17 按安装位置摆放气门组零部件

7.2.8 分解汽缸体

在分解汽缸体之前,应先检查连杆轴向间隙、连杆轴承配合间隙。拆卸活塞连杆组后,在拆卸曲轴之前,还应检查曲轴轴向间隙。将上述检查结果记录下来,为进一步的维修提供依据。

1)拆卸活塞连杆组

将发动机倒置,拧下连杆轴承盖螺栓,取下轴承盖。用锤子柄轻轻敲打连杆,将活塞连同连杆一起从汽缸的另一端拆出,如图 7-19 所示。注意敲击连杆时不要碰到汽缸内壁,以防止损坏汽缸。如果连杆上有螺栓,应在各螺栓上套上塑料管,以防损坏汽缸内壁。

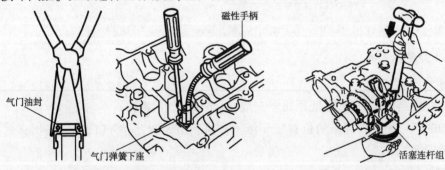

图 7-18 拆卸气门油封　　　　　图 7-19 拆卸活塞连杆组

如果连杆轴承盖卡在连杆上无法拆出,可用两根适当大小的螺栓放在连杆盖螺孔内,前后扭动螺栓,便可轻松地将连杆轴承盖取出。

2)拆卸曲轴

按照先两端、后中间的原则,分几次松开各道曲轴轴承盖螺栓,拆卸曲轴轴承盖,向上抬出曲轴。

如果曲轴轴承盖卡在轴承座上无法拆出,可将两根已拆下的螺栓插入轴承盖的螺栓孔中,前后扭动螺栓,即可取出轴承盖,如图 7-20 所示。

7.2.9 分解活塞连杆组

1)拆卸活塞环

按图 7-21 所示方法用活塞环钳从气环的缺口处将气环撑开,依次从活塞上取下第 1 道和第 2 道气环。在使用活塞环钳时,要注意不要将活塞环过度扩张或扭曲,以免损坏活塞环。

组合式油环可以用手拆卸。

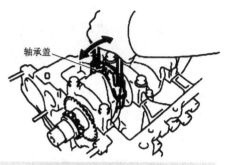

图 7-20 拆卸曲轴轴承盖

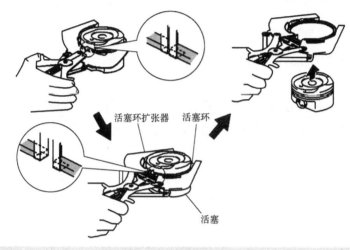

图 7-21 拆卸活塞环

2)拆卸活塞销

全浮式活塞销只要用尖嘴钳将活塞销两端的卡环拆下后就可取出。

半浮式活塞销与连杆之间为过盈配合,必须使用专用工具,在压力机上压出,如图 7-22 所示。在操作时,注意不要让活塞倾斜,以免损坏活塞。

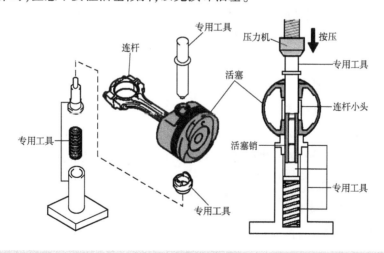

图 7-22 拆卸半浮式活塞销

7.3 发动机零件的清洗

在发动机检修中,零件的清洗是一项比较重要的工作。零件的污垢包括:表面积炭等沉积物、润滑材料的残留物等。由于这些污垢各有不同的性质和特点,且往往都具有较高的附着力。因此,当发动机总成分解后,必须对零件进行彻底的清洗,以清除零件的油污、积炭、结胶、水垢等,使发动机总成的装配得以顺利进行。此外,清除污垢、洗涤发动机零件表面,可以提高零部件测量的精确度,易于发现零件故障,如异常磨损、裂痕等,从而采取相应的修理措施。

7.3.1 发动机零件的清洗方法

发动机零件的清洗方法主要有机械清洗法和化学清洗法。

1)机械清洗

机械清洗就是使用刮刀、钢丝刷、油石、砂纸等,对零件表面上的积炭、胶质、油污、残留的衬垫等进行清洗。刮刀、油石用于平面的清洗有很好的效果,钢丝刷则可用于不平表面的清洁。

机械清洗法还包括喷砂清洗的方式,即采用喷砂机,利用压缩空气,将喷砂(通常可用桃、李、杏果核砸碎去仁制成)以一定的速度喷向零件表面,其清洁效果很好。

2)化学清洗

化学清洗就是用清洗剂来溶解零部件表面上的污物,或使之松散,以便能被刷掉或冲洗掉。化学清洗所用的清洗剂有两类,一类是以溶剂为基础的化学清洗剂,另一类是以水为基础的化学清洗剂。

许多以溶剂为基础的化学清洗剂的清洗效果好,可用于清洗气门上的积炭等难以去除的污垢。但成本较高,而且有些清洗剂有一定的毒性。

出于对环保的考虑,现在很多汽车维修企业都使用以水为基础的清洗剂。大多数以水为基础的清洗剂是溶于水的硅酸盐溶液,通常通过浸泡零件或在清洗机中用加热和喷射的方式达到清洗的目的。

3)零件清洗的注意事项

在清洗工作中应注意:凡橡胶、胶木、塑料、铝合金、锌合金零件及牛皮油封等,不能用碱溶液清洗;预润滑轴承、含油粉末轴承,不允许浸泡在易使其变质的溶液和油中清洗。通过化学方法清洗的,在选用酸、碱的溶液时,既要考虑除垢效能,又要注意对被清洗零件的腐蚀作用。

7.3.2 发动机主要零件的清洗

1)使用刮刀、刷子和油石

如果部件上附着有积炭,可用刮刀刮去并用刷子和油石清洁。注意钢丝刷会损伤塑料部件,应根据部件的材质选择适当的刷子。注意不要使零件表面变形或者损伤。损坏衬垫安装表面将造成漏水、漏油或漏气。

2）使用洗涤油

用刷子和洗涤油清洁。煤油或者汽油将造成橡胶部件或者塑料部件老化,因此这些部件不能用煤油或者汽油清洁。使用煤油或者汽油清洁之后,用压缩空气将其冲掉,然后清除湿气并且在部件上涂防锈油,比如发动机机油。

3）使用压缩空气

使用压缩空气吹扫灰尘、湿气或者油。使压缩空气朝下吹出,这样可避免灰尘四处飞扬或者对健康产生危害。

4）清除零件表面的润滑脂

冲洗后,用干净的汽油等清除附着在表层上的润滑脂。如果有油或润滑脂在密封填料、密封剂、垫片等上面,它们就不能牢固地连接在一起,从而造成漏油。

5）密封胶和垫片的清洁方法

密封胶和垫片的清洁可采用以下方式（图7-23）：

（1）用油石、刮泥器和刷子清除掉尘土和旧密封填料。

（2）用清洗油辅助密封填料的清除。

（3）用清洁的汽油清除残留油。

在清洁密封胶和垫片时,小心不要造成涂有密封剂的表面损伤。涂有密封剂的表面上如有任何油或异物,将不利于接合面的紧密黏结并导致漏油。

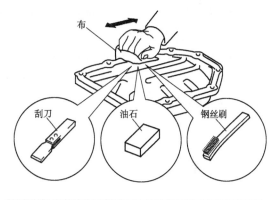

图7-23 密封胶和垫片的清洁

7.4 发动机的组装

7.4.1 机体与曲柄连杆机构的组装

1）安装曲轴

（1）在轴承盖和汽缸体上的轴承座上安装轴承和止推垫片时应注意,止推垫片的合金一面（或有机油槽的一面）应向外（朝向曲轴）。

（2）安装轴承后,应在轴承内表面涂上发动机机油。注意不要在轴承背面涂发动机机油,因为轴承产生的热,会通过轴承背面散发到汽缸体中。如果在轴承背面涂上发动机机油,会妨碍两者之间的接触,从而造成散热效果下降。

（3）将曲轴放在轴承座上后,应按拆卸时的位置和方向安装轴承盖,不可错乱。

（4）依照先中间,后两边,交叉对称的原则,按规定的力矩分次拧紧各个主轴承盖螺栓（图7-24中①～⑩为轴承盖螺栓的拧紧顺序）。

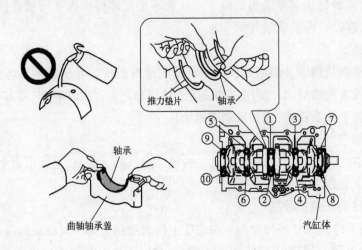

图 7-24　曲轴的安装

(5)曲轴装配之后,应确保用手能够转动曲轴。

2)活塞连杆组的组装

(1)组装活塞、活塞销、连杆时,要注意活塞和连杆的安装方向应一致。半浮式活塞销要使用专用工具安装,如图 7-25 所示。全浮式活塞销在安装时,应先将活塞放在沸水中加热后再安装活塞销。

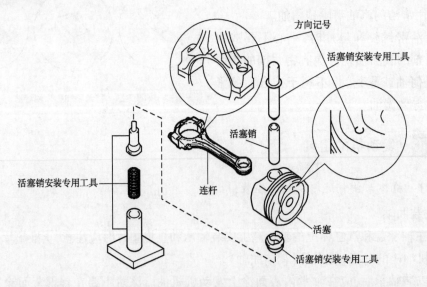

图 7-25　半浮式活塞销的安装

(2)安装活塞环时,要注意活塞环的方向和序号。不要将所有的活塞环端隙放成一排,应将其互相错开,如图 7-26 所示,或按照维修手册的有关规定安装,以防止泄漏压缩气体。

3)活塞连杆组的安装

(1)将活塞连杆组装入汽缸时,应将汽缸体保持竖直向上位置,以防在插入活塞连杆组时,连杆尖锐的棱角损坏汽缸内壁,如图 7-27 所示。如果连杆上有螺栓,应在螺栓上套一根塑料管,以防损坏汽缸内壁。

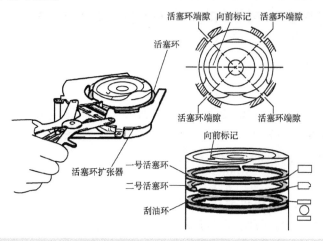

图 7-26　活塞环的安装

（2）在轴承盖和连杆上安装连杆轴承时,应在轴承内表面涂上发动机机油。

（3）用活塞环压缩器收紧活塞环时,应在活塞环压缩器的内表面涂油,以免损坏活塞和活塞环。不要在活塞环压缩器内转动活塞,以防改变活塞环的位置或造成损坏,如图 7-28 所示。

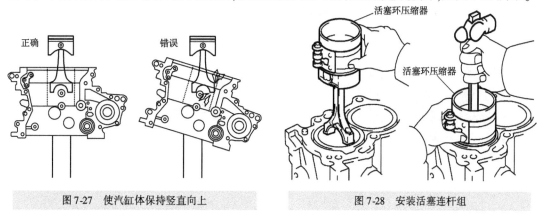

图 7-27　使汽缸体保持竖直向上　　　　图 7-28　安装活塞连杆组

（4）用锤柄轻轻敲打将活塞从汽缸顶部插入,注意其向前标记应当朝向发动机的前面。

（5）安装连杆轴承盖,并按规定的力矩拧紧螺栓。

（6）每次装配一个活塞连杆组时,都应转动曲轴,确保其能够自由转动,然后再装配其他的活塞连杆组。

7.4.2　汽缸盖与配气机构的组装

1）气门油封的更换

气门油封不能再次使用。在安装时应更换一个新的气门油封。安装气门油封时,应当用适量的发动机机油涂气门油封的唇部。有些发动机的进气门与排气门的气门油封是不同的,不可安装错误。

2)气门组的组装

组装好气门组后,应检查气门弹簧锁片是否安装到位。可将旧气门杆放在装好的气门杆端部,用塑料锤子快速而轻轻地敲击已安装的气门,以检查其是否安装正确。敲击气门杆时,要用布将气门杆盖住,以防止在气门未正确安装时,气门锁片和气门弹簧弹出。

7.4.3 汽缸盖的安装

1)安装汽缸垫

安装汽缸垫以前,应清洁汽缸盖下部和汽缸体上部,清除各螺栓孔中的油污或者水分。按照正确的方向将垫片定位,然后安装在汽缸体上。如果垫片未正确定位,油孔和水道就可能被覆盖,从而造成漏油和漏水或油孔和水道的堵塞。

2)安装汽缸盖总成

将汽缸盖和缸体的定位销对准,然后将汽缸盖放在汽缸体上。将汽缸盖放在汽缸体上时应小心,不要移动汽缸盖;否则,定位销就有可能损坏汽缸盖底部。

在安装汽缸盖螺栓时,应在螺栓的螺纹和螺栓头下部涂一薄层机油。然后按先中间,后两端,对称交叉的原则,分几次逐步拧紧,如图 7-29 所示。具体车型发动机汽缸盖螺栓的拧紧次数和顺序应参考修理手册。

塑性域螺栓应按维修手册规定的次数和角度拧紧,如图 7-30 所示。安装前,可用记号笔在汽缸盖螺栓的顶面上作标记,以保证转动的角度正确。

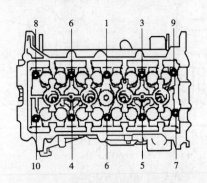

图 7-29 汽缸盖螺栓的拧紧顺序

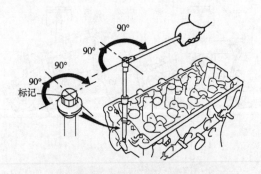

图 7-30 塑性域螺栓的拧紧

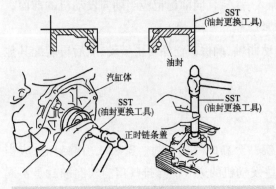

图 7-31 安装油封

7.4.4 油封的安装

发动机各处的油封都不能再次使用。在检修发动机中,如有拆卸油封,应更换新的油封。油封在安装时应根据其外形选择专用工具,如图 7-31 所示,以防止油封在安装时损坏。在安装油封以前,应在油封唇部涂上油脂。

7.4.5 凸轮轴的安装

有些发动机必须先将汽缸盖安装到

汽缸体上后,才能安装凸轮轴。在这种情况下,安装凸轮轴之前应先将曲轴从第 1 缸上止点位置逆时针旋转大约 40°,使活塞向下移动。以防止安装凸轮轴时,气门下移顶到活塞,造成气门杆弯曲。

将凸轮轴放在汽缸盖上,并使凸轮轴尽可能水平。凸轮轴轴承盖螺栓应分几次逐步均匀拧紧,如图 7-32 所示。每次只能拧紧一点,防止凸轮轴受到较大的弯曲应力。凸轮轴轴承盖螺栓的拧紧顺序因发动机类型的不同而不同,应参考维修手册。

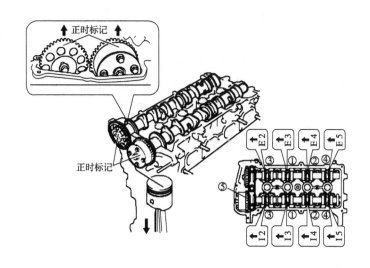

图 7-32 安装凸轮轴

7.4.6 正时链条的安装

(1)转动曲轴,使各缸活塞均远离上止点位置,其方法是:先使第 1 缸活塞处于压缩上止点位置,然后再转动曲轴 40°~140°,如图 7-33 所示。

(2)转动进气和排气正时链轮,使之处于第 1 缸压缩上止点后约 20°位置。

(3)逆时针方向旋转曲轴,使之处于第 1 缸压缩上止点后 20°位置。

(4)安装正时链条,注意应使链条上的正时记号和链轮上的记号对齐。

(5)顺时针转动曲轴两周,确保正时标记正确。

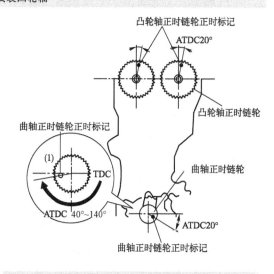

图 7-33 安装正时链条

7.4.7 附件的安装

发动机的附件包括:排气歧管隔热罩、排气歧管、排气歧管衬垫、歧管支架、进气歧管衬垫、进气歧管、发电机、发动机线束等。安装时,应按维修手册规定的顺序进行。

7.5 发动机大修后的起动和磨合

7.5.1 发动机大修后初次起动的注意事项

1)发动机起动前检查

(1)确认各线束插头都已连接到正确的位置,轻轻拉动各插头,检查其是连接可靠。
(2)检查各处螺栓或者螺母,确认紧固良好无松动。
(3)检查是否有零件遗落在托盘,或者工作台上,或者其周围。
(4)检查所有的卡箍是否安装在正确的位置。
(5)检查发动机中注入的机油是否达到规定的液面高度。
(6)检查是否有冷却液或者发动机机油从软管或者管道接头处泄漏。
(7)检查传动带是否安装在正确的位置上,各传动带张紧力是否合适。
(8)起动发动机,检查发动机起动时是否有异常声音。
(9)检查燃油系统各管路及各接头处,确认无漏油。

2)发动机起动期间检查

起动发动机并进行下述检查:
(1)检查发动机起动是否容易。
(2)检查发动机起动后是否有异常声音。
(3)检查是否漏油。
(4)检查是否有机油或者冷却液泄漏。
(5)检查是否漏气。
(6)检查发动机是否有异常的振动。
(7)使用专用仪器,检查发动机转速、点火正时和排气污染物。

3)冷却液检查和添加

完成发动机预热后,停止发动机运转并且等待冷却液完全冷却。检查散热器和水箱中的冷却液液位。必要时,向散热器中注入冷却液,并使储液箱中的冷却液液位达到"FULL"标记线。

4)发动机运转后的检查

发动机初次起动运转至热车后,应熄火并进行以下检查。
(1)检查发动机油底壳、机油滤清器、气门室罩、前后油封等处有无机油泄漏。
(2)检查燃油各管路和接头有无燃油泄漏。
(3)检查发动机冷却系统各管路和接头处有无冷却液泄漏。

7.5.2 发动机大修后的磨合

发动机在装配后,应进行磨合及试验,其目的是提高配合零件的表面质量,使其能承受应有的载荷;减少初始阶段的磨损量,延长发动机的使用寿命;检查和消除装配中的缺陷;调整各机构,使它们互相协调,以求获得良好的动力性和经济性。未经磨合的发动机不允许投入使用。

发动机的磨合分冷磨合与热磨合两个阶段。冷磨合是由外部动力驱动发动机的磨合。而发动机自行运转的磨合则称为热磨合。其中发动机自行空运转的磨合则称为无载热磨合;加载自运转磨合称为负载热磨合。发动机的磨合质量在材料、结构、装配质量等条件已定的情况下,主要取决于磨合时期的转速、载荷、磨合时间、润滑油品质。因此,由磨合转速、载荷和磨合时间组成了发动机的磨合规范。

发动机初期起动后的磨合为热磨合。

热磨合包括无载热磨合和有载热磨合。

(1)无载热磨合。发动机冷磨后,装上全部附件进行无载热磨合。无载热磨合是为有载热磨合作准备。它是在冷磨的基础上使零件表面再增加一些压力,在比较低的转速下进一步磨合,磨合时,先使发动机以较低的转速运转1h,运转中调整冷却液温度由70℃渐升至95℃,观察发动机有无异常现象。如果在此运转中发现发动机本身阻力大,应及时停机检查,然后再以正常温度用不同转速(600~900r/min、1000~1400r/min)进行试验。在这一阶段中,要进行发动机机油、电路的必要调整、检查和排除故障。

(2)有载热磨合。发动机经过冷磨合和无载热磨合后可再进行一次有载热磨合。发动机有载热磨合一般在测功机上进行,有载热磨合不但可以进一步在有载荷下磨合发动机和试验发动机大修后的功率恢复情况,还可以发现发动机因修理不当而发生的某些故障,这些故障往往是在无载热磨合时不易或不能发现的。

有载热磨合,起始转速为 $0.4 \sim 0.5 n_e$(n_e 为发动机额定功率时的转速),磨合终了转速一般取 $0.8 n_e$,四级调速。

起始加载取 $0.2 P_e$(P_e 为发动机额定功率),磨合终了前,载荷取 $0.8 P_e$,采取四级加载方式,与四级调速相应组合。磨合时间的确定,多以每级磨合中的转速变化或润滑油温度来判断。当每级负载不变时,随着磨合时间的延续、零件工作表面质量的改善、摩擦损失的减小,发动机转速会有明显的升高,就表明这一级磨合已达到了磨合要求,就可以转入高一级转速负载梯度的磨合。也可以用润滑油的温度变化评价每级磨合时间,在发动机冷却液温度保持恒定的条件下,摩擦阻力进入稳定阶段后,润滑油温度也从升温转入温度稳定状态,就可以转入高一级磨合。

实践证明,上述磨合规范的总磨合时间为120~150min。

在热磨合过程中,必须进行发动机的检查调整和发动机性能试验,排除故障使发动机符合大修竣工技术条件,磨合结束后,应清洗润滑系统,更换润滑油和滤清器滤芯,加装限速装置。

7.5.3 发动机大修后的使用

1)走合期

为保证汽车的使用寿命,新车、大修车以及装用大修发动机的汽车必须进行走合期的磨合,并在走合期结束时进行一次走合维护,其作业项目和深度按汽车生产厂家的要求进行。

汽车走合期间磨合的状况好坏,直接关系着汽车的使用寿命。除了必须按生产厂家的规定驾驶汽车外,做好此期间的维护工作,将有利于汽车机件的磨合。

2)发动机在走合期的使用规定

新车、大修车以及装用大修发动机的汽车走合期规定为:

(1)汽车走合期的里程为 1500～3000km。

(2)在走合期内,应选择较好的道路并减载限速运行。一般汽车按装载质量标准减载 20%～25%,并禁止拖带挂车;半挂车按装载质量标准减载 25%～50%。

(3)在走合期内,驾驶员必须严格执行操作规程,保持发动机正常工作温度。走合期内严禁拆除发动机限速装置。

(4)走合期内应认真做好车辆日常维护工作,经常检查、紧固各外部螺栓、螺母,注意各总成在运行中的声响和温度变化,及时进行调整。

(5)走合期满后,应进行一次走合期维护,其作业项目和深度参照制造厂的要求进行。

(6)进口汽车按制造厂的走合期规定进行。有些高级轿车按规定无走合期。

3)走合期后的注意事项

汽车虽然已经通过走合期,但汽车在走合期后开始的 3000～4000km,是由走合期到使用期的过渡阶段。因此,发动机仍不宜以很高的转速运转,车速不宜过快,汽车不要超载,并尽量避免在恶劣路面上行驶。

小组工作

(1)每 3～5 名学生组成 1 个工作小组,确定 1 名小组长,接受工作任务,做好工作准备。

(2)阅读工作单,查阅发动机维修手册(或实训指导书),观察待修发动机的结构特点,讨论发动机的分解和检修步骤,确定小组人员工作分工。

(3)向实训指导教师汇报讨论结果,经指导教师同意后,开始下一步的工作。

(4)按照工作单的引导,完成待修发动机的分解、零件清洗、主要零部件检验、组装、调整、试运转等工作。

(5)在完成工作任务的过程中,根据工作单的要求,完成发动机主要零部件检验方法、检验结果分析、各组件的组装调整等学习任务。

(6)完成工作单所要求的发动机主要零部件配合间隙等的检测,将检测结果记录在工作单的相应栏目,并对检测结果作出分析。

(7)回答指导教师的现场提问,接受指导教师的技能考核。

(8)完成工作任务后,对工作过程进行自我评价和小组互评,听取指导教师的点评。

(9)清洁工作场所,清点维护工具设备,完成任务交接。

参 考 文 献

[1] 陈家瑞. 汽车构造(上册)[M]. 5 版. 北京:人民交通出版社,2006.
[2] 张立新. 汽车发动机构造与维修[M]. 3 版. 北京:人民交通出版社股份有限公司,2017.
[3] 〔美〕霍尔德曼(Halderman,J. D),米切尔(Mitchell,Jr. C. D.). 汽车发动机理论与维修[M]. 北京:中国劳动社会保障出版社,2006.
[4] 〔美〕A. E. 斯卡沃勒尔. 汽车构造原理与维修应用(发动机篇)[M]. 北京:机械工业出版社,2005.
[5] 日本 GP 企业. 汽车构造(发动机)[M]. 董铁有译. 北京:人民交通出版社,2005.
[6] 丰田汽车公司. 汽车动力总成维修[M]. 北京:高等教育出版社,2006.
[7] R. 巴斯怀森. 汽油机直喷技术[M]. 北京:机械工业出版社,2011.
[8] J. F. Dagel. 柴油机燃油系统结构及维修[M]. 北京:电子工业出版社,2004.